U0738164

金融经济与金融风险管理研究

袁长征　陈　承　黎昌红　著

中国出版集团　现代出版社

图书在版编目（ＣＩＰ）数据

金融经济与金融风险管理研究/袁长征,陈承,黎昌红著. -- 北京:现代出版社,2024.6. -- ISBN 978-7-5231-0994-6

Ⅰ. F830.9

中国国家版本馆CIP数据核字第2024US3643号

金融经济与金融风险管理研究

著　者	袁长征　陈承　黎昌红

出 版 人	乔先彪
责任编辑	刘　刚
责任印制	贾子珍
出版发行	现代出版社
地　址	北京市安定门外安华里504号
邮政编码	100011
电　话	(010) 64267325
传　真	(010) 64245264
网　址	www.1980xd.com
印　刷	北京厚诚则铭印刷科技有限公司
开　本	710mm×1000mm　1/16
印　张	14.75
字　数	352千字
版　次	2025年1月第1版　2025年1月第1次印刷
书　号	ISBN 978-7-5231-0994-6
定　价	52.00元

版权所有，翻印必究；未经许可，不得转载

前　言

  金融经济与金融风险管理密切相关，是金融领域的重要议题。金融经济是指通过金融工具和金融市场进行资源配置和再分配的经济活动，是现代经济运行的核心。而金融风险管理则是在金融经济运作中，通过识别、评估、监控和控制风险，以确保金融机构和市场的稳健运行。金融经济的核心是风险与收益的权衡，金融市场和金融工具的设计都是为了在风险可控的前提下获取更高的收益。然而，金融活动本身就存在着各种风险，如信用风险、市场风险、操作风险等，这就需要金融机构和市场制定相应的风险管理策略，以应对潜在的风险。

  金融经济的稳定对整个经济体系的稳定至关重要。而金融风险的爆发和蔓延可能导致金融体系的崩溃，进而引发系统性金融风险，对整个经济造成严重影响。因此，有效的金融风险管理是维护金融经济稳定的关键。金融风险管理也是金融创新和金融市场健康发展的保障。随着金融市场的不断发展和金融产品的不断创新，金融风险也在不断增加。只有加强金融风险管理，提高金融机构和市场的风险识别和应对能力，才能确保金融创新和金融市场的稳健发展。

  本书以"金融经济与金融风险管理"为主题，旨在深入研究金融领域的关键概念、理论、和实践。在这个领域，金融经济与金融风险管理是至关重要的话题，它们紧密相连，对整个经济系统和个人财富都产生着深远的影响。本书的目标是为读者提供深刻的见解，使他们能够更好地理解金融经济与金融风险管理领域的复杂性，并为未来的金融决策提供坚实的基础。我们希望这本书能成为学生、研究人员和从业者的宝贵资源，帮助他们更好地理解和应对金融经济与金融风险管理领域的挑战。

  作者在写作本书的过程中，借鉴了许多前辈的研究成果，在此表示衷心的感谢。由于本书需要探究的层面比较深，作者对一些相关问题的研究不透彻，加之写作时间仓促，书中难免存在一定的不妥和疏漏之处，恳请前辈、同行以及广大读者斧正。

目　录

第一章　金融经济与金融风险管理概述

第一节　金融经济与金融风险管理定义

金融经济是现代社会经济的重要组成部分，指的是通过金融市场、金融机构和金融工具进行资金的流动和配置，以及相关的经济活动和管理。金融经济包括货币、信贷、证券、保险等方面，涵盖了个人、企业和政府的资金运作和管理。在现代经济体系中，金融经济不仅是经济活动的重要支撑，也是促进经济增长和稳定的重要手段之一。

金融风险管理是指对金融活动中可能面临的各种风险进行识别、评估、控制和监测的过程。金融风险来自多方面，包括市场风险、信用风险、操作风险等。市场风险指的是金融资产价格波动可能带来的损失，信用风险则是指债务人无法履行债务义务导致的损失，操作风险涉及到内部操作失误或者不当行为带来的风险。金融风险管理通过采取各种措施，如多样化投资组合、制定严格的风险管理政策和流程、使用金融工具进行风险对冲等，来降低金融活动中的各种风险带来的不确定性，保障金融系统的稳定和安全运行。

金融经济和金融风险管理密切相关，二者相互影响、相互支撑。金融经济的发展和运作为金融风险的存在和管理提供了基础和契机，同时金融风险的控制和管理也是促进金融经济健康发展的重要保障。例如，金融机构通过有效的风险管理可以更好地支持实体经济的发展，为企业和个人提供更多更优质的金融服务；而金融市场的稳定和透明也依赖于金融风险管理的有效实施，从而增强投资者和市场参与者的信心和积极性。

金融经济是现代经济体系的核心，而金融风险管理则是确保金融系统稳健运行和风险可控的重要机制。二者相辅相成、相互促进，共同推动着经济社会的可持续发展。

一、金融经济管理的定义

（一）概念性定义

金融经济是一种综合性的经济活动，涉及货币、信用等工具的使用，旨在有效地进行资源配置和再分配。在现代经济体系中，金融经济扮演着至关重要的角色，其活动范围涵盖了多个方面，包括货币市场、资本市场以及各种金融机构。货币市场是金融经济中的一个重要组成部分，它是指短期资金的融通和调剂的场所。在货币市场上，各种金融工具如短期国库券、商业票据等被交易，以满足市场参与者的短期融资需求，同时也为资金提供者提供了投资的机会。通过货币市场的运作，市场中的资金得以更加流动，促进了经济活动的顺利进行。

另一方面，资本市场也是金融经济中不可或缺的一环。资本市场是长期资金的筹集和投资的场所，其中包括股票市场和债券市场等。在资本市场上，企业可以通过发行股票或债券来融资，从而扩大经营规模或进行投资项目。投资者则可以通过购买股票或债券来获取长期投资回报。资本市场的发展不仅为企业提供了融资渠道，也为投资者提供了多样化的投资选择，进而促进了经济的发展和壮大。

除了货币市场和资本市场外，金融机构也是金融经济中不可或缺的组成部分。金融机构包括商业银行、保险公司、证券公司等，它们在金融体系中承担着资金的存储、信用的创造、风险的转移等多种功能。商业银行作为金融市场的核心机构，通过吸收存款和发放贷款，为实体经济提供了资金支持。保险公司则通过向被保险人提供风险保障，实现了风险的转移与分散。证券公司则为投资者提供证券交易和投资咨询服务，推动了资本市场的发展。这些金融机构相互合作、相互竞争，共同构建了一个完善的金融体系，为经济的健康运行提供了坚实的支撑。

金融经济作为通过货币、信用等工具进行资源配置和再分配的经济活动的总称，涵盖了货币市场、资本市场、金融机构等多个方面。它的发展不仅为实体经济提供了必要的资金支持和风险管理工具，也为投资者提供了多样化的投资渠道，从而推动了经济的发展和繁荣。

（二）功能性定义

金融经济作为一种经济形态，其功能性定义囊括了多个方面，旨在促进资金的流动与融通，提高社会资金的利用效率，以满足各种经济主体对资金的需求。在现代经济体系中，金融经济不仅仅是简单的金融活动的堆积，而是承载着储蓄、融资、支付、投资等多重功能，这些功能紧密相连，相互作用，共同构成了金融经济体系的核心。

储蓄是金融经济的重要功能之一。通过金融机构，个人和企业可以将闲置资金进行有效储蓄，而这些储蓄则被用于满足社会的融资需求。储蓄不仅有助于个人财富的增长，也为金融市场提供了丰富的资金来源，从而推动了经济的发展。

融资是金融经济的核心功能之一。金融市场通过向各种需要资金支持的主体提供融资渠道，促进了生产、投资和消费活动的展开。企业可以通过发行债券或股票来获得资金，个人也可以通过贷款等方式实现融资需求。这种融资活动不仅有助于企业扩大规模、增强竞争力，也为个人提供了改善生活条件的机会。

支付是金融经济的又一重要功能。随着经济的发展和社会的进步，支付手段不断丰富和完善。从传统的现金支付到电子支付、移动支付等，支付方式的多样化为经济活动的开展提供了便利，促进了交易的顺利进行，加快了资金的流通速度。

投资也是金融经济的重要组成部分。金融市场为投资者提供了多样化的投资渠道，包括股票、债券、基金等。投资活动不仅有助于投资者实现资金增值，也为企业提供了融资的重要途径，推动了经济的健康发展。

金融经济作为促进资金流动和融通的重要经济形态，其功能性定义涵盖了储蓄、融资、支付、投资等多个方面。这些功能相互联系、相互支撑，共同构成了金融经济体系的基础，为经济活动的开展提供了重要支持和保障。

（三）实践性定义

实践性定义通常被理解为对特定领域或概念在实际操作中的具体阐释和应用。在金融经济领域，实践性定义着重于对金融活动在实际操作中的本质和功能进行描述和解释。从所提供的段落可以看出，金融经济的实践性定义围绕着金融市场和金融机构在资源配置、风险转移和价值增值方面的作用展开。

金融经济在实践中致力于实现资源的有效配置。这意味着金融市场和金融机构通过各种金融工具和机制，将资金从各种资金供给方引导到需求方，从而促进资源的优化配置。这包括资金的投资、融资、再投资等活动，旨在最大程度地提高资源利用效率，实现经济的稳健增长。

金融经济的实践性定义涉及风险的转移。金融市场和金融机构作为风险管理的重要平台，通过提供各种保险、衍生品和其他金融工具，帮助个人和机构在面对风险时进行有效的转移和分散。这不仅有助于降低个体和企业面临的风险，还能够提高整体经济系统的稳定性和抗风险能力。

金融经济的实践性定义还包括价值的增值。金融市场和金融机构通过提供投资、融资和其他金融服务，为投资者和融资方创造价值。这不仅表现为资金的增值，还包括企业的成长、创新和社会财富的增加。通过金融经济的运作，资源得以有效流动和配置，从而实现经济主体的价值最大化。

金融经济的实践性定义着重于描述金融市场和金融机构在实际操作中对资源配置、风险管理和价值创造的作用。这一定义突出了金融经济的实践意义和功能特点，为理解和应用金融理论提供了重要参考依据。

二、金融风险管理的定义

（一）整体定义

金融风险管理作为一种综合性的体系，旨在帮助金融机构和个人在复杂多变的金融环境中规避、管理和控制各种潜在风险。这一概念的核心在于，金融市场、金融交易和金融产品中存在着多种类型的风险，包括但不限于市场风险、信用风险、流动性风险、操作风险以及法律和合规风险。为了有效地应对这些风险，金融机构和个人采取一系列措施和策略，从而保护其利益、维护稳定，并最大程度地降低可能造成的损失。

金融风险管理涉及识别潜在风险的过程。这包括对各种市场条件、行业趋势和经济因素进行深入分析，以确定可能对金融活动产生负面影响的因素。通过全面了解可能面临的风险，金融机构和个人能够更好地准备应对可能出现的挑战，并及时采取行动以降低潜在损失。

金融风险管理涉及评估识别的风险的严重程度和可能性。这包括定量和定性分析，以确定各种风险事件发生的概率和可能的影响程度。通过对风险进行全面评估，金融机构和个人能够更好地理解其所面临的风险，并为采取相应的风险管理策略做出明智的决策。

金融风险管理涉及监控已识别和评估的风险的过程。这包括建立有效的监控系统和控制机制，以及定期审查和更新风险管理策略。通过持续监控风险情况，金融机构和个人能够及时发现和应对风险事件，并采取必要的措施以减轻其影响。

金融风险管理涉及采取措施应对已识别、评估和监控的风险。这包括制定和执行各种风险管理策略，如多样化投资组合、设置止损限额、购买保险产品等。通过积极应对风险，金融机构和个人能够最大程度地降低可能造成的损失，并确保其财务安全和可持续性。

金融风险管理是一个涉及识别、评估、监控和应对风险的综合性过程，对于确保金融机构和个人的稳健运营和长期发展至关重要。通过有效的风险管理，他们能够更好地应对不确定性和挑战，并实现其战略目标和利益最大化的同时，最大程度地降低潜在的风险和损失。

（二）风险类型

金融风险管理所涉及的多种风险类型，是金融机构和市场参与者必须时刻面对和应对的重要挑战。市场风险是指金融资产价值由于市场波动而发生变化的风险。这种波动可能来自于经济周期的波动、政治事件的影响、利率的变化以及货币政策的调整等因素。市场风险的管理涉及到对资产组合的有效分散、风险敞口的控制和市场动态的监测，以确保金融机构能够在不同市场环境下保持稳健的财务表现。

信用风险是金融交易中的一种常见风险，指的是债务人无法按时履行其债务义务所导致的损失。这种风险可能来自于借款人的违约、信用评级的下调、担保资产的贬值等原因。为了管理信用风险，金融机构需要建立有效的信用评估体系、制定严格的信贷政策，并采取必要的担保措施来减轻潜在的信用损失。

流动性风险是指金融机构在面临资金流动性不足或无法及时变现资产时面临的风险。这种风险可能来自于资产负债不匹配、市场流动性波动、外部融资渠道的紧张等因素。为了有效管理流动性风险，金融机构需要建立合理的资产负债结构、确保足够的流动性储备，并与监管机构保持密切的沟通和合作，以确保在面临流动性挑战时能够及时应对。

操作风险是指由于内部流程、系统或人为失误而导致的损失风险。这种风险可能来自于不当的内部控制、技术系统故障、欺诈行为以及人为错误等。为了有效管理操作风险，金融机构需要建立健全的内部控制和风险管理制度、加强员工培训和教育，同时采用先进的技术手段来提高操作效率和减少错误发生的可能性。

金融风险管理涵盖了市场风险、信用风险、流动性风险、操作风险等多种类型的风险，这些风险可能来自外部环境变化、内部管理不善、行业竞争等多方面因素。有效管理这些风险，对于金融机构和市场参与者来说具有重要意义，需要建立全面的风险管理体系，采取多种措施来降低风险并确保稳健的运营和持续发展。

第二节 金融经济与金融风险关系解析

金融经济和金融风险之间存在密切的关系，它们相互影响，共同塑造着经济系统的稳定性和发展趋势。金融经济是指通过金融市场、金融机构以及金融工具来实现资源配置和资金流动的过程。金融经济的发展水平直接影响着整个经济体系的运行效率和效果。金融经济也伴随着各种金融风险，这些风险可能对经济体系造成不利影响。信用风险是指借款人或者投资者未能按时履行还款或者兑付义务的风险。这种风险会导致金融机构资产负债表的恶化，进而影响金融市场的稳定性。当信用风险大幅增加时，金融机构可能会陷入流动性困境，导致金融市场的动荡和不确定性加剧。

市场风险也是金融经济中不可忽视的一部分。市场风险主要包括利率风险、汇率风险、股票价格波动等。这些风险因素直接影响着金融市场的运行和资金价格的波动。特别是在全球化背景下，不同国家、地区之间的经济政策、金融政策的变化都可能对市场风险造成影响，增加了金融市场的不确定性。

操作风险也是金融经济中需要重视的一环。操作风险是指金融机构在业务运作中可能出现的错误、失误或者技术故障导致的风险。这种风险可能会对金融机构的经营活动和金融市场的正常运行产生负面影响，甚至导致系统性风险的出现。

金融经济与金融风险之间存在着密不可分的关系。金融风险的存在不仅考验着金融机构的风险管理能力，也对整个经济系统的稳定性和可持续发展提出了挑战。因此，加强对金融风险的监管和管理，提高金融机构的风险识别和防范能力，是确保金融经济健康发展的关键所在。

一、金融经济对金融风险的影响

（一）资本市场发展

资本市场的发展是金融经济蓬勃发展的必然结果。随着全球经济的不断增长和国际贸易的加速发展，资本市场规模也在不断扩大。这一发展趋势不仅为投资者提供了更广泛的投资渠道，同时也为企业提供了更多融资的机会，从而推动了经济的进一步发展。随之而来的是投资风险的增加，尤其是市场波动性的加剧，这已成为资本市场发展过程中不可忽视的问题之一。

市场波动性的增加，既是资本市场蓬勃发展的必然产物，也是投资者面临的挑战之一。随着资本市场规模的扩大和金融创新的不断推进，市场参与者的交易行为变得更加复杂和频繁，导致市场价格波动的幅度和频率都在增加。这种波动性不仅使投资者面临更大的市场风险，也增加了资本市场的不确定性，影响了投资者的决策和市场的稳定性。

需要意识到的是，市场波动性的增加并非完全是负面的影响。适度的市场波动性也为投资者提供了更多的投资机会和潜在收益，尤其是对于具有风险偏好的投资者而言。市场波动性的增加意味着更频繁的价格波动，为投资者提供了更多的买入和卖出时机，有助于他们更好地进行资产配置和风险管理，从而实现投资组合的优化和收益最大化。

因此，在资本市场发展的过程中，需要平衡市场规模的扩大和市场波动性的控制。一方面，可以通过加强监管和规范市场交易行为，减少市场操纵和内幕交易等不当行为，从而降低市场波动性的不良影响；另一方面，也需要提高投资者的风险意识和投资能力，使其能够更加理性地应对市场波动性的增加，避免因情绪波动而做出盲目的投资决策。

资本市场的发展在为经济增长提供动力的同时，也带来了投资风险的增加，特别是市场波动性的加剧。通过合理的监管和投资者教育，可以有效控制市场波动性的不良影响，促进资本市场的健康发展，实现经济效益和社会效益的双赢。

（二）金融创新

金融创新是随着金融经济的进步而不断涌现的重要现象，它推动了金融产品和服务的不断更新和改进。随着科技的不断发展和全球化的加深，金融创新在近年来呈现出愈发活跃的态势。金融创新不仅涵盖了产品和服务的创新，还包括了金融市场、金融工具以及金融机构的创新。在这个过程中，新的金融产品和服务不断涌现，为市场参与者提供了更多元化的选择，并推动了金融市场的发展和壮大。

尽管金融创新带来了诸多好处，但也面临着一系列挑战和风险。其中一个主要的挑战就是新产品和服务可能存在未知风险。随着金融创新的不断推进，一些新型金融产品的复杂性和不确定性也在增加。例如，衍生品市场作为金融创新的重要领域之一，其产品的复杂性可能导致市场参与者难以准确评估风险，进而产生系统性风险。这种未知风险可能对金融市场和整个经济体系产生重大影响，甚至引发金融危机。

金融创新也可能带来道德风险和监管挑战。一些金融创新可能会引发道德风险，例如金融产品的不当销售或欺诈行为可能损害投资者利益，破坏金融市场的公平和透明度。同时，监管机构也面临着对新型金融产品和服务监管的挑战，因为这些产品和服务可能涉及到现有监管框架尚未覆盖的领域，需要不断更新和完善监管政策和法规。

尽管金融创新面临诸多挑战和风险，但其积极作用不容忽视。金融创新可以促进金融市场的竞争和效率提升，降低交易成本，提升金融服务的质量和效益。因此，在推动金融创新的同时，需要加强对风险的认识和监管，采取有效措施防范潜在风险的发生，确保金融创新能够为经济的发展和市场的稳定作出积极贡献。

（三）经济周期影响

金融经济的发展阶段和经济周期的不同阶段会对金融风险产生不同的影响。在经济周期中，金融市场和金融机构往往会受到宏观经济环境的影响，从而导致金融风险的变化。例如，在经济繁荣时期，由于企业和个人的信心增强，经济活动蓬勃发展，这可能导致信贷风险的增加。

在经济繁荣时期，随着经济的持续增长，企业和个人的信心通常会提高。这种信心提升会促使企业扩大生产规模、增加投资，个人也更愿意消费和借贷。在这种情况下，银行和其他金融机构可能会更愿意放宽信贷条件，提供更多的贷款和融资支持。当放贷标准过于宽松时，可能会增加放贷机构的信贷风险。过度放贷可能导致借款人无法按时偿还贷款，进而导致资产质量下降，甚至引发金融危机。

与此同时，在经济繁荣时期，资产价格通常也会上涨。股票、房地产等资产价格的上涨可能会诱发投机行为，导致市场出现泡沫。一旦资产泡沫破裂，可能会引发金融市场的剧烈波动，加剧金融风险。

当经济进入衰退或衰退阶段时，金融风险的情况可能会有所不同。在经济衰退时期，企业的盈利能力可能下降，借款人面临着更大的偿债压力，从而增加了信贷风险。经济衰退可能导致资产价格下跌，使得金融机构资产负债表出现压力，进而增加了流动性风险。

因此，金融经济的发展阶段和经济周期的不同阶段会对金融风险产生不同的影响。在经济繁荣时期，信贷风险可能增加，而在经济衰退时期，流动性风险和信贷风险可能会成为金融市场的主要挑战。因此，金融机构和监管部门需要密切关注经济周期的变化，采取相应的措施，应对不同阶段的金融风险。

二、金融风险对金融经济的影响

（一）资本流动限制

资本流动限制是指针对资本市场的一系列管制措施，旨在限制资本的流动性和流出规模，以应对金融风险增加所带来的负面影响。当金融市场面临风险加剧时，投资者可能会感到不安，导致对资本市场的信心下降，进而引发大规模的资金外流现象。这种资本流动的限制可能采取多种形式，包括货币政策调控、资本管制、外汇管制等措施，旨在稳定金融市场、维护金融稳定和保障国家经济安全。

资本流动限制通常是通过货币政策调控实现的。中央银行可以采取提高利率、调整存款准备金率、调整外汇储备等措施，以调节货币供应量和市场利率，从而影响资本的流动性和流出规模。通过调整货币政策，可以抑制资本的过度流出，稳定金融市场的信心和预期，减少金融风险对经济的不利影响。

资本流动限制还可能通过资本管制来实现。资本管制是指国家采取的一系列措施，限制资本的跨境流动和投资，包括设立外汇管制、限制外资进入等手段。通过资本管制，国家可以控制资本的流动规模和方向，防止大规模的资金外流，维护国家金融稳定和经济安全。

外汇管制也是一种常见的资本流动限制措施。通过设立外汇管制，国家可以限制个人和企业的外汇交易行为，防止大规模的资金外流和外汇储备的大幅减少。外汇管制可以通过设立外汇管制机构、规定外汇交易额度、调整外汇汇率等方式实施，从而限制资本的流动性和流出规模，维护国家经济的稳定和安全。

资本流动限制是针对金融市场风险增加所采取的一系列措施，旨在限制资本的流动性和流出规模，稳定金融市场、维护金融稳定和保障国家经济安全。这些限制措施包括货币政策调控、资本管制、外汇管制等，通过调节资本的流动规模和方向，防止金融风险对经济的不利影响。

（二）信贷收紧

在金融风险加剧的时候，金融机构往往会采取信贷收紧政策。这种政策变化对企业和个人都可能带来负面影响，因为它增加了融资的难度，从而影响了实体经济的正常运行。信贷收紧通常表现为金融机构提高贷款利率、提高贷款审批标准、减少贷款额度以及增加抵押品要求等措施。这些变化使得企业和个人更难以获得资金支持，不仅限制了他们的生产经营活动，也增加了他们的财务压力。

对企业而言，信贷收紧意味着他们可能面临资金短缺的挑战。由于难以获取足够的资金支持，企业可能会陷入资金链紧张的困境，影响其日常生产经营活动甚至导致经营困难。对于一些依赖于外部融资扩张的企业来说，信贷收紧可能会阻碍它们的发展计划，导致投资项目的延迟或取消，从而影响整个产业链的稳定和发展。

对个人而言，信贷收紧可能使得获得房屋贷款、汽车贷款以及其他消费信贷变得更加困难。这会影响到个人的消费能力和生活品质，尤其是对那些依赖于贷款购买房屋或车辆的人群来说。信贷收紧还可能导致个人难以应对突发的财务需求，增加了经济上的不确定性，给家庭带来额外的压力和困扰。

信贷收紧在金融风险加剧时可能会加剧实体经济的困难。它限制了企业和个人的融资渠道，增加了资金的获取成本，从而削弱了经济体的活力和韧性。因此，政府和监管机构需要采取措施，确保金融体系稳健运行的同时，也保障了实体经济的持续发展。这可能包括通过货币政策调控来缓解信贷收紧的压力，同时促进金融机构加强风险管理，避免不必要的信贷收缩对经济造成过度的冲击。

（三）风险溢价

风险溢价是指投资者因承担额外风险而要求的额外收益。在金融市场中，风险溢价是一种衡量风险与回报之间关系的重要指标。当金融风险增加时，投资者对高风险资产的要求也会增加，这导致了资本市场上的风险溢价上升。这种现象主要受到市场参与者风险偏好的影响。投资者倾向于选择相对安全的资产，但如果他们决定承担更高的风险，就需要相应地获得更高的回报。因此，随着风险水平的提高，投资者对于投资高风险资产的要求也相应提高。

这种风险溢价的增加可能对资本市场产生多方面的影响。高风险资产的投资需求可能会下降，因为投资者可能更倾向于寻求更安全的投资选择。这可能导致高风险资产的价格下跌，影响市场的流动性和有效性。随着投资者对高风险资产的需求减少，资本市场上的投资活动可能减缓，导致市场交易量的下降和市场流动性的降低。这可能增加市场波动性，使资本市场更加不稳定。

高风险资产的价格下跌可能导致投资者面临损失，进而影响其信心和投资决策。这可能引发市场恐慌情绪，进一步加剧市场的不稳定性。风险溢价的上升也可能对企业的融资成本产生影响，特别是那些依赖于资本市场融资的企业。高风险溢价意味着更高的资金成本，这可能限制企业的投资和发展计划，进而影响整个经济的运行。

金融风险增加导致的风险溢价上升对资本市场可能产生广泛而深远的影响。这不仅影响投资者的风险偏好和投资决策，还可能影响市场的流动性、有效性以及企业的融资成本和发展前景。因此，对于监管机构和市场参与者来说，及时识别和应对风险溢价的变化至关重要，以确保资本市场的稳定和健康发展。

第三节　金融经济与金融风险管理的历史演变

在追溯金融经济与金融风险管理的历史演变时，我们可以从古代开始探索。古代的金融经济主要是通过货币和贸易来实现经济活动。随着时间的推移，金融市场逐渐形成，金融机构也开始兴起。随之而来的是金融风险的增加。古代的金融风险主要集中在交易过程中的货币波动和违约风险上。

进入近代，工业革命的兴起极大地推动了经济的发展，金融市场也变得更加复杂。随着银行业的兴起，金融体系开始形成。金融风险也随之增加，如信用风险、市场风险等。为了应对这些风险，人们开始研究并实施各种金融风险管理工具，比如金融衍生品等。

20 世纪是金融经济与金融风险管理发展的关键时期。随着国际贸易的增加和金融全球化的加速，金融体系变得更加复杂。此时的金融风险管理已经成为金融机构和企业必须面对的重要问题。各种金融工具和模型被广泛应用，以应对不同类型的风险，如利率风险、汇率风险等。

进入 21 世纪，金融危机成为了金融经济与金融风险管理的重要节点。2008年的全球金融危机暴露了金融体系中的诸多问题，也推动了对金融风险管理的重新思考和改进。监管机构开始加强对金融机构的监管，要求其加强风险管理和资本管理。同时，金融科技的发展也为金融风险管理带来了新的机遇和挑战。

金融经济与金融风险管理的历史演变是一个不断发展和完善的过程。随着经济的变革和技术的进步，我们对金融风险管理的认识和应对手段也在不断提升，以适应不断变化的金融环境。

一、金融经济的历史演变

（一）古代金融经济

1. 贸易和货币的兴起

贸易和货币的兴起是人类经济发展史上的重要里程碑。在人类社会初期，物物交换是主要的经济交易形式。这种原始的交换方式存在着诸多不便，如交易双方需寻找彼此需要的物品，且价值难以准确衡量。随着时间的推移和社会的发展，人们逐渐意识到使用某种共同接受的媒介来代表价值的重要性，这便催生了贵重金属作为货币的使用，从而推动了经济交易的进一步发展。

贵重金属的兴起作为货币的使用，为经济交易带来了极大的便利和促进作用。相比物物交换，货币作为媒介具有更大的灵活性和便捷性。它消除了交易双方需求完全吻合的限制，使得交易更加顺畅和高效。同时，货币作为价值的代表，也使得价值衡量更为准确和统一，从而降低了交易双方的风险和不确定性，促进了经济活动的扩大和深化。

随着贵重金属货币的普及，贸易活动得到了进一步的推动和扩展。人们不再局限于与周围邻近地区进行简单的物物交换，而是可以通过使用货币与更广泛的地区进行交易往来。这种贸易网络的扩展不仅促进了不同地区之间的经济联系和文化交流，也推动了生产力的提升和资源的优化配置，为经济的进一步发展奠定了基础。

随着贵重金属货币的流通，也带来了一些新的挑战和问题。例如，货币的质量和纯度成为了重要的问题，货币的发行和管理也需要更加严格的监管和规范。货币的稀缺性和价值稳定性也影响着经济的稳定和发展。因此，在货币的兴起过程中，需要不断完善货币体系和加强货币管理，以保障货币的稳定性和经济的可持续发展。

贸易和货币的兴起是人类经济发展史上的重要进步，它从物物交换到使用贵重金属代表价值，极大地促进了经济交易的发展。随之而来的也是新的挑战和问题，需要不断的探索和完善，以推动经济的健康发展和社会的进步。

2. 信用和借贷的演变

随着商业活动的不断增加和经济交易的日益复杂化，信用制度逐渐成为经济活动中不可或缺的一部分。在人类社会的发展过程中，信用制度的形成和演变扮演了重要角色，为经济的繁荣和发展提供了必要的支持。信用制度的出现使得经济参与者能够在交易中建立信任，并通过借贷等方式实现资金的流动，从而促进了经济的增长和发展。

随着商业活动的增加和贸易的扩大，人们逐渐意识到现金交易的局限性，开始寻求其他形式的支付和交易方式。信用制度应运而生，成为了解决这一问题的重要途径。信用制度基于信任关系，允许经济主体在交易中暂时延迟支付，从而实现了更灵活的交易方式。这种信用交易模式的出现极大地促进了商业活动的发展，为经济的增长奠定了基础。

随着时间的推移，信用制度不断演变和完善。在早期阶段，信用主要建立在个人之间的信任基础上，例如商人之间的口头约定或书面契约。随着金融体系的发展和法律制度的健全，信用制度逐渐得到了规范和制度化。金融机构的兴起为信用借贷提供了更为便捷和可靠的渠道，例如银行开始提供贷款和信用卡等服务，进一步推动了信用制度的发展。

同时，随着经济的全球化和金融市场的国际化，信用制度也在不断拓展和深化。国际信用体系的建立使得跨国交易更加便利，促进了全球经济的一体化和发展。随着信用制度的不断发展，也面临着一些挑战和风险，如信用风险和违约风险等问题需要得到有效管理和控制。

（二）中世纪到近代的金融经济演变

1. 商业银行的兴起

商业银行的兴起标志着金融体系的逐渐完善，它作为一种金融中介机构开始出现，并承担了诸如存款、放贷等功能，从而促进了资金的流动和投资。在古代，金融活动主要由私人放贷者、贸易商和其他非正规机构来承担，而没有专门的金融机构来进行资金的中介和管理。随着经济的发展和贸易活动的增加，人们对于安全存放资金和获取贷款的需求逐渐增加，这促使了商业银行的兴起。

商业银行作为一种专业的金融机构，具有较强的资金储备和专业化的管理能力，能够为个人、企业和政府提供多样化的金融服务。其中，商业银行最基本的功能之一是接受款。通过接受存款，商业银行可以从存款人那里获取资金，并将这些资金用于放贷和投资，从而促进了资金的流动和配置。同时，存款业务也为个人和企业提供了安全、便利的资金管理工具，有助于保障资金安全和提高资金利用效率。

除了接受存款外，商业银行还承担着放贷的重要功能。通过向个人、企业和政府提供贷款，商业银行可以支持经济活动的开展，促进生产、投资和消费的增长。在放贷过程中，商业银行会根据借款人的信用状况和还款能力来确定贷款条件，从而管理和控制信贷风险。通过放贷，商业银行不仅可以获取利息收入，还可以促进社会资金的有效配置，推动经济的健康发展。

商业银行还通过提供支付结算、外汇兑换、投资管理等多种金融服务来满足不同客户的需求。商业银行的兴起不仅丰富了金融市场的产品和服务，也提高了金融体系的效率和稳定性。它们不仅为经济发展提供了必要的资金支持，还为个人和企业提供了便利的金融工具，推动了经济的蓬勃发展和社会的繁荣稳定。

因此，商业银行的兴起标志着金融体系的进一步完善和专业化，它们通过接受存款、放贷等多种功能，促进了资金的流动和投资，为经济发展和社会进步做出了重要贡献。

2. 保险业的发展

保险业的发展是金融领域中的一个重要趋势，它作为一种风险管理工具逐渐兴起，并为商业和个人提供了重要的风险保障。保险业的发展背后反映了社会经济发展和金融市场变化的需求和趋势。随着经济的不断发展和社会的进步，人们对于风险管理和保障需求的意识逐渐增强，这促进了保险业的迅速发展。

保险业的发展受益于人们对风险管理的认识不断提高。随着社会经济的发展和生活水平的提高，人们面临的风险也日益复杂和多样化，如生病、意外、财产损失等。因此，越来越多的个人和企业意识到了风险管理的重要性，开始寻求相应的保险产品来规避和分担风险，从而推动了保险业的发展。

保险业的发展得益于金融市场的不断完善和创新。随着金融市场的不断发展和改革，保险业得以更好地融入金融体系，提供更多样化、灵活化的保险产品和服务。金融科技的兴起也为保险行业带来了更多的发展机遇，如智能保险、区块链技术等的应用，为保险业的发展提供了新的动力和可能性。

保险业的发展还受益于国家政策的支持和鼓励。政府在金融体制改革和经济发展中通常会采取一系列政策措施来促进保险业的健康发展，如制定相关法律法规、支持保险市场的竞争和创新等。这些政策的支持为保险业提供了良好的发展环境和条件，进一步推动了保险业的发展步伐。

保险业作为一种金融风险管理工具逐渐兴起，并为商业和个人提供了重要的风险保障。其发展受益于人们对风险管理的认识提高、金融市场的不断完善和创新，以及国家政策的支持和鼓励。保险业的持续发展将为经济社会的稳定和可持续发展做出积极贡献。

（三）工业革命对金融经济的影响

1. 现代金融体系的雏形

工业革命的兴起标志着现代金融体系的雏形开始逐步形成。随着工业生产的发展和经济活动的增长，对资金的需求逐渐增加，促使了金融机构和金融产品的不断丰富和创新。其中，股份公司和期货市场等金融工具的出现，为现代金融体系的建立奠定了重要基础。

股份公司作为现代金融体系中的重要组成部分，为企业提供了新的融资渠道。在工业革命的推动下，大规模工业企业的兴起催生了股份公司的出现。股份公司以股票形式向公众募集资金，为企业扩大生产规模、开拓市场提供了重要的资金支持。通过股份公司，个人投资者可以购买股票，成为企业的股东，从而分享企业的收益和成长。这种股份公司的模式不仅为资本主义经济体系注入了新的活力，也促进了企业的集中化和产业的发展。

与此同时，期货市场的兴起也为现代金融体系的形成提供了重要支持。期货市场是一种金融衍生品市场，通过期货合约买卖标的资产的价格。工业革命带来了生产规模的扩大和商品交易的增加，期货市场应运而生，为生产者和消费者提供了一种有效的风险管理工具。生产者可以通过期货市场锁定未来的价格，减少价格波动带来的经营风险；而消费者则可以利用期货市场进行投机或套期保值，以平衡市场价格的波动对自身经济利益的影响。期货市场的发展不仅促进了市场的流动性和效率，也为金融机构和投资者提供了更多的投资选择和套利机会。

随着工业革命的兴起，股份公司和期货市场等金融工具的出现为现代金融体系的雏形奠定了基础。这些金融创新不仅丰富了金融市场的产品和服务，也为经济的发展和全球金融体系的建立奠定了坚实的基础。在后续的发展中，这些金融工具不断演化和完善，推动了金融体系的进一步发展和壮大。

2. 金融监管的初步建立

金融监管的初步建立标志着政府和监管机构对金融市场的介入和管理。这种介入主要体现在制定规则和监督金融活动上，旨在保护投资者的利益、维护金融市场的稳定和促进经济发展。在许多国家，金融监管的初步建立通常是作为金融体系发展的一部分，以应对日益复杂的金融环境和市场需求。

政府和监管机构通过制定法律、法规和政策来规范金融市场的运作。这些规则涵盖了金融机构的注册、监管要求、交易规则、信息披露要求等方面，旨在确保金融市场的公平、透明和稳健。例如，制定反洗钱法规、证券法、银行法等，以规范金融机构的行为，防止金融犯罪和欺诈行为的发生。

金融监管机构负责监督金融机构的运作和行为。这包括对金融机构的审计、监管报告的要求、风险评估和监测等。监管机构通过执行监管规定，确保金融机构符合法律法规的要求，并对其风险管理和内部控制制度进行评估，以防范金融风险和保护投资者的利益。

金融监管机构还负责处理金融市场中的投诉和纠纷，并协助调解金融纠纷，维护金融市场的秩序和稳定。这有助于建立投资者信心，促进金融市场的健康发展。

金融监管的初步建立对于金融体系的稳定和健康发展至关重要。它不仅有助于防范金融风险和保护投资者的利益，还能够促进金融市场的透明度、有效性和稳定性。需要指出的是，金融监管的建立是一个持续的过程，需要不断地调整和完善，以适应金融市场的发展和变化。只有通过健全的监管体系和有效的监管措施，才能够有效地维护金融市场的秩序和稳定，促进金融体系的可持续发展。

二、金融风险管理的历史演变

（一）金融风险管理的概念确立

1. 金融危机的教训

金融危机的教训是历史长河中留给我们的宝贵经验。20 世纪 20-21 年代的金融危机，尤其是 1929 年的大萧条，是人类经济史上的重大事件之一，深刻影响了全球经济格局并引发了对金融风险管理的深刻反思。

大萧条的爆发揭示了金融体系的脆弱性和系统性风险的严重后果。当时，股票市场的疯狂繁荣被过度放大，银行信贷泛滥、资产泡沫膨胀，最终引发了股市崩盘和银行倒闭，席卷了全球范围内的经济体。这次危机不仅导致了数以百万计的人失业和财富缩水，也给全球经济带来了长期的衰退和动荡。

大萧条给我们的最重要教训之一是关于金融监管和风险管理的重要性。危机爆发之后，人们认识到过度放任的市场和缺乏有效监管的金融体系可能导致灾难性后果。因此，各国纷纷采取了更加严格的金融监管措施，加强了对银行、证券市场和金融机构的监督和管理，以防范和化解金融风险，维护金融稳定。

另一个重要的教训是关于货币政策和经济调控的必要性。大萧条期间，许多国家的货币政策过于宽松，导致了通货膨胀和资产价格泡沫的形成，最终引发了危机的爆发。因此，各国政府意识到了货币政策对经济的重要影响，开始更加审慎地运用货币政策工具，以维护物价稳定和经济增长的平衡。

大萧条也促使人们更加重视经济政策的协调和国际合作。面对全球性的金融危机，单一国家的政策和措施往往难以奏效，需要各国政府和国际组织共同协调行动，共同应对危机的挑战。这一教训在后续的金融危机中得到了充分体现，国际社会更加重视加强国际合作和制定全球性的金融监管和危机应对机制。

20 世纪 20-21 年代的金融危机给我们留下了深刻的教训。它提醒我们重视金融监管和风险管理，审慎运用货币政策和经济政策，加强国际合作和协调行动，以应对金融危机带来的挑战，维护全球经济的稳定和可持续发展。

2. 金融创新的推动

衍生品市场的兴起和金融工程的发展标志着金融创新在风险管理领域的推动。随着全球经济的复杂化和金融市场的不断发展，风险管理成为金融机构和投资者面临的重要挑战之一。衍生品市场作为金融创新的重要领域，为市场参与者提供了一系列用于管理和转移风险的工具，例如期货、期权、互换等。这些衍生品工具的出现不仅提供了多样化的风险管理选择，还为投资者提供了更灵活的投资策略，从而推动了金融市场的发展和壮大。

衍生品市场的兴起不仅丰富了金融市场的产品和服务，也为市场参与者提供了更多元化的风险管理工具。例如，期货合约可以用于锁定未来的价格风险，期权合约则允许投资者在未来以特定价格买入或卖出资产，从而降低市场波动带来的风险。互换等衍生产品则可以用于管理利率风险、汇率风险等特定风险，为企业和投资者提供了更加个性化的风险管理解决方案。

与衍生品市场相伴随的是金融工程的发展。金融工程是一种利用数学、统计学和计算机科学等技术手段，设计和构建金融产品和服务的方法。通过金融工程，金融机构能够创造出更加复杂和多样化的金融产品，以满足市场参与者不断增长的风险管理需求。例如，结构化产品、信用衍生品等创新产品的出现，为投资者提供了更多元化的投资选择，同时也为风险管理提供了更为灵活和高效的工具。

衍生品市场的兴起和金融工程的发展推动了风险管理工具的创新和应用。这种创新不仅促进了金融市场的发展和壮大，还为市场参与者提供了更有效的风险管理方式。与此同时，衍生品市场的复杂性和金融工程的技术性也带来了一些挑战，如对市场参与者的风险识别能力和管理能力提出了更高的要求，需要相关方不断加强风险管理和监管，确保金融创新能够为市场的稳健运行和投资者的利益保护作出积极贡献。

（二）金融风险管理体系的建立

1. 金融监管的加强

金融监管的加强是各国政府和监管机构为确保金融体系稳健运行而采取的重要举措。随着金融市场的复杂性和全球化程度不断提高，金融风险也日益增加，金融危机的发生频率和影响范围也在加剧。为了防范和化解金融风险，各国政府和监管机构纷纷制定了更加严格的金融监管规则，涵盖了资本要求、风险披露等方面。

加强资本要求是金融监管的重要内容之一。资本是银行和其他金融机构抵御风险的重要保障，足够的资本可以有效减轻金融机构因风险而面临的压力。为了确保金融机构具备足够的资本实力，各国政府和监管机构通常会制定资本充足率要求，要求金融机构维持一定比例的资本与风险加权资产的比例。通过加强资本要求，可以有效提高金融机构的抗风险能力，减少系统性金融风险的发生。

加强风险披露是金融监管的另一重要举措。金融市场的稳定和健康需要充分的信息披露和透明度，投资者和监管机构需要了解金融机构的资产负债情况、风险暴露程度等重要信息。为此，各国政府和监管机构要求金融机构加强风险披露，及时公布相关财务信息和风险管理情况，提高金融市场的透明度和监管的有效性。通过加强风险披露，可以帮助投资者更好地评估和管理风险，促进金融市场的稳定和健康发展。

各国政府和监管机构还采取了一系列其他措施来加强金融监管，包括完善金融监管框架、加强跨境监管合作、强化金融机构的内部控制和风险管理等。这些举措旨在提高金融机构的风险管理水平，防范系统性金融风险的发生，维护金融市场的稳定和健康发展。

金融监管的加强是各国政府和监管机构为确保金融体系稳健运行而采取的重要举措。加强资本要求、风险披露等方面的监管措施，有助于提高金融机构的抗风险能力，防范系统性金融风险的发生，促进金融市场的稳定和健康发展。

2. 风险管理工具的多样化

风险管理工具的多样化是金融市场发展的重要趋势，各种工具如期货、期权、衍生品等的涌现为投资者和机构提供了更广泛的选择，帮助他们更有效地管理和规避风险。这种多样化不仅丰富了金融市场的产品和服务，也提升了市场的流动性和效率，促进了金融市场的健康发展。

期货是一种常见的风险管理工具，它允许投资者在未来某一时间点以约定的价格买入或卖出标的资产。期货合约的存在可以帮助投资者锁定未来价格，规避市场波动带来的风险，同时也为投资者提供了套期保值的工具，用以降低交易风险。期货市场的多样化和活跃性为投资者提供了更广阔的选择空间，增强了市场的稳定性和可预测性。

期权是另一种重要的风险管理工具，它赋予了持有者在未来某一时间点以约定价格购买或出售标的资产的权利，而无需承担义务。期权的存在使得投资者可以在不确定性的市场环境中进行灵活的风险管理，通过购买认购期权或认沽期权来规避或受益于市场的波动。期权市场的发展为投资者提供了更多的投资策略和选择，为市场的流动性和活跃度注入了新的动力。

衍生品也是金融市场上重要的风险管理工具之一，包括期权、期货、互换合约等。衍生品的特点是其价值的来源来自于标的资产，而不是衍生品本身的价值。投资者可以利用衍生品来对冲或投机，以管理自身投资组合的风险。衍生品市场的发展使得投资者可以更灵活地应对市场变化，提高了投资组合的效率和收益。

金融市场上风险管理工具的多样化为投资者和机构提供了更广泛的选择，帮助他们更有效地管理和规避风险。期货、期权、衍生品等工具的涌现丰富了市场的产品和服务，提升了市场的流动性和效率，促进了金融市场的健康发展。随着市场的不断创新和完善，风险管理工具的多样化将为投资者和市场参与者带来更多的机会和挑战。

（三）当代金融风险管理

1. 风险监管

随着金融市场的不断发展和金融机构的规模扩大，风险监管日益成为金融体系稳健运行的重要保障。在这一背景下，加强对金融机构和市场的监管显得尤为重要，而巴塞尔协议作为其中的重要一环，为全球金融风险监管提供了重要框架。

风险监管的目的在于保护金融体系的稳定性和健康发展。金融机构在日常经营活动中面临着各种类型的风险，包括信用风险、市场风险、流动性风险等。这些风险的爆发可能导致金融机构的倒闭或市场的动荡，进而对整个经济产生严重影响。因此，加强风险监管，有效识别、评估和控制各类风险，是维护金融体系稳定的重要手段。

巴塞尔协议作为全球金融监管的重要指导性文件，为金融机构的监管提供了统一的框架和标准。该协议首次于 1988 年发布，随后经过多轮修订和完善。其核心目标在于规范金融机构的资本充足率和风险管理水平，以确保其在面临各种风险时有足够的资本储备和应对能力。通过明确资本充足率的要求和监管标准，巴塞尔协议提高了金融机构的抗风险能力，减少了系统性金融风险的可能性，有助于维护金融体系的稳定和健康发展。

除了巴塞尔协议，各国和地区还制定了各种其他监管政策和措施，以适应本地金融市场的特点和发展需求。这些监管措施可能涉及到对金融机构的审计、报告要求、风险管理制度、信息披露等方面的规定，旨在强化对金融机构和市场的监管，确保其合规经营，防范系统性风险的发生。

风险监管对于金融体系的稳定和健康发展至关重要。通过加强对金融机构和市场的监管，实施有效的监管政策和措施，能够提高金融体系的抗风险能力，降低金融市场的波动性，维护金融体系的稳定性和安全性。巴塞尔协议作为全球金融监管的重要框架之一，在此过程中发挥着重要作用，为全球金融体系的稳定和健康发展提供了有力支持。

2. 金融科技

金融科技的崛起正在革新和重新定义金融行业的面貌。其中，利用人工智能、区块链等前沿技术，已经成为提升金融风险管理效率和精度的重要手段。人工智能技术在金融领域的应用已经越来越广泛，其强大的数据分析和预测能力为金融机构提供了更加准确和快速的风险管理工具。通过机器学习算法，金融机构能够更好地识别和评估风险，及时作出决策，从而降低潜在的损失风险。

区块链技术作为一种去中心化的分布式数据库技术，为金融行业提供了全新的解决方案，尤其是在风险管理方面。区块链的不可篡改性和可追溯性特点，使其成为理想的风险管理工具。通过区块链技术，金融机构可以建立更加安全和透明的数据交换和共享平台，实现数据的实时更新和跟踪，从而提高风险管理的精度和效率。例如，区块链可以用于建立信用信息共享平台，实现跨机构的信用信息共享，加强对借贷风险的监控和控制。

除了人工智能和区块链技术，金融科技还涵盖了许多其他技术和工具，如大数据分析、云计算、物联网等。这些技术的综合应用为金融风险管理提供了更加全面和多样化的解决方案。例如，通过大数据分析技术，金融机构可以实现对海量数据的快速处理和分析，从而发现隐藏在数据背后的规律和趋势，为风险管理提供更深入的洞察和预测能力。

金融科技的发展为提升金融风险管理效率和精度提供了重要的技术支持和工具。人工智能、区块链等前沿技术的应用，使金融机构能够更好地识别、评估和管理风险，从而降低潜在的损失风险，提高运营效率和竞争力。随着科技的不断进步和创新，金融科技在风险管理领域的应用将会变得越来越广泛和深入，为金融行业的可持续发展注入新的活力和动力。

第四节　金融经济与金融风险管理研究方法

金融经济与金融风险管理的研究方法在当前复杂多变的市场环境中至关重要。研究者可以采用定性和定量相结合的方法。定性研究通过深入分析案例、专家访谈等方式，探讨金融经济和风险管理的实际操作和决策过程。这种方法能够提供丰富的描述性信息和实践经验，有助于理解金融市场的内在规律和风险管理的有效策略。另一方面，定量研究则通过数学模型、统计分析等手段，对大规模数据进行量化分析，揭示变量之间的关联性和规律性。这种方法能够量化风险水平、预测未来走势，为决策提供科学依据和数据支持。

研究方法还可以从不同的角度进行切入。比如，可以从市场行为学的角度研究金融经济和风险管理，分析投资者的心理行为、市场情绪等因素对市场波动和风险的影响。也可以从金融工程学的角度进行研究，探讨金融产品的设计和定价、衍生品的风险管理等问题。还可以结合计量经济学、行为金融学等多个学科的方法，构建综合的研究框架，全面分析金融经济和风险管理的复杂性和多样性。

研究方法的选择还应考虑实际应用和政策指导的需求。在开展研究时，应当充分考虑到金融市场的实际运行情况和监管环境，结合实际案例和政策要求，开展有针对性的研究工作。同时，还应注重跨学科的合作和交流，借鉴其他学科的理论和方法，丰富研究视角，提高研究水平和实效性。

金融经济与金融风险管理的研究方法应当综合运用定性和定量手段，从不同角度进行切入，结合实际应用和政策需求，开展多学科合作，以促进金融领域研究的深入发展和实践应用。

一、金融经济的研究方法

（一）定量分析

定量分析在金融经济领域中扮演着至关重要的角色。通过利用数学和统计工具，如回归分析、时间序列分析等，可以建立数学模型来研究金融经济中的关键变量及其相互关系，进而评估经济政策和金融市场的影响。

回归分析是一种常用的定量分析方法，用于探究不同变量之间的关系。在金融经济研究中，可以利用回归分析来研究影响金融市场波动的因素，如利率变动、通货膨胀率、政府政策等。通过建立回归模型，可以量化各个因素对金融市场的影响程度，并对市场走势进行预测和解释。

时间序列分析是另一种常用的定量分析方法，用于研究时间序列数据的变化规律。在金融经济领域，时间序列分析常用于分析股票价格、汇率波动、经济增长率等时间序列数据。通过时间序列分析，可以识别出数据中存在的趋势、周期和季节性变化，为制定经济政策和投资决策提供参考依据。

建立数学模型是定量分析的关键步骤之一。通过数学模型，可以把金融经济中的复杂关系简化为数学形式，从而更好地理解各个变量之间的相互作用。例如，可以利用动态随机均衡模型（DSGE）来研究宏观经济政策对经济增长、通货膨胀和失业率等宏观变量的影响。这些数学模型为经济政策的制定和评估提供了理论框架和工具支持。

在评估经济政策和金融市场影响时，采用计量经济学方法至关重要。计量经济学是一种将数学和统计方法应用于经济数据分析的学科，可以帮助研究者更准确地评估经济政策和市场变化对经济变量的影响。例如，可以利用计量经济学方法评估货币政策的效果，分析货币供应量、利率变动等对经济增长、通货膨胀和失业率等指标的影响程度。

定量分析在金融经济领域中具有重要意义，通过数学和统计工具的运用，可以更深入地理解金融经济中的关键变量和其相互关系，为经济政策的制定和金融市场的监管提供科学依据和决策支持。

（二）定性研究

定性研究在金融经济领域的应用呈现出日益重要的趋势。运用质性研究方法，如深度访谈和文本分析等，可以深入探究金融经济中的主观因素和非数值性影响因素。相较于定量研究方法，质性研究更注重对参与者的观点、态度和信念等主观感受的理解，能够揭示出隐藏在数据背后的丰富信息，为理解金融经济现象提供了更全面的视角。

深度访谈是质性研究中常用的方法之一，通过与金融从业者、政策制定者、学术专家等进行深入交流，可以获取他们的观点、看法和经验，进而深入理解金融经济中的主观因素和决策过程。例如，对银行家关于利率政策的看法、投资者对市场波动的情绪反应等进行深入访谈，可以揭示出这些主观因素对金融市场和经济活动的影响机制。

另一方面，文本分析也是质性研究中的重要方法之一。通过分析政策文件、专家意见、媒体报道等非结构化数据，可以获取到丰富的信息和观点，从而对金融经济现象进行更为全面和深入的理解。例如，分析央行公告中的货币政策措施、分析专家评论中的经济预测等，可以帮助研究者把握宏观经济的走势和政策调整的影响。

定性研究还可以运用案例研究等方法，深入挖掘特定事件或行业的经济特征和规律。通过深入案例分析，研究者可以深入了解特定经济事件的发展过程、相关参与者的决策行为以及事件对经济结构和市场运行的影响。例如，通过案例研究分析 2008 年金融危机期间的次贷危机，可以揭示出金融市场中的风险传导机制和市场调整过程，为预防类似事件的再次发生提供经验借鉴。

定性研究方法在金融经济领域的应用具有重要意义，可以帮助研究者深入理解金融经济中的主观因素和非数值性影响因素，为制定政策和提供决策支持提供了有益的参考。

（三）实证研究

实证研究是经济学领域的一种重要方法，通过实地调查、实验设计等方式，验证经济理论和模型的有效性，为政策制定和实践提供科学依据。在金融经济领域，实证研究尤为重要，可以帮助理解金融市场的运行机制、预测市场走势，以及评估政策措施的影响。

实地调查和实验设计是实证研究的重要手段之一。通过实地调查，研究者可以直接获取市场参与者的行为数据和市场情况，了解市场的实际运行情况。同时，实验设计可以帮助研究者在受控制的环境下进行研究，验证经济理论的有效性。

例如，通过对不同群体进行实验，观察其对不同激励措施的反应，可以验证激励理论的有效性。

大数据技术和机器学习算法的应用为金融经济数据的分析和预测提供了新的途径。随着信息技术的发展和数据获取能力的提升，金融市场产生的数据量呈现爆炸式增长，传统的统计方法往往难以处理如此庞大和复杂的数据。因此，利用大数据技术和机器学习算法进行数据挖掘和分析，可以帮助研究者从海量数据中提取有用信息，发现隐藏的规律，并预测市场的走势。

计算经济学方法在研究金融市场行为和演化过程方面具有重要意义。计算经济学采用数学模型和计算机仿真技术，模拟金融市场的运行机制和参与者的行为，从而研究市场的有效性和效率性。通过建立各种模型，例如代理人模型、市场微观结构模型等，可以模拟不同市场条件下的参与者行为，并评估市场机制的优劣，为金融监管和政策制定提供决策支持。

实证研究在金融经济领域发挥着重要作用，通过实地调查、实验设计、大数据技术、机器学习算法以及计算经济学方法，可以验证经济理论的有效性，分析和预测金融市场的运行情况，研究市场的有效性和效率性，为金融领域的决策提供科学依据。

二、金融风险管理的研究方法

（一）风险识别与评估

风险识别与评估是金融领域中至关重要的活动，通过运用各种工具和模型，能够有效地识别、分类和量化金融风险，从而为风险管理和决策提供科学依据。在风险识别方面，诸如 SWOT 分析、风险矩阵等工具被广泛应用，以帮助识别和分类不同类型的金融风险。SWOT 分析通过评估组织或项目的优势、劣势、机会和威胁，全面了解内外部环境对风险的影响，为风险管理提供了基础。风险矩阵则通过将风险事件的可能性与影响程度进行交叉分析，帮助确定风险的优先级和重要性，指导风险管理策略的制定。

在风险评估方面，概率统计和风险度量模型发挥着关键作用。通过概率统计方法，如价值 -at- 风险（VaR）模型、卡方分布模型等，可以对金融风险进行定量化评估。VaR 模型通过对特定置信水平下的损失进行估计，量化了可能面临的最大风险，为投资者和机构提供了重要的风险度量指标。卡方分布模型则基于历史数据和统计分析，评估不同风险事件发生的概率和程度，为风险管理决策提供了参考依据。

除了工具和模型，行业研究和历史数据也是评估金融风险的重要依据。通过深入研究行业发展趋势、市场竞争环境以及相关政策法规等因素，可以更准确地评估不同风险类型的潜在影响和可能性。同时，历史数据的分析和回顾能够为未来风险的评估提供重要参考，揭示过去风险事件的规律和特点，为风险管理提供经验教训。

风险识别与评估是金融领域中至关重要的环节，通过运用各种工具、模型以及行业研究和历史数据，可以全面、准确地识别和评估金融风险，为风险管理和决策提供科学依据。这些方法的综合运用可以帮助金融机构和投资者更好地理解、管理和应对各种风险，提高业务的稳健性和长期可持续性。

（二）风险控制与管理

风险控制与管理在现代金融领域中扮演着至关重要的角色。为了降低金融市场的波动性，金融机构和投资者采取了各种风险对冲策略，其中包括利用期货、期权等金融衍生品。制定有效的风险管理政策和流程，并建立健全的风险管理框架和体系，也是保障金融系统稳定运行的关键措施。为了提高风险管理的效率和准确性，还可以运用各种风险管理工具和技术，如风险管理信息系统（RMIS）和蒙特卡洛模拟等。

风险对冲策略是金融市场中常用的一种风险管理手段。通过购买期货合约或期权等金融衍生品，投资者可以在未来的某个时间点以约定的价格买入或卖出标的资产，从而锁定价格波动的风险。这些衍生品的存在使得投资者能够灵活地调整自己的投资组合，降低持有资产的风险，提高投资回报率。

除了风险对冲策略，制定有效的风险管理政策和流程也是金融机构和投资者重要的任务。通过建立明确的风险管理政策和流程，规范和标准化风险管理行为，可以有效地识别、评估和控制各种类型的风险。在这个过程中，建立健全的风险管理框架和体系至关重要，确保风险管理工作能够得到有效执行和监督，从而最大程度地降低潜在的风险和损失。

为了提高风险管理的效率和准确性，金融机构和投资者还可以运用各种先进的风险管理工具和技术。风险管理信息系统（RMIS）是一种集成了数据采集、风险评估、决策支持等功能的综合性系统，可以帮助机构实时监测和管理各类风险。蒙特卡洛模拟是一种基于概率统计原理的模拟方法，可以用来评估复杂金融产品或投资组合的风险暴露和预期收益。通过运用这些工具和技术，金融机构和投资者能够更加准确地评估和应对各种类型的风险，提高风险管理的效率和水平。

风险控制与管理在现代金融领域中至关重要。通过采取风险对冲策略、制定有效的风险管理政策和流程，以及运用先进的风险管理工具和技术，可以有效地降低金融市场的波动性，维护金融体系的稳定和健康发展。

（三）监控与反馈

监控与反馈是建立有效风险管理体系中至关重要的环节。通过建立风险监控系统，金融机构能够及时监测金融市场和组织内部的风险变化，从而做出相应的应对措施。这一系统不仅能够帮助金融机构及时发现潜在的风险，还能够提高对风险的识别和评估能力，减少可能的损失。在建立了风险监控系统后，进行风险报告和风险评估是至关重要的。这些报告和评估能够向管理层和利益相关者传递风险信息和建议，帮助他们更好地了解和应对当前的风险状况。通过及时、准确地向管理层和利益相关者传递风险信息，可以提高组织对风险的敏感度和应对能力，有助于加强风险管理的有效性和可持续性。在获得风险报告和评估结果后，金融机构需要不断优化风险管理策略。根据监测结果和反馈意见，调整和改进风险管理措施，以适应不断变化的市场环境和风险情况。这意味着风险管理策略需要具有灵活性和适应性，能够根据实际情况进行调整和优化，以确保风险管理的有效性和有效性。通过不断优化风险管理策略，金融机构能够更好地应对复杂多变的市场环境和风险挑战，保障组织的稳健运营和可持续发展。建立风险监控系统，进行风险报告和评估，并不断优化风险管理策略，是有效风险管理体系中不可或缺的环节。这一过程需要不断地监测、分析和反馈风险信息，以便及时采取相应的措施，保障金融机构的稳健运营和长期发展。

第二章 金融经济体系与结构

第一节 金融体系的组成与功能

金融体系由多个组成部分构成，每个部分都发挥着重要的功能。银行系统是金融体系的核心之一。银行作为金融中介，承担着存款、贷款、支付结算等重要职能。通过吸收存款并将资金转化为贷款，银行支持企业和个人的经济活动，促进经济增长。

证券市场也是金融体系中不可或缺的一部分。证券市场包括股票市场和债券市场，为企业和政府融资提供了重要平台。股票市场可以通过股票发行帮助企业筹集资金，而债券市场则通过债券发行为政府和企业提供长期资金。

除了银行系统和证券市场，保险业也是金融体系的重要组成部分。保险业通过向客户提供风险保障，为个人和企业提供了财产保护和风险管理工具。保险业的发展不仅有助于降低个体和企业面临的风险，还促进了经济的稳定发展。

金融市场监管机构也是金融体系中至关重要的角色。监管机构通过监督和管理金融市场，保护投资者权益，维护市场秩序，防范金融风险。良好的监管机制能够有效提升金融体系的稳定性和透明度。

金融科技作为近年来兴起的新兴力量，也在金融体系中发挥着越来越重要的作用。金融科技通过创新技术手段，提供更高效、便捷的金融服务，推动了金融体系的数字化转型和普惠金融发展。

金融体系由银行系统、证券市场、保险业、金融市场监管机构和金融科技等多个组成部分构成。这些组成部分相互联系、相互依存，共同支撑着经济的发展和运转。在不断发展变化的经济环境中，金融体系的健康发展对于维护金融稳定和促进经济增长至关重要。

一、金融体系的组成

（一）金融机构

金融机构是现代经济体系中至关重要的组成部分，它们承担着各种金融服务和功能，为经济的运转和发展提供了支持和保障。其中包括商业银行、证券公司和保险公司等多种类型的机构。

商业银行作为最常见和最广泛的金融机构之一，在金融体系中扮演着至关重要的角色。其主要功能包括接受存款、发放贷款以及提供支付结算等服务。商业银行通过接受存款，为存款人提供安全的存放和增值渠道；通过发放贷款，为个人和企业提供资金支持，促进经济活动和投资；通过支付结算，为社会各个经济主体提供便捷的支付和结算服务，保障经济交易的顺畅进行。

证券公司是金融市场中的重要参与者，其主要业务包括进行证券交易、承销发行和资产管理等。证券交易是其核心业务之一，通过证券交易平台，投资者可以进行股票、债券等各种证券的买卖交易，实现资金增值和风险管理；承销发行是证券公司为企业发行股票、债券等证券提供的服务，通过市场化方式为企业筹集资金；资产管理则是证券公司为客户提供的投资组合管理服务，帮助客户实现资产的增值和风险分散。

保险公司是金融体系中另一重要组成部分，其主要职责是提供保险服务，分散风险，保障财产安全。保险公司通过接受保费，为投保人提供风险保障，承担意外风险造成的经济损失，从而帮助投保人实现风险的转移和分散；同时，保险公司通过合理的风险评估和管理，保障了社会财产的安全和稳定，为经济发展提供了保障。

金融机构在现代经济中发挥着不可替代的作用，它们通过提供各种金融服务和功能，为经济的稳定运行和健康发展提供了必要的支持和保障。商业银行、证券公司和保险公司等不同类型的金融机构各司其职，共同构成了完整的金融体系，推动着经济的持续增长和社会的繁荣发展。

（二）金融市场

金融市场是现代经济体系中至关重要的组成部分，承担着资金融通、资源配置和风险管理等重要职能。在金融市场中，股票市场、债券市场和货币市场是三大核心市场，它们各自扮演着不同但相互关联的角色，共同构建了完整的金融体系。

股票市场是企业融资的重要渠道，也是投资者进行股票交易的场所。在股票市场上，公司可以通过公开发行股票的方式融资，从而扩大经营规模、投资项目或进行业务扩张。同时，投资者可以通过购买股票来成为公司的股东，分享企业的成长和利润。股票市场的运作不仅为企业提供了融资渠道，也为投资者提供了投资机会，促进了资源的有效配置和价值的实现。

债券市场是债务融资的主要途径，政府和企业通过发行债券来筹集资金。债券市场上的债券包括国债、企业债、地方政府债等，它们具有固定的利率和到期日期，为投资者提供了稳定的收益和风险管理工具。债券市场的发展不仅为发行债券的实体提供了多样化的融资选择，也为投资者提供了多样化的投资选择，进而促进了资本的流动和经济的发展。

货币市场是短期资金融通的重要场所，也是央行进行货币政策操作的主要平台。在货币市场上，金融机构和企业可以通过发行短期债券、商业票据等金融工具来获取短期资金，满足资金周转和流动性需求。货币市场的运作有助于调节货币供应与需求，维护金融体系的稳定运行，并影响着整个经济体系的流动性和稳定性。

股票市场、债券市场和货币市场是金融市场中的三大核心市场，它们各自发挥着重要的功能，共同推动着金融体系的健康发展和经济的稳定增长。这三大市场相互交织、相互影响，构成了金融市场的完整生态系统，为投资者提供了多样化的投资选择，为企业提供了多样化的融资渠道，为金融体系的运行提供了坚实支撑。

（三）金融监管机构

金融监管机构在现代经济体系中扮演着至关重要的角色，它们的存在和职责分工有助于确保金融市场的稳健运行，维护金融秩序，保护投资者权益，以及促进经济的可持续发展。央行作为一国的货币当局，拥有制定货币政策的权力，并且负责监管金融机构，以维护金融稳定。央行通过调整货币供应量和利率水平，以达到控制通货膨胀、促进经济增长和维护金融稳定的目标。同时，央行还承担着监管金融机构的责任，包括对银行、证券公司和其他金融机构的审慎监管，以确保它们遵守相关法规，保持健康的资本水平和风险管理能力，防范系统性金融风险的发生。

证券监管机构（如中国的证券监督管理委员会）专门负责监管证券市场，保护投资者的合法权益，维护市场的公平、公正和透明。证监会通过制定监管规则和监督执行，监督证券市场的交易行为、信息披露和内部运作，防止市场操纵、欺诈和不正当交易行为的发生。证监会还负责批准和监管证券发行、上市以及并购重组等市场活动，促进证券市场的健康发展，提升投资者信心和市场稳定性。

银行保险监管机构（例如中国的银行保险监督管理委员会）则主要负责监管银行和保险行业，维护金融秩序和稳定。银保监会通过制定监管规则和政策，监督银行和保险公司的经营行为，防范金融风险，保障存款人和保险人的权益，维护金融市场的公平竞争和稳定发展。银保监会还负责审批和监管银行和保险公司的设立、业务开展和风险管理，加强对系统性重要金融机构的监管，以确保金融体系的安全稳健和可持续发展。

金融监管机构在维护金融秩序、保护投资者权益和促进经济发展方面发挥着重要作用。央行、证监会和银保监会各自承担着不同的职责，通过监管金融机构、证券市场和银行保险行业，共同维护金融体系的稳定和健康发展。这些监管机构的有效运作对于维护金融市场的公平、公正和透明，增强投资者信心，推动经济的可持续增长具有重要意义。

二、金融体系的功能

（一）资金调剂

资金调剂是金融领域中至关重要的一项功能，它通过储蓄和投资、资金融通等方式，促进了资金的有效配置和流动，从而支持了经济的健康发展。储蓄和投资作为资金调剂的一种方式，通过吸收储户的储蓄资金，为企业提供融资支持，从而促进了经济的发展。在这个过程中，金融机构扮演着重要的角色，它们接受储户的存款，并将这些资金转化为贷款或投资，为企业提供了融资渠道，推动了实体经济的增长和壮大。

储蓄和投资的过程实质上是资金的转移和再分配过程。个人和家庭通过将闲置资金存入银行或其他金融机构，实现了资金的储蓄。而这些储蓄资金则被金融机构用于向企业提供贷款或投资，用于生产经营活动、项目建设等。这种资金的转移和再分配，不仅为企业提供了融资支持，还促进了资金的流动和利用效率的提高，从而推动了经济的发展和增长。

另一方面，资金融通是资金调剂的另一种重要方式。通过资金融通，金融市场上的闲置资金可以与资金需求者进行有效匹配，实现了资源的优化配置。这种资金的融通和流动，促进了不同市场主体之间的互利合作，实现了资金的高效配置和利用。资金融通的过程中，金融机构扮演着中介和撮合的角色，通过各种金融产品和服务，将投资者和融资者紧密连接起来，为市场的稳定和发展提供了重要支持。

资金调剂是金融体系中至关重要的功能，它通过储蓄和投资、资金融通等方式，促进了资金的有效配置和流动，为经济的发展提供了有力支持。储蓄和投资为企业提供了融资支持，推动了实体经济的增长；而资金融通则实现了资源的优化配置，促进了市场的健康发展。金融机构在资金调剂过程中发挥着重要作用，它们不仅提供了各种金融产品和服务，还承担着中介和撮合的角色，推动了金融体系的稳定和健康发展。

（二）信息中介

信息中介在金融领域扮演着至关重要的角色。金融机构通过信息收集和分析，为投资者和借款人提供决策依据。信息的准确性和及时性对于投资和融资决策至关重要。金融机构通过收集各种来源的信息，包括但不限于经济数据、公司财报、行业研究报告等，进行深入分析和评估。这些信息包含着市场趋势、风险因素和投资机会等重要内容，能够为投资者和借款人提供全面的市场信息和专业建议，帮助他们制定出更加明智和有效的投资和融资策略。

金融市场作为信息传递的重要平台，通过价格变动等方式传递信息，反映市场预期和风险情况。价格是市场信息的重要载体，它反映了市场参与者对于资产价值和市场预期的认知和反应。金融市场的价格波动可以传递出丰富的信息，包括市场情绪、风险偏好、经济预期等。投资者和借款人可以通过对市场价格的观察和分析，及时获取市场信息，把握市场动态，调整投资和融资策略，从而更好地应对市场风险和挑战。

信息中介在金融领域的作用不仅限于信息的收集、分析和传递，还包括信息的加工和整合。金融机构和市场可以通过对各种信息进行加工和整合，提炼出有价值的投资建议和市场分析报告，为投资者和借款人提供更加专业和个性化的服务。例如，金融机构可以根据客户的需求和风险偏好，量身定制投资组合和理财方案，帮助客户实现财富增值和风险管理。

信息中介在金融领域的作用是多方面的。通过信息的收集、分析和传递，金融机构和市场为投资者和借款人提供决策依据，帮助他们制定出更加明智和有效的投资和融资策略。同时，金融市场作为信息传递的平台，通过价格变动等方式传递市场信息，反映市场预期和风险情况。信息中介的发展和完善有助于提高金融市场的透明度和效率，促进金融体系的稳定和健康发展。

第二节　金融市场与金融机构

金融市场与金融机构密不可分，二者相互依存、相互促进，共同构建了金融体系的基础。金融市场是资金供求的交汇点，是金融资产交易和定价的场所。在金融市场上，各种金融工具如股票、债券、外汇等被交易，价格形成机制也得以发挥作用。同时，金融市场的发展也反过来促进了金融机构的不断壮大与创新。

金融市场为金融机构提供了融资渠道和投资机会。金融机构通过在市场上发行债券、股票等证券来筹集资金，满足资本金要求和扩大经营规模的需求。同时，金融市场也为金融机构提供了投资的方向和工具，使其能够通过投资获得更高的回报，提高盈利能力。

金融机构作为金融市场的参与者和主体，发挥着市场监管和风险管理的重要作用。金融机构通过提供金融产品和服务，引导资金流向，促进资源配置的有效性。与此同时，金融机构也承担着风险的管理和承担责任，通过风险评估、风险定价等手段，保障了市场的稳定运行。

金融市场和金融机构之间还存在着信息传递和反馈的机制。金融市场的价格波动和投资行为会传递市场参与者对经济形势和金融政策的预期和判断，进而影响金融机构的决策和行为。金融机构的发展和表现也会反过来影响金融市场的情绪和走势，形成一种相互影响的关系。

金融市场与金融机构之间的关系是相辅相成、相互促进的关系。金融市场为金融机构提供了发展和运营的平台，而金融机构的健康发展也为金融市场的稳定和繁荣提供了坚实的基础。二者共同构建了完善的金融体系，推动了经济的发展和社会的进步。

一、金融市场

（一）资金配置与流动性提供

资金配置与流动性提供是金融市场的重要功能之一，对于促进经济的发展和稳定至关重要。在金融市场中，各种参与者，包括企业、政府和个人，都可以通过不同的渠道进行资金配置，以满足其各自的融资需求和投资目标。金融市场为企业提供了融资渠道，使其能够筹集资金用于业务扩张、研发创新、设备更新等方面。企业可以通过发行债券、股票等金融工具，吸引投资者的资金，实现资本的有效配置和利用。同时，政府也可以通过发行国债等方式筹集资金，用于基础设施建设、社会福利事业等方面，促进经济的可持续发展和社会的进步。个人投资者则可以通过购买股票、债券、基金等金融产品来实现资产配置，实现个人财富的增值和保值。

金融市场的流动性提供使得资金能够迅速流动，满足各方的融资需求。流动性是指市场中资产能够被快速买卖和转换为现金的能力。金融市场的流动性提供保证了资金的快速调动和有效配置，有利于降低资金成本，促进投资活动和经济增长。通过金融市场的流动性，企业可以及时获得所需的融资，满足生产经营的需要；投资者可以迅速买卖金融资产，调整资产配置，实现风险管理和收益最大化；政府可以灵活调整债务和资金的使用，更好地应对经济和财政政策的变化。

资金配置与流动性提供是金融市场的两大核心功能，对于经济的发展和金融体系的稳定起着至关重要的作用。通过金融市场，各种参与者可以实现资金的有效配置和利用，满足其融资需求和投资目标；而市场的流动性提供则保证了资金能够迅速流动，满足各方的融资需求，促进经济的增长和发展。因此，保持金融市场的健康发展和流动性充足，是维护金融体系稳定和促进经济繁荣的重要举措。

（二）风险管理

风险管理是金融市场中至关重要的一环，它涉及到对各种金融风险的识别、评估、控制和应对。在金融市场中，参与者面临着多种风险，包括市场风险、信用风险、流动性风险等。为了有效地应对这些风险，金融市场提供了多样化的金融工具，如股票、债券、期货和衍生品，帮助参与者分散风险。

股票作为一种常见的金融工具，允许投资者购买公司的股份，并分享公司的收益和风险。通过投资于不同行业、不同地区和不同规模的公司股票，投资者可以实现投资组合的多样化，从而降低特定公司或行业的风险对投资组合的影响。

债券是另一种常见的金融工具，代表了债务人对债权人的债务承诺。债券的收益一般以固定利率或浮动利率支付，并具有较低的风险和较稳定的收益。通过投资于不同类型、不同信用评级和不同到期期限的债券，投资者可以实现投资组合的风险分散，提高整体投资组合的稳健性。

期货和衍生品是另外两种金融工具，通过其特殊的合约性质，可以帮助投资者对冲特定的市场风险或实现特定的投资策略。期货合约允许投资者以约定的价格在未来某个时间点购买或出售特定资产，从而锁定未来价格，减少市场波动对投资组合的影响。衍生品如期权、期权和互换等则允许投资者根据不同的市场预期和风险偏好，构建复杂的投资策略，实现风险管理和收益优化。

通过买卖这些金融工具，市场参与者可以根据自身的风险偏好和投资目标，灵活地管理他们的风险敞口，保护自己的财务利益。无论是个人投资者还是机构投资者，都可以通过构建多样化的投资组合，实现风险的分散和收益的最大化，从而在不确定的市场环境中获取更稳健的投资回报。因此，风险管理在金融市场中具有重要的意义，它不仅可以帮助投资者降低投资风险，还可以提高市场的整体稳定性和抗风险能力。

（三）价格发现

价格发现是金融市场中的一个关键概念，指的是市场参与者通过交易行为确定资产价格的过程。在金融市场上，交易行为的频繁发生和信息的不断传递导致资产价格不断波动，这些价格变动反映了市场供求关系和参与者对资产价值的看法。因此，价格发现在金融市场中具有重要的意义，不仅为投资者提供了买卖时机和价格参考，也为决策者提供了重要的市场信息和参考依据。

市场参与者的交易行为直接影响着资产价格的形成和变动。当市场中出现买方和卖方之间的交易需求时，价格会相应上涨或下跌，从而达到供求平衡。例如，当买方多于卖方时，市场价格会上涨以吸引更多的卖方参与交易，反之亦然。这种供求关系的变化导致了价格的波动，反映了市场参与者对资产价值的认知和预期。

同时，金融市场上信息的不断传递和获取也对价格发现起着重要作用。市场参与者通过获取和分析各种信息，包括公司财务报表、宏观经济数据、行业动态等，来评估资产的价值和未来走势。当新信息出现时，市场上的交易行为会立即反映这些信息，从而影响资产价格的变动。例如，一家公司发布了财报显示业绩大幅增长，市场参与者会对该公司未来发展前景持乐观态度，导致股票价格上涨。

因此，金融市场中的价格发现过程不仅反映了市场供求关系的变化，也反映了市场参与者对信息的反应和判断。这些价格变动不仅为投资者提供了买卖时机和价格参考，也为决策者提供了重要的市场信息和参考依据。决策者可以通过观察价格变动和市场趋势，及时调整自己的投资策略和风险管理方案，从而更好地应对市场的变化和挑战。价格发现在金融市场中扮演着至关重要的角色，是市场运行和资产定价的核心机制之一。

二、金融机构

（一）储蓄和融资

储蓄和融资是金融机构的核心功能，它们促进了资金从储户流向借款人的转移，发挥着重要的媒介作用，从而支持了经济的发展，推动了企业和个人的投资和消费。储蓄是指个人和企业将闲置资金存入金融机构的行为，而融资则是金融机构向个人和企业提供贷款和其他融资服务的过程。通过接受存款并提供贷款，金融机构实现了资金的有效配置和再分配，使得闲置资金得到了充分利用，从而促进了经济的发展和增长。

储蓄和融资机制为资金的流动和投资提供了重要的渠道。个人和企业通过将闲置资金存入银行等金融机构，实现了资金的集中和积累。这些储蓄资金可以被用于向其他个人和企业提供贷款，支持其投资和消费活动。通过融资，企业可以获取到资金用于扩大生产规模、研发创新，个人也可以借款用于购买房屋、汽车等大件消费品，从而促进了经济活动的开展。

储蓄和融资机制有助于降低资金成本，提高资金利用效率。由于金融机构能够实现规模化运作和风险分散，它们通常能够以较低的成本获取资金，并将这些资金以相对较低的利率提供给借款人。这种低成本的融资方式使得企业和个人能够以更低的成本获取资金，从而降低了生产和消费的成本，提高了资金的利用效率，促进了经济的发展。

储蓄和融资机制有助于平衡经济中的资金供求关系，防止资金市场的紧缩和过度扩张。在经济活动中，资金供求的不平衡往往会导致资金市场的紧张和不稳定，阻碍了经济的正常运行。通过金融机构的储蓄和融资活动，可以平衡资金供求关系，防止资金市场的剧烈波动，保持经济的稳定和健康发展。

储蓄和融资机制作为金融机构的核心功能，通过促进资金的流动和投资，降低资金成本，平衡资金供求关系等方式，支持了经济的发展，推动了企业和个人的投资和消费活动。储蓄和融资的有效运作为经济的稳定和增长提供了重要支撑和保障。

（二）风险转移

风险转移是金融领域中一项重要的活动，通过保险和再保险等方式，金融机构将风险从个体或企业转移至更大的群体。这种转移的过程旨在减轻个体和企业面临的不确定性，同时增强整个经济系统的稳定性。保险是最常见的风险转移方式之一，个人或企业向保险公司支付保费，以换取在发生风险事件时得到赔偿的权利。这种方式可以有效地将风险分散到更广泛的群体中去，减轻了个体或企业承担风险的压力。另一方面，再保险则是保险公司将部分承担的风险再转移给其他再保险公司的过程。通过再保险，保险公司可以有效地管理自身风险暴露，确保自身财务稳健，从而增强了整个保险行业的稳定性。风险转移不仅有助于个体和企业降低风险的财务影响，还有助于提高整个经济系统的稳定性。通过将风险分散到更广泛的群体中去，风险转移降低了个体和企业面临的不确定性，使得经济系统更具弹性和韧性。这种稳定性的增强有助于提高经济的长期发展和可持续性，为经济主体创造更加稳健的经营环境。风险转移通过保险和再保险等方式，将风险从个体或企业转移到更大的群体，从而减轻了个体和企业面临的不确定性，增强了整个经济系统的稳定性。这种稳定性的提升有助于促进经济的长期发展和可持续性，为经济体提供了更加稳健的保障。

（三）提供金融服务

金融机构作为经济体系的重要组成部分，提供各种金融服务，包括支付清算、投资咨询、财富管理等，为不同客户提供了广泛的服务选择。这些金融服务不仅满足了个人和企业的多样化需求，也促进了经济的高效运转，增加了资源配置的灵活性和效率。

金融机构提供的支付清算服务对于经济的顺畅运转至关重要。支付清算系统是保障交易结算的基础设施，通过向客户提供各种支付工具和结算服务，如电子支付、信用卡支付、支票清算等，金融机构实现了资金的安全、便捷和及时流动。这些支付清算服务为企业提供了资金结算的便利，促进了商业交易的顺利进行，有利于经济的健康发展。

金融机构提供的投资咨询和财富管理服务有助于个人和企业合理配置资产，实现财富增值。投资咨询师通过对市场和行业的深入分析，为客户提供专业的投资建议和方案，帮助他们把握投资机会，降低投资风险。同时，财富管理服务为高净值客户提供了全方位的财务规划和管理，包括资产配置、税务规划、遗产管理等，帮助客户实现财富的持续增值和传承。

金融服务的提供不仅满足了个人和企业的多样化需求，也促进了经济资源的灵活配置和高效利用。通过金融市场的交易和资金流动，资金得以快速、准确地流向各种优质投资项目和经济领域，从而促进了资源的优化配置和经济的高效发展。金融服务的发展和完善有助于提升金融市场的透明度和效率，增强了市场参与者的信心和活力，推动了经济的健康发展。

金融服务对于经济的作用是多方面的。通过提供支付清算、投资咨询、财富管理等服务，金融机构满足了个人和企业的多样化需求，促进了经济的高效运转，增加了资源配置的灵活性和效率。金融服务的发展和完善有助于提升金融市场的稳定性和透明度，为经济的可持续发展提供了有力支持。

第三节　金融创新与金融经济发展

金融创新是指在金融领域引入新的理念、技术、产品或服务，以满足市场需求、提升效率和促进经济发展的过程。随着科技的不断进步和市场需求的变化，金融创新成为推动金融经济发展的重要动力之一。

金融创新通过引入新的金融产品和服务，丰富了金融市场的产品线，满足了不同客户群体的需求。例如，金融科技公司推出的移动支付、互联网金融产品，为消费者提供了更便捷、快速的金融服务体验，推动了金融普惠和消费升级。

金融创新也促进了金融业务的效率提升和成本降低。借助大数据、人工智能等技术，金融机构可以更精准地评估风险、优化资金运作，提高了金融业务的效率和盈利能力。例如，智能化的风险管理系统可以及时识别潜在风险，减少不良资产的风险暴露。

金融创新也推动了金融市场的国际化和多元化发展。通过跨境金融创新，金融机构可以更便捷地开展跨国业务，促进了全球金融市场的互联互通。同时，金融创新也促进了金融市场的多元化发展，各种新型金融工具和产品的引入丰富了投资者的选择，提升了市场的活力和竞争力。

金融创新也面临着一些挑战和风险。例如，技术安全性、隐私保护、监管合规等问题需要得到有效解决，以确保金融创新的可持续发展和稳健运行。

金融创新在推动金融经济发展方面发挥着重要作用，通过引入新的理念、技术和产品，丰富了金融市场、提升了金融业务效率，促进了金融市场的国际化和多元化发展。也需要注意解决相关挑战和风险，确保金融创新的良性发展和稳健运行。

一、金融创新对金融经济发展的推动

（一）提高金融服务效率

提高金融服务效率是金融行业发展的关键目标之一。为实现这一目标，金融机构积极采用创新技术和金融产品，以提升服务效率、降低交易成本，并加快资金流动速度。创新技术在提高金融服务效率方面发挥了重要作用。人工智能、大数据分析、机器学习等技术的应用，使得金融机构能够更快速、精确地处理大量的金融数据和交易信息。通过智能化的算法和系统，金融机构可以实现自动化的风险评估、客户服务和交易处理，大大提高了服务效率。例如，利用人工智能技术，金融机构可以实现智能风险管理系统，自动识别和评估风险，从而提高了风险管理的效率和准确性。

金融机构不断创新金融产品和服务模式，以满足客户需求并提高服务效率。例如，电子支付、网上银行、移动支付等新型支付方式的出现，使得客户可以随时随地进行金融交易，极大地提高了交易的便利性和效率。金融科技公司也推出了一系列创新产品，如P2P借贷、数字货币等，为客户提供了更多元化的金融选择，同时降低了融资成本和交易成本，加快了资金的流动速度。

金融机构通过优化内部管理和流程，进一步提高了服务效率。通过引入信息化管理系统、精简决策流程、优化客户体验等措施，金融机构能够更高效地运营和服务客户。例如，采用客户关系管理系统（CRM）、企业资源规划系统（ERP）等管理工具，金融机构能够更好地管理客户关系、提升客户满意度，从而提高了服务效率和市场竞争力。

通过创新技术和金融产品、优化内部管理和流程，金融机构能够提高服务效率、降低交易成本，并加快资金流动速度。这不仅有助于提升金融机构的竞争力和盈利能力，也为客户提供了更便捷、高效的金融服务体验，促进了金融行业的健康发展和经济的繁荣。

（二）拓展融资渠道

拓展融资渠道是促进企业发展和经济增长的关键举措之一。通过创新金融工具和模式，可以为企业提供多元化的融资渠道，满足不同企业的融资需求，促进其发展壮大。

一种常见的创新金融工具是风险投资。风险投资是指投资者向高成长性的创业企业提供资金支持，并希望通过持股获取高额回报。相比传统的银行贷款，风险投资具有更高的风险和回报，适合于具有创新性和高增长潜力的企业。通过吸引风险投资，企业可以获得资金支持，推动技术创新和商业模式创新，从而实现快速发展和市场扩张。

另一种创新的融资模式是股权众筹。股权众筹是一种通过互联网平台，向大众募集资金，并以股权形式回报投资者的融资方式。通过股权众筹，企业可以直接与潜在投资者建立联系，吸引更广泛的投资者群体，获得更多的资金支持。同时，股权众筹也为投资者提供了参与企业成长的机会，增加了投资的参与感和亲和力。

债权众筹也是一种拓展融资渠道的方式。债权众筹是指企业通过互联网平台向大众募集借款，并承诺以一定利率和期限回报投资者的融资模式。债权众筹为企业提供了一种灵活的融资方式，可以避免传统银行贷款的繁琐流程和高利率要求。对投资者而言，债权众筹也提供了一种较低风险、稳定收益的投资选择。

除了以上几种方式，还有一些其他创新金融工具和模式，如私募债、供应链金融、数字货币等，都为企业提供了多元化的融资渠道。这些创新的融资方式不仅有助于解决企业融资难题，还可以促进金融市场的发展和完善，为经济增长注入新的动力和活力。

拓展融资渠道是促进企业发展和经济增长的重要手段。通过创新金融工具和模式，为企业提供多元化的融资选择，有助于提高企业融资的效率和灵活性，推动经济的健康发展。因此，政府、金融机构和企业应共同努力，促进融资渠道的拓展和创新，为实体经济的发展提供更好的金融支持和服务。

二、金融经济发展对金融创新的需求

（一）适应经济结构变革

随着经济结构的不断调整和变革，金融行业需要不断适应新的需求和形势，为新兴产业和新型业务模式的发展提供支持。经济结构的变革可能涉及产业结构的调整、科技创新的推动以及市场需求的变化，这些变化都会对金融市场和金融产品提出新的挑战和要求。

新兴产业和新型业务模式的发展需要更加灵活和创新的金融产品和服务。传统的金融产品可能无法满足新兴产业的融资需求和发展特点，因此需要开发出针对性更强、适应性更好的金融产品。例如，新兴科技产业的高风险和高成长性需要创新的风险投资和股权融资工具；新型互联网平台经济需要更加便捷和灵活的支付服务和金融基础设施。因此，金融机构需要根据新兴产业的特点和需求，开发出相应的金融产品和服务，为其提供融资支持和风险管理工具。

金融行业还需要积极拥抱科技创新，加强金融科技的应用和发展。随着数字化技术的普及和应用，金融科技已成为金融行业的重要驱动力之一。金融科技可以帮助金融机构提高效率、降低成本，同时也可以拓展金融服务的覆盖面和深度。例如，云计算、区块链、人工智能等技术的应用可以为金融行业提供更加安全、高效的交易和结算系统；大数据分析和风险管理模型的应用可以帮助金融机构更好地理解客户需求和市场趋势，提供个性化的金融服务。

除此之外，金融机构还需要根据市场需求的变化，灵活调整自身的业务模式和经营策略。随着消费习惯、商业模式的变革，金融行业也需要不断创新和改进，以满足客户的需求和提升竞争力。例如，随着移动支付、线上金融等新型支付方式的普及，传统银行业务面临着数字化转型的压力，需要加速推动线上渠道和服务的建设，提升用户体验和服务水平。

随着经济结构的变革，金融行业需要不断适应新的需求和形势，开发创新的金融产品和服务，积极拥抱科技创新，调整业务模式和经营策略，以应对新兴产业和新型业务模式的发展，促进经济的健康发展和金融市场的稳定运行。

（二）满足市场需求

满足市场需求是金融行业不可或缺的使命之一。随着经济和社会的不断发展，市场需求也在不断变化，对金融产品和服务提出了新的挑战和要求。为了适应和满足这种不断变化的需求，金融创新成为必然选择，它可以为市场提供更灵活、多样化的金融产品和服务，以满足不同客户群体的需求，并提高金融机构的竞争力和市场份额。

金融创新有助于提供更灵活的金融产品。传统的金融产品往往具有固定的特性和结构，难以适应客户的个性化需求。而金融创新可以通过引入新的技术、理念和设计，开发出更加灵活、可定制化的金融产品，满足客户不同的需求和偏好。例如，金融科技公司的发展推动了支付、借贷、投资等领域的创新，提供了更方便、快捷的金融服务，满足了现代人们日益增长的金融需求。

金融创新有助于提供更多样化的金融服务。随着经济结构的变化和市场竞争的加剧，客户对金融服务的需求也在不断多样化。金融创新可以根据客户的不同需求，开发出各种类型的金融产品和服务，包括贷款、投资、保险、支付等方面。这些多样化的金融产品和服务可以满足不同客户群体的需求，提高金融市场的包容性和竞争性。

金融创新有助于提高金融机构的竞争力和市场份额。在市场竞争日益激烈的情况下，金融机构需要不断创新，提供更具竞争力的产品和服务，以吸引客户并提升市场占有率。金融创新可以为金融机构开拓新的业务领域，拓展新的客户群体，增加收入来源，提高盈利能力。同时，金融创新还可以提高金融机构的品牌形象和声誉，树立行业领先地位，为持续发展奠定基础。

金融创新是满足市场需求的重要途径之一，它可以提供更灵活、多样化的金融产品和服务，满足客户不断变化的需求，并提高金融机构的竞争力和市场份额。随着科技的不断发展和市场的不断变化，金融创新将继续发挥重要作用，推动金融行业的持续进步和发展。

（三）推动技术创新

推动技术创新是金融领域发展的重要动力之一，随着科技的迅速发展，金融经济需要与科技深度融合，促进金融科技创新，提高金融服务的智能化和便利化水平。在当今数字化时代，科技已经成为推动金融行业变革和创新的关键因素之一，它不仅改变着金融业务的运营模式和服务方式，也为金融机构提供了更广阔的发展空间和更高效的管理工具。

金融科技的发展为金融服务的智能化和便利化提供了强大支持。通过引入人工智能、大数据、区块链等先进技术，金融机构可以提供更智能、个性化的金融服务，满足客户日益增长的需求。例如，智能投顾、智能风控、智能客服等技术应用，使得金融服务更加高效、精准，提升了客户体验和满意度。

金融科技创新推动了金融行业的数字化转型。传统金融业务主要依赖于人工操作和纸质文档，效率低下且容易出现错误。而通过金融科技的应用，金融机构可以实现业务流程的自动化和数字化管理，大大提高了业务处理的效率和准确性。比如，电子支付、区块链技术的应用等，使得交易处理更加迅速和安全，降低了交易成本，提升了金融系统的整体效率和稳定性。

金融科技创新也催生了新型金融业态和业务模式的出现。互联网金融、数字货币、P2P借贷等新兴业务在金融市场上蓬勃发展，为金融机构带来了更多的业务增长点和利润增长空间。同时，这些新型业务也为客户提供了更多元化、个性化的金融产品和服务选择，推动了金融市场的多元化发展和竞争格局的优化。

金融经济发展需要与科技的深度融合，促进金融科技创新，提高金融服务的智能化和便利化水平。金融科技的发展不仅提升了金融服务的效率和质量，还推动了金融行业的数字化转型和新型业务模式的出现，为经济的可持续发展和金融市场的稳定健康提供了重要支持。

第四节　金融经济结构与国际比较

金融经济结构在不同国家和地区之间存在着显著的差异，这种差异主要源自各国经济发展水平、金融市场的成熟程度以及国家的金融政策等因素。发达国家的金融经济结构更加多元化和复杂化。这些国家拥有完善的金融市场和金融机构，包括股票市场、债券市场、期货市场等多种形式，能够满足不同层次、不同需求的资金融通和投资需求。与之相比，发展中国家的金融经济结构相对简单，主要以商业银行为主导，其他金融市场和机构相对薄弱。

国际金融体系的比较也凸显了不同国家金融经济结构的特点。发达国家之间的金融体系更加紧密和互联互通，国际金融市场更加活跃，资金流动更加自由。而发展中国家在国际金融体系中的地位相对较低，金融市场的国际化程度也较低，资金流动受到一定的限制。

金融科技的发展也对金融经济结构产生了深远影响。在发达国家，金融科技得到了广泛应用，推动了金融服务的创新和升级，例如移动支付、区块链技术等都得到了广泛应用。而在发展中国家，由于金融科技的发展相对滞后，金融服务的普及和便捷程度相对较低，需要加大科技投入和创新力度。

国际金融体系的发展趋势也值得关注。随着全球化进程的加速推进，国际金融体系将更加紧密地联系在一起，不同国家金融经济结构之间的差异可能会逐渐减小，但也会出现新的挑战和问题，例如跨国监管、金融风险传染等。

总体来说，金融经济结构与国际比较呈现出多样化和差异化的特点。了解和分析不同国家金融经济结构的差异，有助于我们更好地把握全球金融发展的趋势，制定有效的金融政策和战略。

一、金融经济结构的比较

（一）银行体系

1. 发达国家

发达国家的银行体系通常呈现出较为集中化的特点。这些国家的银行体系由少数几家大型银行主导，其资产规模庞大，服务范围广泛，并且拥有强大的国际影响力。这种集中化的银行体系在发达国家的金融市场中占据着重要地位，对经济的发展和运行起着至关重要的作用。

集中化的银行体系意味着少数几家大型银行在市场上的主导地位。这些大型银行往往拥有庞大的资产规模和广泛的业务网络，涵盖了各种金融服务领域，包括零售银行、企业银行、投资银行等。由于其规模和实力的优势，这些大型银行在市场竞争中具有较强的抗风险能力和盈利能力，能够提供更加稳健和多样化的金融产品和服务，满足客户的不同需求。

发达国家的大型银行往往具有强大的国际影响力。它们不仅在国内市场上扮演着重要角色，还通过跨国合并、收购和设立海外分支机构等方式拓展国际业务，积极参与国际金融市场的竞争和合作。这些大型银行在国际金融体系中担当着重要角色，影响着全球金融市场的稳定和发展，为国际贸易和资本流动提供了重要支持。

集中化的银行体系还为发达国家的经济发展提供了良好的金融基础。大型银行的规模效应和专业化能力使它们能够更好地应对各种金融风险和挑战，为经济的稳健增长提供了可靠的金融支持。同时，由于这些大型银行在市场上的主导地位，它们的运作和监管也更加规范和严密，有助于维护金融市场的稳定和健康发展。

发达国家的银行体系通常呈现出集中化的特点，由少数几家大型银行主导。这些大型银行拥有庞大的资产规模、广泛的业务网络和强大的国际影响力，为经济的发展和运行提供了重要支持。集中化的银行体系在提高金融效率、促进经济增长和维护金融稳定方面发挥着重要作用。

2. 新兴市场

新兴市场的银行体系呈现出相对分散的特点，包括国有银行、私营银行和合作银行等多种形式。在这些银行中，国有银行通常由政府全资或主导控股，扮演着经济发展的重要角色。私营银行则由私人资本或公司控股，更注重盈利和市场竞争。合作银行则是由合作社或团体成员共同所有和经营的银行，致力于服务本地社区和小微企业。这种多样化的银行体系为经济发展提供了不同层面和形式的金融支持，但与此同时，新兴市场银行也面临诸多挑战。

新兴市场银行普遍存在资金短缺的问题。由于新兴市场的金融基础相对薄弱，资本市场不够发达，银行往往面临资金供给不足的情况。这使得银行在开展业务和扩大规模时面临着融资困难，限制了它们为经济提供充足的资金支持和服务。

新兴市场银行面临着较高的风险。由于经济环境的不稳定性、政治风险、市场波动等因素，新兴市场银行承担的风险相对较高。一些银行可能存在管理不善、风险控制不力等问题，导致资产质量下降，增加了不良资产的风险。

除此之外，新兴市场银行还面临着监管和治理方面的挑战。由于监管制度和治理机制不够健全，监管能力相对薄弱，新兴市场银行往往缺乏有效监管和自我约束，容易出现违规违法行为和金融风险。

尽管新兴市场银行体系呈现出多样化的特点，但也面临着资金短缺、高风险等诸多问题。为了促进新兴市场银行的健康发展，需要加强监管和治理，完善金融基础设施，提升风险管理能力，同时推动金融市场的发展，为银行提供充足的资金来源，以支持新兴市场的经济增长和可持续发展。

（二）证券市场

1. 发达国家

发达国家的证券市场在全球金融体系中占据着重要地位，其发达程度反映了国家经济和金融体系的强大。证券市场包括股票市场、债券市场和衍生品市场等，其发达程度直接影响着国家经济的健康发展和资本的有效配置。在发达国家，证券市场通常具有交易活跃、市场规模大和投资者多样化等特点。

发达国家的股票市场通常交易活跃。股票市场是企业融资和投资者投资的重要平台，其交易活跃程度直接反映了市场参与者对经济形势和企业前景的预期。在发达国家，股票市场往往具有良好的流动性和透明度，投资者可以快速、便捷地进行买卖交易，从而促进了资本的流动和资源的优化配置。

发达国家的债券市场也十分发达。债券市场是企业和政府融资的重要渠道，也是投资者获取固定收益的重要途径。在发达国家，债券市场的规模通常较大，债券种类丰富，涵盖了政府债券、公司债券、抵押债券等多种类型，为投资者提供了广泛的选择空间。

发达国家的衍生品市场也相对成熟。衍生品市场包括期货、期权、互换等多种金融工具，其主要功能是对冲风险、实现投资组合的多样化和实现投机。在发达国家，衍生品市场往往交易活跃，市场参与者涉及到各类金融机构、企业和个人投资者，为市场的深度和广度提供了保障。

发达国家的证券市场通常具有投资者多样化的特点。投资者包括了机构投资者、个人投资者、外国投资者等多种类型，他们具有不同的投资目标、风险偏好和投资策略，为市场的活跃度和稳定性提供了有力支撑。

发达国家的证券市场发达程度高，交易活跃，市场规模大，投资者多样化。这些特点反映了国家金融体系的强大和经济的健康发展，为企业融资、投资者投资提供了良好的环境和平台。同时，发达国家的证券市场也面临着监管、透明度、信息披露等方面的挑战，需要不断加强监管和规范，维护市场秩序和投资者权益。

2. 新兴市场

新兴市场是全球经济中具有活力和潜力的一部分，但其证券市场却常常被认为相对薄弱。这些市场的规模通常较小，与发达市场相比，其市场资本化程度较低，市场规模有限。其中，证券市场的薄弱性是新兴市场面临的主要挑战之一。由于新兴市场的发展水平和资本市场基础相对欠缺，其证券市场的规模和成熟度往往较低，缺乏足够的资本流动性和投资渠道，使得新兴市场的投资者选择面较窄。

另一个影响新兴市场证券市场的因素是市场监管不够完善。相对于发达市场，新兴市场的市场监管体系通常相对薄弱，监管力度不足，监管法规和制度体系相对滞后。这种监管不足容易导致市场内部的不规范行为和市场操纵现象，加剧了投资者对市场的不信任感，进而影响了市场的健康发展和稳定运行。

流动性不足是新兴市场证券市场面临的另一个挑战。由于市场规模较小、参与者相对较少，以及资本流动性受到国内外因素的影响，新兴市场的证券市场流动性较差。这意味着投资者在买卖证券时可能面临较高的交易成本和价格波动，降低了市场的吸引力和竞争力，也影响了投资者的投资决策和行为。

投资风险较高是新兴市场证券市场的另一个显著特征。由于新兴市场的政治、经济和金融环境较为不稳定，存在较大的政治风险、汇率风险和市场风险。新兴市场的信息披露和透明度通常较低，投资者面临更大的信息不对称风险和信息获取成本，进一步加大了投资风险。

尽管新兴市场的证券市场存在诸多挑战，但随着全球化进程的推进和新兴市场经济的发展，这些市场也在不断改革和完善。政府和监管机构逐步加强市场监管和规范，促进市场的健康发展和稳定运行。同时，随着金融科技的发展和国际投资者的增加，新兴市场的证券市场也有望提升其流动性和透明度，进一步提升其在全球资本市场中的地位和影响力。

（三）非银行金融机构

1. 发达国家

发达国家的非银行金融机构在金融体系中扮演着至关重要的角色。这些机构的多样化和发达程度为经济和社会的发展提供了坚实支撑，包括保险公司、证券公司、养老基金等，它们不仅提供了多样化的金融产品和服务，还促进了资本市场的发展和经济的稳健增长。

发达国家的保险公司在金融体系中发挥着重要作用。保险公司通过提供各种类型的保险产品，如人寿保险、财产保险、健康保险等，为个人和企业提供了风险保障和财务保护。个人可以购买保险来保障家庭的生活和未来，企业则可以购买保险来保护资产和经营风险。同时，保险业还通过长期投资和资产管理，为经济发展提供了资金支持，促进了资本市场的健康发展。

发达国家的证券公司在资本市场中扮演着重要角色。证券公司提供了股票、债券、基金等多种金融产品和服务，为投资者提供了多样化的投资渠道和投资工具。投资者可以通过证券公司参与股票交易、债券投资、资产管理等活动，实现资金增值和财富积累。证券市场的发展也促进了企业的融资和发展，为经济增长提供了资金支持和动力。

发达国家的养老基金等非银行金融机构也发挥着重要作用。养老基金通过为个人提供养老金服务，帮助个人规划和储备养老资金，保障老年生活的质量和稳定性。养老基金的发展不仅有助于个人实现养老金的保障，还可以为资本市场提供长期稳定的资金来源，促进经济的可持续发展。

发达国家的非银行金融机构的多样化和发达程度为金融体系的稳健运行和经济的发展提供了坚实支撑。保险公司、证券公司、养老基金等机构提供了多样化的金融产品和服务，促进了资本市场的发展和经济的稳健增长。这些机构的发展不仅为个人和企业提供了金融服务，还为资本市场提供了稳定的资金来源，推动了经济的可持续发展。

2. 新兴市场

新兴市场的发展一直备受关注，其中的非银行金融机构相对欠发达的现状显而易见。这些非银行金融机构包括保险公司、证券公司、私募基金等，它们在新兴市场的规模较小，服务范围有限，缺乏创新，这对于金融体系的完善和经济的可持续发展都构成了一定的挑战。

新兴市场的非银行金融机构规模相对较小。相较于发达市场，新兴市场的非银行金融机构往往面临着资金规模较小的问题。这主要是由于金融市场的不成熟、投资者风险意识的不足以及金融监管的不完善等因素所致。规模小的金融机构往往难以提供多样化的金融产品和服务，也难以承担大规模的风险，从而制约了其发展潜力和影响力。

新兴市场的非银行金融机构服务范围有限。由于市场需求的不足以及金融机构自身的发展水平等原因，新兴市场的非银行金融机构往往只能提供有限的金融服务。例如，保险公司可能只提供基本的人寿保险和财产保险产品，证券公司可能只提供简单的股票交易和基金销售服务，私募基金可能只涉及少数几个领域的投资。这种有限的服务范围无法满足市场多样化、个性化的需求，制约了金融市场的发展和经济的蓬勃增长。

新兴市场的非银行金融机构缺乏创新。创新是推动金融体系健康发展的重要动力，然而在新兴市场中，非银行金融机构的创新能力相对较弱。这主要是由于金融体系的不完善、市场竞争的不充分以及监管环境的不利等因素所致。缺乏创新意味着无法推动金融产品和服务的不断优化和升级，也无法满足市场不断变化的需求，从而制约了金融机构的竞争力和发展活力。

新兴市场的非银行金融机构面临着规模较小、服务范围有限和缺乏创新等诸多问题。解决这些问题，需要加强金融市场的改革和发展，提升金融机构的规模和服务水平，激发金融机构的创新活力，促进金融体系的健康发展，为经济的可持续增长提供更有力的支持。

二、金融经济市场的国际比较

（一）市场规模与深度

1. 发达国家

发达国家的金融市场规模庞大，深度充足，被认为是全球最发达和最具活力的金融市场之一。这些国家的金融市场不仅拥有全球最大的资本市场和货币市场，而且在金融产品和服务的创新、市场监管和金融科技方面处于领先地位，为全球资金流动提供了重要的平台。

发达国家的资本市场是全球最大的。资本市场是企业和政府融资的主要渠道，也是投资者进行长期投资的重要场所。发达国家的资本市场包括股票市场、债券市场、期货市场等多个板块，拥有众多上市公司和投资者。这些资本市场的规模庞大、流动性充足，为企业提供了广泛的融资渠道，同时也为投资者提供了丰富的投资选择，推动了经济的发展和企业的成长。

发达国家的货币市场同样具有重要地位。货币市场是短期资金融通的场所，为金融机构提供了短期融资和流动性管理的渠道。这些国家的货币市场包括银行间拆借市场、短期债券市场、货币市场基金等，具有高度的流动性和安全性。货币市场的健康发展保障了金融机构的流动性充裕，维护了金融系统的稳定运行，对维持经济的正常运转具有重要意义。

发达国家的金融市场在金融产品和服务的创新方面处于领先地位。这些国家的金融机构不断创新金融产品和服务，满足了投资者和企业多样化的需求。例如，发达国家是金融衍生品市场的主要发行和交易地，为投资者提供了丰富的套期保值和投机工具；同时，发达国家的金融科技创新也居于世界前列，为金融市场的高效运行和风险管理提供了重要支持。

发达国家的金融市场规模庞大，深度充足，拥有全球最大的资本市场和货币市场。这些金融市场在金融产品和服务的创新、市场监管和金融科技方面处于领先地位，为全球资金流动提供了重要的平台，促进了国际贸易和投资的发展，推动了全球经济的繁荣和稳定。

2. 新兴市场

新兴市场的金融市场在规模上相对较小，深度不足，这是其发展过程中普遍存在的一个特点。虽然近年来新兴市场的金融市场发展迅速，但与发达国家相比，仍然存在明显的差距。新兴市场的金融市场规模相对较小。由于经济起步较晚、金融基础设施相对薄弱，新兴市场的金融市场规模通常较小，无法与发达国家的金融市场相提并论。尤其是在股票市场、债券市场和衍生品市场等方面，新兴市场的市场规模远远落后于发达国家，限制了其在全球金融体系中的影响力和竞争力。新兴市场金融市场的深度不足。深度指的是金融市场能够提供的金融产品和服务的种类和质量，以及市场的流动性和效率等方面。相对于发达国家的金融市场，新兴市场的金融市场深度不足，金融产品和服务种类较少，市场流动性和效率相对较低。这使得新兴市场的金融市场难以满足经济发展和市场参与者的多样化需求，限制了金融市场在经济中的作用和作用。值得注意的是，尽管新兴市场的金融市场规模相对较小，深度不足，但近年来随着金融体系改革和市场开放的推进，新兴市场的金融市场发展取得了显著进展。许多新兴市场国家已经采取了一系列政策和措施，促进金融市场的健康发展，提高市场的深度和效率。例如，加强金融监管、推进市场开放、优化金融基础设施建设等。随着这些举措的不断落实和金融市场的不断完善,相信新兴市场的金融市场将会逐步增强规模和深度,为经济的稳健增长和可持续发展提供更好的支持和保障。

(二)金融产品与创新

1. 发达国家

发达国家的金融市场以其产品多样和创新频繁而闻名。这些国家的金融市场包括了股票、债券、期货、期权等多种金融工具,为投资者提供了广泛的选择空间和投资机会。金融科技的广泛应用也是发达国家金融市场的一个显著特点。

股票市场是发达国家金融市场的重要组成部分之一。在这些市场上,投资者可以通过购买股票来参与企业所有权,并分享企业的收益和增长。发达国家的股票市场通常具有高度的流动性和透明度,交易活跃,吸引了大量投资者的关注和参与。

债券市场也是发达国家金融市场的重要组成部分。债券是一种固定收益证券,通常由政府、金融机构或企业发行,用于筹集资金。发达国家的债券市场规模庞大,债券种类丰富,包括政府债券、公司债券、抵押债券等,为投资者提供了多样化的投资选择。

除了股票和债券市场,发达国家的金融市场还涵盖了期货市场和期权市场等衍生品市场。期货市场允许投资者以约定价格在未来某个时间点买入或卖出特定标的资产,用于对冲风险和实现投机;期权市场则允许投资者以一定价格在未来某个时间点买入或卖出特定标的资产的权利,为投资者提供了更多的投资策略和灵活性。

与此同时,金融科技的广泛应用也是发达国家金融市场的一个显著特点。金融科技利用先进的技术手段,如人工智能、大数据、区块链等,改变了传统金融业务的模式和方式,为金融市场的发展带来了新的动力和机遇。在发达国家,金融科技应用广泛,涵盖了支付结算、投资理财、风险管理等多个领域,为金融市场的创新和发展提供了有力支持。

发达国家的金融市场产品多样,创新频繁,包括股票、债券、期货、期权等多种金融工具,金融科技应用广泛。这些特点反映了发达国家金融市场的活力和创新能力,为投资者提供了丰富的投资选择和便利的金融服务,推动了金融市场的健康发展和经济的持续增长。

2. 新兴市场

新兴市场作为全球经济中的重要一环，其金融体系的发展和创新水平常常受到关注。新兴市场的金融产品相对较少，并且创新水平不高，这是新兴市场金融领域面临的一个普遍现象。新兴市场的金融市场相对较为年轻和不成熟，相较于发达市场，金融产品的种类和数量较少。这一现象部分源于新兴市场的经济发展水平和金融市场的基础设施相对薄弱，使得金融产品的创新和发展受到一定的限制。

新兴市场在金融科技应用方面相对滞后，也是导致金融产品相对不足的原因之一。尽管金融科技在全球范围内快速发展，但新兴市场在金融科技应用方面往往存在滞后现象。这可能是因为新兴市场在信息技术基础设施、金融监管政策等方面的落后，以及金融机构对新技术的接受程度较低所致。缺乏先进的金融科技支持，限制了新兴市场金融产品的创新和多样化，使得金融产品相对较少且创新水平不高。

新兴市场金融体系的发展也受到一些制度性因素的影响，这也是导致金融产品相对不足的原因之一。例如，新兴市场的金融监管制度和法律环境可能相对不完善，对金融创新和产品发展存在一定的限制。金融市场的开放程度和市场竞争程度也可能影响金融产品的多样化和创新水平。如果市场准入门槛较高或者市场竞争不充分，可能会限制金融机构开发新产品的积极性和创新能力。

尽管新兴市场的金融产品相对不足，但随着全球化进程的加速和金融科技的不断发展，新兴市场的金融体系也在不断改善和创新。政府和监管机构可以通过改革金融市场监管制度、提高金融科技投入、促进金融市场的开放和竞争等措施，推动金融产品的创新和发展，丰富金融市场的产品种类，提升金融服务水平，从而促进新兴市场的经济发展和金融体系的健康发展。

（三）市场监管与法律制度

1. 发达国家

发达国家的金融市场监管体系在维护市场秩序和保护投资者权益方面展现出较高水平。这些国家的金融监管体系通常包括完善的法律制度和监管机构，其主要任务是确保金融市场的公平、公正、透明和稳定运行，从而促进经济的健康发展和金融体系的稳定。

发达国家的金融监管体系具有较为完善的法律制度。这些国家通常拥有健全的金融法律体系和相关法规，明确规定了金融市场参与者的权利和义务，规范了金融机构的经营行为，明确了监管机构的职责和权限。这些法律制度的建立和实施为金融市场的秩序维护提供了有力法律保障，确保了金融市场的公平竞争和合法运行。

发达国家的金融监管机构通常具有较高的专业水平和监管能力。这些监管机构拥有丰富的经验和专业知识，能够有效监督和管理金融市场的各类参与者，包括银行、证券公司、保险公司等。它们通过定期监测和审查金融机构的经营活动，评估其风险管理能力和财务状况，及时发现和化解潜在的风险，保护投资者的合法权益，维护金融市场的稳定和安全。

发达国家的金融监管体系注重投资者保护。这些国家的监管机构通常采取了一系列措施，如加强信息披露、建立投诉处理机制、规范金融产品销售行为等，保障投资者的知情权和选择权，防范金融欺诈和不当行为。同时，监管机构还加强了对金融机构的审查和监督，要求它们遵守相关法规，保护投资者的合法权益，提高金融市场的透明度和稳定性。

发达国家的金融市场监管体系较为完善，法律制度健全，保护投资者权益，维护市场秩序。这些国家通过健全的法律体系、专业的监管机构和有效的监管措施，确保金融市场的公平、公正和透明运行，为投资者提供了良好的投资环境，促进了金融市场的稳定和健康发展。

2. 新兴市场

新兴市场的金融市场监管面临着诸多挑战，相对于发达市场而言，其监管机构的能力和法律制度的健全程度通常较为薄弱。这种监管上的不足导致了一系列问题，包括监管漏洞和法律风险的存在，以及投资者保护不足等方面的困境。这些问题不仅影响了金融市场的健康发展，还可能引发投资者信心的动摇和金融稳定性的风险。

新兴市场的金融市场监管存在监管漏洞。由于监管机构的能力和资源有限，以及监管体系的不完善，新兴市场的金融市场监管往往存在着一些盲区和漏洞。这些监管漏洞可能导致市场操纵、内幕交易、欺诈行为等违法违规行为的滋生，损害了市场的公平性和透明度，影响了投资者的利益和市场秩序的稳定。

　　新兴市场的法律制度不够健全，存在法律风险。金融市场的稳定和健康发展需要有健全的法律体系作为支撑，然而在一些新兴市场中，法律制度的完善程度相对较低，存在着一些法律风险和法律漏洞。这些法律风险可能来自于法律法规的模糊不清、执行力度的不足、司法体系的不独立等问题，给投资者和市场参与者带来了不确定性和风险。

　　投资者保护不足是新兴市场金融监管面临的又一大挑战。在一些新兴市场中，投资者的权益保护水平相对较低，投资者面临着信息不对称、合同不平等、违约风险等问题。当投资者的权益受到侵害时，由于法律保护不足和司法救济不力，投资者通常难以维护自身的权益，导致了投资者信心的下降和市场的不稳定。

　　新兴市场的金融市场监管面临着监管漏洞、法律风险和投资者保护不足等诸多挑战。解决这些问题，需要加强监管机构的能力建设，完善法律制度和监管体系，加大对违法违规行为的打击力度，提升投资者的权益保护水平，维护金融市场的稳定和健康发展。只有这样，才能为新兴市场的金融体系搭建起更加稳固的法律和制度基础，为金融市场的长期繁荣提供更加可靠的保障。

第三章　金融风险类型与评估

第一节　信用风险管理与评估

信用风险管理与评估在金融领域中扮演着至关重要的角色。信用风险指的是债务人无法按时履行债务义务的风险。对于金融机构而言，有效的信用风险管理是确保资产负债表健康和保障资金安全的重要手段之一。在进行信用风险评估时，机构需要综合考虑借款人的信用记录、财务状况、行业前景等因素，以确定借款人的偿债能力和信用水平。

信用风险管理包括预防、监测和控制三个方面。预防信用风险主要通过严格的借款人筛选机制和制定合理的借贷政策来降低风险发生的可能性。监测信用风险则是指定期对借款人的信用状况进行跟踪和评估，及时发现潜在风险并采取相应措施。控制信用风险则是在风险发生时采取适当的措施，如调整资产配置、追加担保品等，以降低损失程度。

随着金融科技的发展，信用风险管理也得到了新的提升。例如，利用大数据技术和人工智能算法可以更加精准地评估借款人的信用水平，提高风险预测的准确性。同时，区块链技术的应用也能够增强借贷合同的透明度和可追溯性，有利于减少欺诈和风险。

全球化背景下，国际信用风险管理也日益受到关注。跨国金融机构需要考虑不同国家和地区的法律法规、政治经济环境等因素，制定相应的风险管理策略，以确保跨境交易的安全和稳定。

信用风险管理与评估是金融领域不可或缺的重要环节。通过科学有效的风险管理手段和技术手段，可以有效降低金融机构和企业的信用风险，维护金融体系的稳定和健康发展。

一、信用风险管理

（一）风险识别与评估

风险识别与评估是金融机构在进行贷款和投资决策时的关键步骤。通过对借款人的信用状况进行评估，金融机构可以识别潜在的信用风险，从而有效地管理和控制风险水平。为了评估借款人的信用状况，金融机构使用各种工具和模型，如信用评级系统和债务比率分析等。这些工具和模型可以帮助金融机构全面了解借款人的偿还能力和信用历史，从而量化信用风险水平，为贷款和投资决策提供参考依据。

金融机构通过对借款人的信用状况进行评估，可以及时发现潜在的信用风险。信用风险是指借款人未能按时偿还贷款或利息的风险，可能导致金融机构遭受损失。通过对借款人的信用历史、财务状况和还款能力进行全面评估，金融机构可以及时发现借款人的信用问题，采取相应的措施，减少信用风险带来的损失。

金融机构使用各种工具和模型来评估借款人的信用状况。其中，信用评级系统是评估借款人信用水平的常用工具之一。通过对借款人的信用历史、收入情况、负债情况等因素进行综合评估，信用评级系统可以将借款人分为不同的信用等级，从而帮助金融机构更好地区分高风险和低风险客户。债务比率分析也是评估借款人偿还能力的重要方法。通过比较借款人的债务与收入之比，以及债务与资产之比，金融机构可以评估借款人的负债水平和偿还能力，从而判断借款人是否有能力按时偿还贷款。

金融机构进行全面的风险分析，考虑借款人的行业、经济环境和市场条件等因素，以量化信用风险水平。借款人的行业背景、经济环境和市场条件等因素都会影响其偿还能力和信用风险水平。因此，金融机构需要综合考虑这些因素，进行全面的风险分析，以更准确地评估借款人的信用状况和信用风险水平，为贷款和投资决策提供科学依据。

风险识别与评估在金融领域具有重要意义。通过对借款人的信用状况进行评估，使用各种工具和模型，以及进行全面的风险分析，金融机构可以及时发现潜在的信用风险，量化风险水平，从而有效地管理和控制风险，保障金融系统的稳定和健康发展。

（二）风险控制与限制

风险控制与限制是金融机构保持稳健经营的关键策略之一。为了有效管理和降低风险，金融机构采取了一系列措施限制风险暴露。设定信贷限额是一种常见的措施。通过设定借款人的最大信贷额度，金融机构可以限制个体借款人的借贷规模，降低集中风险，确保资金分配的合理性和安全性。同时，加强抵押要求和制定严格的贷款条件也是一种有效的风险控制手段。通过要求借款人提供足额的抵押品或者设置更加严格的贷款条件，金融机构可以减少不良贷款的风险，保护自身的资产安全。

实施分散化战略是降低风险的重要方法之一。通过将风险分散到不同的借款人和资产类别中，金融机构可以有效降低集中风险，提高整体风险抵御能力。这包括在信贷业务中分散到不同行业、地区和借款人身份，以及在投资组合中分散到不同资产类别和市场，以降低因单一风险事件而造成的损失。

加强内部控制和监测机制也是风险控制与限制的关键环节。通过建立健全的内部控制体系，包括风险管理制度、内部审计机制、合规监测系统等，金融机构可以及时发现和评估潜在的风险暴露，采取相应的措施加以控制和应对，避免信用损失的发生。加强对风险监测和评估的持续监控，及时调整风险管理策略和措施，也是确保风险控制有效性的重要手段。

金融机构通过采取措施限制风险暴露、实施分散化战略，以及加强内部控制和监测机制，有效降低了风险的发生概率和影响程度，保障了金融机构的稳健经营和资产安全。这些措施不仅有助于金融机构更好地应对市场波动和风险挑战，也有利于维护金融市场的稳定和健康发展。

（三）应对策略与处理

面对拖欠债务的情况，金融机构需要制定有效的应对策略和处理措施，以最大程度地减少可能的信用损失和财务风险。这些策略包括拖欠债务的催收程序、债务重组和风险转让等措施，以及建立风险准备金或准备金提取计划。

金融机构需要建立健全的拖欠债务的催收程序。这包括及时与拖欠债务人联系，采取催收电话、催收函件等方式督促债务人履行还款义务。同时，金融机构可以考虑委托专业的催收机构进行催收工作，以提高催收效率和成功率。

对于一些无法及时归还债务的借款人，金融机构可以考虑进行债务重组。债务重组是指金融机构与债务人协商调整债务条款，如延长还款期限、降低利率等，以减轻债务人的负担，促使其更好地履行还款义务。

金融机构还可以通过转让风险暴露的方式来应对不良债务。这包括将不良债务转让给专业的资产管理公司或其他金融机构，通过出售不良资产的方式减轻自身的负债风险，从而保护自身的财务安全。

除了以上措施，金融机构还可以建立风险准备金或准备金提取计划，以应对可能的信用损失。风险准备金是金融机构为应对可能出现的信用损失而提前设置的资金储备，用于弥补不良资产可能带来的损失。通过建立健全的风险准备金制度，金融机构可以在面对不良债务和信用风险时更加从容应对，降低财务风险和经营压力。

金融机构还应与借款人保持沟通，并积极寻求解决方案，以最大程度地减少不良债务对金融机构的影响。通过与借款人进行沟通和协商，金融机构可以更好地了解债务人的还款能力和意愿，寻找符合双方利益的解决方案，最大限度地减少不良债务带来的损失和影响。

金融机构面对拖欠债务的情况，需要采取一系列有效的应对策略和处理措施，包括拖欠债务的催收程序、债务重组和风险转让等措施，以及建立风险准备金或准备金提取计划。同时，与借款人保持沟通，并积极寻求解决方案，是减少不良债务对金融机构影响的重要手段。

二、信用评估

（一）数据收集与分析

在当今信息时代，数据的收集和分析已成为金融领域至关重要的一环。这项任务涵盖了广泛的范围，包括财务报表、信用报告、行业状况以及宏观经济指标等多方面信息的搜集和深度分析。财务报表提供了企业经营状况的关键指标，如利润、资产负债状况和现金流量等，这些数据对于评估借款人的偿债能力至关重要。通过对财务报表的仔细分析，我们可以揭示出企业的盈利能力、资金运作状况以及风险暴露情况，从而为信用评估提供重要依据。

信用报告也是评估借款人信用状况不可或缺的信息源。信用报告中包含了个人或企业的信用历史、债务情况以及还款记录等信息，这些数据对于判断借款人的信用可靠性至关重要。通过对信用报告的详细分析，我们可以了解借款人的还款能力、信用记录的稳定性以及潜在的风险因素，从而为风险管理和信用评估提供有力支持。

除了个体的财务信息，行业状况和宏观经济指标也是评估借款人信用状况的重要参考。行业的发展状况和宏观经济环境对企业的经营影响深远，而借款人所处行业的稳定性和发展前景直接影响其偿债能力。因此，对行业状况和宏观经济指标的全面分析可以帮助我们更准确地评估借款人的信用风险，预测其未来的偿债能力。

数据收集与分析在信用评估过程中扮演着不可或缺的角色。通过对财务报表、信用报告、行业状况和宏观经济指标等信息的全面搜集和深度分析，我们可以建立起精准的信用评估模型和算法，为金融机构提供可靠的风险管理工具，同时也为借款人提供更公平、更合理的信贷服务。

（二）模型建立与验证

建立信用评估模型是金融领域的一项关键任务，它旨在有效地评估个人或机构的信用风险水平。这一过程涉及到两种主要类型的模型：传统的基于统计方法的模型和基于机器学习的模型。传统的基于统计方法的模型通常使用线性回归、逻辑回归等统计技术来建立信用评估模型。这些模型基于历史数据和已知的特征，如个人收入、财务状况、信用历史等，通过对这些特征的加权组合来预测个体的信用风险。传统模型的优势在于透明度高、解释性强，能够提供对决策过程的清晰理解，但受限于特征选择和非线性关系的建模能力。

相比之下，基于机器学习的模型利用大量数据和复杂算法来建立信用评估模型。这些模型可以处理非线性关系、高维特征空间和大规模数据，并且能够自动学习特征之间的复杂关系，从而提高模型的预测性能。常见的机器学习算法包括决策树、随机森林、支持向量机、神经网络等。通过在训练数据上进行优化，这些模型可以更准确地预测个体的信用风险，并且具有一定的泛化能力，能够适应不同的市场环境和数据分布。

建立模型只是第一步，验证模型的准确性和有效性同样至关重要。为了评估模型的表现，可以采用历史数据的回溯测试和实时监测两种方法。回溯测试通过使用历史数据来模拟模型的预测行为，并比较模型的预测结果与实际结果之间的差异，从而评估模型的准确性和稳定性。实时监测则是在模型投入实际应用后，持续地监测模型的表现，并及时调整模型参数或特征以适应市场变化和数据漂移。这样可以确保模型在长期运行中保持良好的预测性能，并及时发现和解决模型出现的问题。

建立信用评估模型是一项复杂而关键的任务，需要综合考虑传统统计方法和机器学习方法的优势，并通过回溯测试和实时监测来验证模型的准确性和有效性，从而确保模型能够在实际应用中取得良好的效果。

（三）持续改进与更新

持续改进与更新是任何评估工作的核心要素。随着市场和环境的不断变化，评估方法和模型需要不断更新以适应新的挑战和机遇。这需要结合最新的技术和数据分析工具，以提高评估的准确性和效率。在评估过程中，使用最新的技术和工具可以帮助我们更好地处理大数据、进行更深入的分析，并发现潜在的趋势和模式。例如，利用人工智能和机器学习算法可以更好地预测市场变化和客户行为，从而改进评估的精确度。同时，采用实时数据分析工具可以帮助我们更快地获取和处理信息，及时调整策略和决策。

持续改进也意味着不断审视和调整评估方法和模型，以解决评估中出现的问题和挑战。评估工作可能面临的挑战包括数据质量问题、模型不准确或过时等。通过及时发现和解决这些问题，可以提高评估的可靠性和有效性。例如，如果发现评估模型在某些情况下预测不准确，我们可以通过引入新的变量或调整算法来改进模型的性能。还可以通过与其他领域的专家合作，共同探讨解决方案，并从他们的经验和见解中获益。

在持续改进和更新评估工作的过程中，也需要注意平衡准确性和效率。虽然我们希望评估尽可能准确，但也不能忽视效率。因此，我们需要不断优化评估流程，找到平衡点，以确保评估工作既能及时完成，又能提供可靠的结果。这可能涉及到优化数据收集和处理流程、简化模型或算法，以及培训团队成员以提高工作效率。

持续改进与更新是评估工作的重要方面，它可以帮助我们适应市场和环境的变化，提高评估的准确性和效率，并及时解决评估中的问题和挑战。通过不断学习和改进，我们可以确保评估工作始终保持在最高水平，为组织的决策提供有力支持。

第二节　市场风险管理与评估

市场风险管理与评估是金融领域至关重要的议题之一。市场风险管理需要充分了解市场的特点和运行规律。不同市场有着不同的特点，如股票市场的波动性较高、债券市场的稳定性较强等。因此，针对不同市场的风险管理策略也应当有所差异化。通过对市场的深入研究和分析，可以更好地识别市场风险的来源和演化趋势，为制定有效的风险管理策略提供依据。

市场风险评估需要运用多种方法和工具。其中，历史数据分析是一种常用的方法，通过对历史市场数据的统计分析，可以发现市场波动的规律性和趋势，从而进行风险预测和评估。还可以运用数学模型、风险价值等量化工具，对市场风险进行定量化分析和测算，帮助机构和投资者了解自身承受的市场风险水平，采取相应的风险控制措施。

市场风险管理需要注重风险多元化和分散化。多元化投资是一种有效的市场风险管理策略，通过将资金投资于不同种类、不同行业、不同地区的资产，可以降低整体投资组合面临的风险水平。同时，分散化也是重要的风险管理原则，避免过度集中投资于某一特定资产或行业，从而降低受到单一市场因素影响的风险。

市场风险管理需要持续监控和调整。金融市场的变化是常态，市场风险也会随着市场环境的变化而变化。因此，机构和投资者需要建立起有效的风险监控体系，及时对市场风险进行评估和调整，确保风险管理策略的及时性和有效性。

市场风险管理与评估需要充分了解市场特点，运用多种方法和工具进行评估，注重风险多元化和分散化，以及持续监控和调整风险管理策略，以应对金融市场的复杂性和变化性，确保投资组合的安全和稳健性。

一、市场风险管理

（一）风险识别与分类

风险是投资活动中不可避免的因素，对市场参与者而言，了解和有效管理各种类型的风险至关重要。在评估市场中的不同风险类型时，首先需要考虑的是价格波动风险。价格波动风险指的是资产价格在特定时间内的变动幅度，它可能受到市场供求关系、行业发展趋势、宏观经济因素等多种因素的影响。价格波动风险的存在意味着投资者可能面临资产价值波动带来的损失，因此需要通过适当的风险管理策略来规避或降低这种风险。

另一个重要的风险类型是政治风险。政治风险涉及政府政策、法规变化以及国际政治局势等因素对投资环境和市场的影响。例如，政策变动可能导致行业规范的调整，进而影响企业盈利能力和投资者预期收益。政治风险的不确定性使得投资者需要密切关注政治动态，并采取相应的风险管理措施，以应对可能出现的不利影响。

货币风险是另一个需要重点考虑的方面。货币风险指的是由于汇率波动而导致的资产价值变动风险。对于跨国投资者而言，不同国家或地区之间的货币波动可能对投资组合产生重大影响。例如，如果投资者持有外国资产，当本国货币贬值时，其资产价值可能受到影响。因此，对货币风险的管理包括使用金融工具进行对冲，选择稳定货币投资等策略。

在理解和管理这些不同类型的风险时，风险分类和量化起着关键作用。通过将风险分门别类，投资者可以更清晰地认识到每种风险的特点和影响因素，从而有针对性地制定相应的风险管理策略。例如，对于价格波动风险，可以采取多样化投资组合、使用衍生品进行对冲等措施；对于政治风险，则需要建立政治风险监测体系，及时调整投资策略；而对于货币风险，则需要关注国际汇率变动趋势，灵活运用货币对冲工具等方法进行风险管理。

有效识别和分类市场中的不同风险类型，并制定相应的风险管理策略，对投资者而言至关重要。只有通过深入理解不同类型风险的本质特点，并采取有效的管理措施，投资者才能在动态复杂的市场环境中保持风险可控，实现长期稳健的投资回报。

（二）风险测量和评估

风险测量和评估在现代金融管理中占据着至关重要的地位。通过各种定量和定性方法，市场风险的水平得以准确测量。其中，价值 -at-Risk （VaR）、Beta 系数和标准差等指标被广泛应用于评估资产组合或投资项目的风险水平。VaR 作为一种主要的风险测量工具，通过衡量在给定置信水平下的潜在最大损失来评估风险。它结合了历史数据和统计模型，为投资者提供了对未来市场波动可能性的预测。

Beta 系数则是衡量资产或投资组合相对于整个市场的波动性。通过计算资产与市场之间的相关性，投资者能够了解其对市场波动的敏感程度。标准差则是衡量资产或投资组合收益率的波动程度，是一种常用的风险测量方法之一。这些定量指标的综合应用，有助于投资者更全面地理解资产或投资组合所面临的市场风险。

除了定量方法，定性分析也是评估市场风险的重要手段之一。通过对各种因素的综合考量，如宏观经济环境、政治稳定性、行业竞争格局等，投资者能够评估市场风险的潜在影响和可能性。这种综合性的分析有助于投资者更全面地了解风险来源，并制定相应的风险管理策略。

在风险评估过程中，历史数据的参考至关重要。通过对过去市场表现的分析，投资者可以识别出类似情况下可能出现的风险，并据此调整其投资决策。仅仅依赖历史数据可能无法完全预测未来市场的波动。因此，统计模型的运用也是不可或缺的。基于统计模型的风险评估能够更精确地预测未来市场波动的可能性，为投资者提供更可靠的决策支持。

风险测量和评估是金融管理中不可或缺的环节。通过各种定量和定性方法的综合运用，结合历史数据和统计模型的分析，投资者能够更准确地评估市场风险，从而制定相应的风险管理策略，降低投资风险，提升投资效益。

（三）风险管理工具和策略

风险管理工具和策略在投资组合管理中扮演着至关重要的角色。通过制定并执行适当的风险管理策略，投资者可以有效地降低市场波动对其投资组合的影响。其中，使用金融衍生品和其他风险管理工具是常见的做法之一。比如，期货合约和期权等衍生品可以用来对冲或减轻市场风险。期货合约允许投资者以未来的价格购买或出售资产，从而锁定价格并规避市场波动的影响。而期权则赋予投资者在未来某一时间以特定价格买入或卖出资产的权利，这种灵活性使得投资者能够更好地管理风险。

多样化投资策略也是降低风险的有效手段之一。通过投资于不同资产类别和地理区域，投资者可以分散风险，降低单一资产或市场的波动对整个投资组合的冲击。例如，将资金分散投资于股票、债券、房地产等不同资产类别，或者投资于不同国家或地区的市场，可以在某些市场表现不佳时，其他市场的表现可能较好，从而平衡整个投资组合的风险和回报。

积极的风险管理还包括对投资组合的监控和调整。投资者需要定期审查投资组合的表现，并根据市场情况和自身投资目标做出调整。这可能涉及调整资产配置比例、调整对冲策略或者增加新的风险管理工具等。

有效的风险管理工具和策略对于投资者来说至关重要。通过合理利用金融衍生品、多样化投资策略以及定期监控和调整投资组合，投资者可以更好地应对市场波动，降低投资组合的风险，从而实现稳健的投资回报。

二、市场风险评估

（一）历史数据分析

历史数据分析是一种重要的方法，用于深入了解市场的运行情况、风险模式和趋势走向。通过对过去市场表现和波动情况的分析，我们可以更好地理解市场在不同时期的变化特征，从而为未来的决策提供参考和依据。通过对市场价格、交易量等数据进行分析，我们可以识别出市场的波动模式和规律性变化。这有助于我们预测未来市场的波动趋势，从而制定相应的风险管理策略和投资决策。

例如，金融危机、政治动荡等事件往往会对市场造成较大的冲击和波动，影响投资者的信心和行为。通过分析这些事件发生时市场的表现和反应，我们可以更好地理解市场的敏感度和抗风险能力，为未来类似事件的发生做好准备。通过对长期数据的分析，我们可以识别出市场的周期性波动和趋势走向，从而更好地把握市场的发展方向和投资机会。这对于长期投资者来说尤为重要，可以帮助他们制定更为稳健的投资策略。历史数据分析是理解市场运行规律和风险特征的重要方法之一。通过深入分析市场的历史数据，我们可以更准确地把握市场的动态变化，为未来的投资决策提供有力支持。

（二）情景分析和压力测试

情景分析和压力测试是金融领域中常用的风险评估工具，通过模拟不同的市场环境和压力条件，对资产表现进行评估，以便更好地理解市场风险和投资组合的承受能力。情景分析旨在模拟不同的市场情境，例如经济增长、通货膨胀或衰退等，以评估资产在这些情景下的表现。这种方法有助于投资者更好地了解其资产在不同市场条件下的表现，并为未来制定策略提供指导。

比如，假设进行一项情景分析，模拟了经济增长和衰退两种情境。在经济增长情境下，股市可能会表现强劲，而债券市场也可能受益于较低的利率环境。在经济衰退情境下，股市可能会下跌，债券市场可能会受到避险情绪的影响而表现稳健。通过对这些情境进行模拟，投资者可以更好地了解资产在不同市场环境下的表现，并相应地调整投资组合，降低风险，提高回报。

与情景分析不同，压力测试更加专注于评估投资组合在不利市场条件下的表现。它通过模拟极端的市场情况，例如市场崩盘、大幅利率上升或货币贬值等，来评估投资组合的承受能力和潜在损失。这种方法有助于投资者了解其投资组合在极端情况下的表现，并采取相应的风险管理措施。

例如，进行一项压力测试，模拟了市场崩盘和大幅利率上升两种情境。在市场崩盘情境下，股市和债券市场可能同时遭受重创，投资组合可能面临巨大损失。而在大幅利率上升情境下，债券价格可能大幅下跌，对债券型投资组合造成严重影响。通过对这些极端情境进行压力测试，投资者可以评估其投资组合的脆弱性，并采取相应的风险管理措施，例如多元化投资、使用避险工具或制定止损策略，以降低潜在损失。

综合来看，情景分析和压力测试是评估市场风险和投资组合承受能力的重要工具，它们为投资者提供了更全面的风险管理视角，有助于制定更加可靠的投资策略。

（三）市场环境监控

市场环境监控是投资者在实践中应用的一项重要策略，其核心在于及时监测市场的变化和趋势，并灵活调整投资组合以适应不断变化的市场条件。这种策略的有效性在于其能够充分洞察市场的动态特征，及时发现并应对可能出现的风险和机遇。通过关注全球经济和政治事件，以及市场参与者的行为和情绪，投资者可以更加精准地制定投资策略，提高投资的收益和抗风险能力。

在全球化背景下，各国经济之间存在着复杂的联系和影响，国际政治形势的变化也会对市场产生深远影响。因此，投资者需要密切关注全球经济和政治事件的发展动态，及时了解各种政策变化对市场的影响，以便灵活调整投资组合，降低投资风险。

投资者的情绪波动和行为决策会直接影响市场的供需关系和价格走势。通过分析市场参与者的行为特征和情绪波动，投资者可以更好地把握市场的脉搏，及时调整投资策略，避免被市场情绪所左右，保持理性和稳健的投资风格。

在市场环境监控中，实时性是关键。随着信息技术的不断发展，投资者可以利用各种实时数据和信息工具，对市场进行及时监测和分析。通过建立有效的监控系统和风险控制机制，投资者可以更加准确地捕捉市场的变化和趋势，及时调整投资组合，提高投资的灵活性和适应性。

通过关注全球经济和政治事件，以及市场参与者的行为和情绪，及时调整投资策略，投资者可以更加有效地把握市场机遇，降低投资风险，实现稳健和持续的投资回报。

第三节　流动性风险管理与评估

在金融领域，流动性风险管理与评估是至关重要的。了解流动性风险的本质至关重要。流动性风险指的是资产或证券无法在市场上快速、容易地转换成现金或现金等价物的风险。这种风险可能导致机构面临资金短缺、无法满足支付义务或资产贬值等问题，对整个金融体系的稳定性和健康性构成威胁。

针对流动性风险，机构需要采取一系列有效的管理措施。首先是建立合理的流动性管理政策和流动性规划。这包括评估资产和负债的流动性特征，制定流动性缓冲区和应急计划，确保机构在面临流动性挑战时有充足的应对能力。

流动性风险评估需要考虑多种因素。首先是资产的流动性特征，包括资产的市场流动性、转换成现金的难易程度以及市场流动性的周期性等因素。其次是机构的资产负债结构和现金流预测，了解机构在不同情况下的现金流动性状况，有针对性地制定管理策略。

流动性风险管理也需要考虑外部环境的影响。经济周期、市场流动性、政策变化等因素都可能对流动性产生影响，机构需要及时调整流动性管理策略，应对外部环境的变化。

除了以上措施，还需要建立有效的监控和报告机制。机构应该建立流动性风险监控指标，定期对流动性风险进行评估和监测，及时发现和应对潜在的流动性问题。同时，建立有效的报告机制，向管理层和监管机构及时报告流动性风险状况，保持透明度和及时性。

流动性风险管理与评估是金融机构不可或缺的重要任务。通过建立合理的管理政策和规划、全面评估流动性风险因素、及时调整策略并建立有效的监控和报告机制，可以有效降低机构面临的流动性风险，维护金融体系的稳定和健康发展。

一、流动性风险管理

（一）流动性风险的概念和特征

1.概念阐述

流动性风险是金融领域中一个至关重要的概念，它涉及到资产在市场中快速买卖或转换为现金的能力。简而言之，它指的是在市场需求下，资产能否以较低的成本和时间转换为现金或其他可用的资产形式的能力。这种风险的存在可能导致投资者无法如期兑现投资，或者需要以较低价格出售资产。从而影响其资金流动性和投资组合价值。

在理解流动性风险的同时，有必要区分市场流动性和资产流动性这两个相关但不同的概念。市场流动性指的是市场上交易的资产的总体流动性水平，包括市场上可用的买卖资产数量以及资产的交易速度。如果市场流动性较高，即市场上有足够的买卖资产和高速交易，那么资产的流动性风险可能较低。相反，市场流动性不足可能会增加资产流动性风险，因为买卖资产的成本可能会上升或者交易可能需要更长的时间来完成。

资产流动性则是指特定资产本身的流动性特征。某些资产可能更容易被快速买卖或转换为现金，例如高度流动的股票或者流动性较高的债券。而一些资产，如房地产或者特定类型的私募基金，可能具有较低的流动性，因为它们可能需要更长的时间或更高的成本来转换为现金。因此，资产的流动性特征直接影响了投资者面临的流动性风险。

市场流动性和资产流动性之间存在密切的关系。市场流动性水平的变化会直接影响资产的流动性，进而影响投资者面临的流动性风险水平。当市场流动性下降时，投资者可能会面临更高的流动性风险，因为买卖资产的成本上升或交易速度变慢。不同类型的资产在市场流动性变化下表现也可能不同，一些本来较具流动性的资产可能会受到更大影响，而另一些资产则可能相对稳定。

流动性风险是投资过程中需要高度重视的一个方面，它涉及到市场流动性和资产流动性两个关键概念，并且两者之间存在着密切的关系。投资者需要认真评估市场和资产的流动性特征，以有效管理流动性风险，确保投资组合的稳健性和资金流动性。

2. 特征分析

流动性风险是金融市场中一个关键的概念，它涉及资产在市场中的买卖和交易速度以及可用性的程度。我们来分析流动性风险的主要特征。首先是不确定性，这意味着资产的流动性可能会随着市场条件的变化而发生变化，投资者无法准确预测和控制流动性的变化情况。其次是突发性，流动性风险可能会在短时间内发生急剧的变化，导致市场上的资产无法及时买卖或者价格波动较大。最后是传染性，当某一资产或市场面临流动性问题时，可能会传染给其他相关的资产或市场，引发连锁反应，进一步加剧市场的不稳定性。

与其他风险相比，流动性风险有着明显的区别和关系。与信用风险相比，流动性风险更加关注的是市场中资产的买卖和交易过程中的流动性问题，而信用风险更侧重于债务人违约或无法履约的情况。与市场风险相比，流动性风险更加关注的是资产在市场中的买卖和交易速度以及可用性的程度，而市场风险更侧重于市场价格的波动和波动的幅度。

流动性风险与其他风险之间也存在着密切的关系。流动性风险可能会导致市场价格的波动加剧，进而影响到市场风险的程度。当市场中某一资产面临流动性问题时，可能会导致投资者对该资产的信用评价降低，从而增加了信用风险的发生概率。

流动性风险具有不确定性、突发性和传染性等主要特征，与信用风险和市场风险有着明显的区别和关系。在金融市场中，对于流动性风险的有效管理和控制至关重要，可以通过加强监管、提高市场透明度和强化风险管理等措施来降低流动性风险对市场的不利影响。

（二）流动性风险管理框架

1. 流动性风险识别与测量

流动性风险识别与测量是金融领域中关键的议题之一，因为良好的流动性管理可以降低金融机构面临的风险并提高其稳定性。针对流动性风险识别的方法，首先要考虑的是应用指标分析。这种方法通过监测和分析特定的流动性指标，如流动性比率、现金流动性比率和负债比率等来识别潜在的流动性风险。例如，如果一个金融机构的流动性比率下降到一个较低的水平，可能意味着其资产无法迅速变现，从而面临流动性挑战。

场景分析也是一种有效的流动性风险识别方法。这种方法通过构建不同的市场情景，并对金融机构在这些情景下的流动性表现进行分析，来评估其对不同风险情景的承受能力。比如，在市场剧烈波动或者资产市场流动性急剧下降的情况下，金融机构可能需要面对资产负债匹配的挑战，从而引发流动性风险。

压力测试也是流动性风险识别的重要手段之一。通过设计各种不同的压力测试场景，如市场压力、流动性压力和信贷压力等，来评估金融机构在不同压力下的流动性表现。这种方法可以帮助金融机构发现潜在的流动性薄弱环节，并采取相应的措施加以应对。

在流动性风险的测量技术方面，流动性指标是一种常用的方法。这些指标包括现金流量覆盖比率、流动性资产比率和流动性负债比率等，通过监测和分析这些指标可以评估金融机构的流动性状况。流动性溢价也是测量流动性风险的重要指标之一，它反映了市场对于流动性不足的资产的价格溢价程度，从而间接反映了流动性风险的程度。

流动性风险模型也是一种常用的测量技术。这些模型通过建立数学模型来量化流动性风险，并对其进行评估和管理。例如，一些基于蒙特卡洛模拟的流动性风险模型可以模拟不同市场情景下资产和负债的现金流动性，从而评估金融机构在不同情景下的流动性风险水平。

流动性风险识别与测量是金融管理中至关重要的一环，通过合理运用指标分析、场景分析和压力测试等方法，以及流动性指标、流动性溢价和流动性风险模型等测量技术，可以有效地识别和管理金融机构面临的流动性风险。

2. 流动性风险监控与控制

流动性风险监控与控制是金融管理中至关重要的一环。建立流动性监控体系不仅有助于及时发现和评估流动性风险，还可以提供有效的应对措施，保障资金的正常运作和流动。其中，流动性报告制度和监控流动性风险的指标体系扮演着关键的角色。流动性报告制度通过定期汇总和分析资金流动情况、资产负债情况以及流动性指标，为管理者提供全面的流动性状况报告，帮助其及时发现问题和制定对策。

监控流动性风险的指标体系则是建立流动性监控体系的核心。这些指标通常包括现金流量覆盖率、流动性比率、现金流量测试等，通过对这些指标的监控和分析，可以评估资金流动性的强弱，及时预警可能存在的流动性风险。比如，现金流量覆盖率可以反映企业在特定时间内能否用现有资金支付债务和其他负债的能力，流动性比率则可以评估企业的流动性资产与流动性负债之间的关系，这些指标的监控可以帮助企业及时调整资金筹集和运用的方式，有效控制流动性风险。

除了监控外，流动性风险控制的方法也至关重要。合理配置资产是其中之一。通过将资金分配于不同流动性特征的资产上，可以降低整体流动性风险。比如，在投资组合中同时包含高流动性资产（如现金、短期债券）和低流动性资产（如长期债券、房地产），可以在资金需求增加时有备无患。设置流动性缓冲区也是控制流动性风险的常用方法，通过保留一定比例的现金或者其他高流动性资产作为备用，可以应对突发资金需求或者市场波动，降低因流动性不足而引发的风险。

建立应急流动性方案也是有效控制流动性风险的重要手段之一。这包括制定清晰的流动性紧急处置程序和应急融资计划，在出现流动性危机时能够迅速采取措施，保障资金的正常运转和债务的及时偿还。

建立完善的流动性监控体系，包括流动性报告制度和监控指标体系，结合合理配置资产、设置流动性缓冲区和建立应急流动性方案，可以有效降低流动性风险，保障资金的稳健运作。

（三）流动性风险管理工具

1. 流动性风险对冲工具

流动性风险对冲工具是金融市场中常用的一种风险管理手段，旨在应对市场中出现的流动性压力和资金紧张情况。这些对冲工具包括利用流动性衍生品和流动性保证金等方式来平衡投资组合或资产的流动性风险。

利用流动性衍生品是流动性风险对冲的一种常见方式。流动性衍生品是指一类金融衍生品，其价值取决于基础资产的流动性状况。例如，流动性期权和流动性互换合约等工具可以用于对冲特定资产或投资组合的流动性风险。通过购买或卖出这些衍生品，投资者可以在市场流动性下降或紧张时获得一定的对冲效果，减少流动性风险带来的损失。

流动性保证金也是流动性风险对冲的一种有效方式。流动性保证金是指投资者在进行交易或持有某些资产时需要支付的保证金，用于应对可能发生的流动性问题。通过适当设置和管理流动性保证金，投资者可以有效降低投资组合或资产的流动性风险，并在市场出现紧张时及时应对，保障投资组合的稳健性和安全性。

在选择和实施流动性对冲策略时，需要考虑市场流动性和资产流动性两个方面。市场流动性指的是整个市场中资金流动和交易活跃程度，而资产流动性则是指特定资产或投资组合的流动性状况。针对不同的流动性风险，可以采取不同的对冲策略。例如，对于市场整体流动性下降的情况，可以通过增加流动性衍生品的持仓或调整流动性保证金比例来对冲风险；而对于特定资产流动性问题，可以考虑调整资产配置或选择更具流动性的资产进行投资。

总体来说，流动性风险对冲工具是投资者在面对市场流动性波动和资金紧张时的重要手段之一。通过合理选择和实施流动性对冲策略，投资者可以有效管理流动性风险，提高投资组合的抗风险能力和稳健性。

2. 流动性风险转移工具

流动性风险转移工具是金融领域中用于管理和转移流动性风险的重要手段。其中两种常见的方式是利用再保险和流动性保障工具。再保险是一种保险形式，保险公司可以将一部分风险转移给再保险公司，以降低自身的风险承担。流动性保障工具则是一种金融工具，通常由金融机构提供，用于提供额外的流动性支持，帮助机构在流动性紧张时获得资金。

再保险是一种传统的风险转移方式，通过向再保险公司支付保费，原保险公司可以将一部分风险转嫁给再保险公司。这种方式可以帮助原保险公司降低流动性风险，特别是在遭遇大额索赔或灾难性事件时，再保险公司可以提供资金支持，确保原保险公司能够满足赔付需求。另一方面，流动性保障工具则是通过与金融机构签订协议，提前获得流动性支持，例如提供额外的贷款或融资，在流动性压力下提供支持。

利用这些流动性风险转移工具也存在一定的利弊和考量因素。利用再保险可以帮助机构分散风险，但需要支付保费，增加成本。如果再保险公司出现破产或无法履行责任，也可能影响到机构的风险承担能力。流动性保障工具虽然可以提供额外的流动性支持，但可能存在利率风险和额外成本，需要机构在选择时谨慎考虑。

选择合适的流动性风险转移方式需要考虑多个因素。首先是机构自身的风险承受能力和流动性需求，不同的机构可能有不同的转移偏好和需求。其次是转移工具的成本和可靠性，需要评估再保险公司或金融机构的信用评级和稳定性。还需要考虑转移方式的灵活性和适应性，以应对不同的市场环境和风险事件。

流动性风险转移工具是管理流动性风险的重要手段，通过利用再保险和流动性保障工具，机构可以有效降低流动性风险并提高自身的风险管理能力。在选择合适的转移方式时，需要综合考虑成本、可靠性、灵活性等因素，以确保选择最适合自身情况的转移方式。

二、流动性风险评估

（一）流动性风险评估方法

1.定性评估

定性评估方法是一种基于专家判断和经验的分析方式，其中包括流动性风险矩阵分析和案例分析两种常见方法。流动性风险矩阵分析是一种将不同流动性水平与潜在风险联系起来的方法，通过专家评估将资产或负债分类到不同的流动性水平，并对每个水平的资产或负债进行风险评估。而案例分析则是通过研究历史案例或实际情况，借鉴专家经验来进行定性评估，从而对可能出现的风险进行预测和评估。

定性评估方法的适用范围主要在于其能够利用专家经验和判断，对特定情况下的风险进行深入分析和评估。流动性风险矩阵分析适用于金融机构和企业对流动性风险进行评估和管理。通过将不同资产或负债分类到不同的流动性水平，并结合专家意见对每个水平的风险进行评估，可以帮助机构更好地了解自身的流动性状况，及时应对可能出现的流动性风险。

案例分析适用于各种行业和领域的风险评估。通过研究历史案例或实际情况，借鉴专家经验和判断，可以对当前面临的风险进行深入分析和评估。例如，在项目管理中，可以通过案例分析来评估项目可能面临的各种风险，并制定相应的风险管理策略，提高项目成功的概率。

定性评估方法也存在一定的局限性。由于其基于专家判断和经验，存在主观性和个体差异性，可能导致评估结果的不确定性。定性评估方法在量化分析方面相对不足，难以给出具体的数值指标，限制了对风险的精确评估和比较。定性评估方法往往需要较长的时间和资源来进行，不适用于需要快速决策和反应的情况。

因此，定性评估方法在实际应用中需要结合定量评估方法，并根据具体情况选择合适的评估工具和方法。通过综合运用定性和定量评估方法，可以更全面地评估和管理风险，提高决策的科学性和有效性。

2. 定量评估

基于数据和模型的定量评估方法在金融领域中扮演着重要角色，其中蒙特卡洛模拟和历史模拟是两种常见的方法。蒙特卡洛模拟通过随机抽样来模拟潜在的不确定性，从而评估投资组合或风险管理策略的效果。而历史模拟则是基于历史数据来模拟未来可能的情景，通过观察历史数据中的模式和趋势来进行风险评估和决策制定。

蒙特卡洛模拟的优势之一在于它能够模拟复杂的随机过程，例如金融市场中的价格波动或者利率变化。通过大量的随机抽样，可以得到投资组合或者策略在不同情景下的可能表现，从而帮助投资者更好地理解风险和回报之间的关系。蒙特卡洛模拟还能够提供概率分布和风险度量指标，如价值-at-Risk（VaR）和条件价值-at-Risk（CVaR），帮助投资者更好地管理风险。

蒙特卡洛模拟也存在一些不足之处。它对输入参数的选择和分布假设非常敏感，不合理的参数选择可能导致模拟结果失真。蒙特卡洛模拟需要大量的计算资源和时间，特别是在模拟复杂的金融模型时。这可能会限制其在实际应用中的可行性和效率。

相比之下，历史模拟更加简单直观，它基于过去的数据来评估未来的风险和回报。这种方法的优势在于它直接利用了实际市场数据，反映了真实的市场环境和波动性。同时,历史模拟也相对容易实施和理解,不需要过多的参数假设和计算。

历史模拟也有其局限性。它假设过去的数据能够准确反映未来的情况,但市场环境可能发生变化,历史数据的模式和趋势未必能够持续。历史模拟可能无法捕捉到极端事件或者非线性的风险因素,因为历史数据可能不包含这些情况。

在实际应用中,需要注意选择合适的定量评估方法,并且结合多种方法进行综合评估。同时,对模型参数和假设进行敏感性分析,考虑不同情景下的可能性,以减少评估结果的误差和偏差。定量评估方法应当作为辅助决策的工具,而非唯一的依据,投资者还应结合专业判断和经验进行全面的风险管理和投资决策。

(二)流动性风险评估指标

1.流动性指标概述

在金融领域,流动性指标是评估资产或市场流动性程度的重要工具。常用的流动性评估指标包括流动性比率、流动性风险溢价和流动性风险指标体系。我们来介绍这些指标的定义、计算方法和解读方式。

流动性比率是一种简单而直观的指标,用于衡量资产或市场的流动性程度。它通常通过将可流动资产的价值除以总资产的价值来计算。流动性比率越高,表示资产或市场的流动性越好,反之则流动性较差。这个指标的解读方式相对直接,高流动性比率意味着资产容易买卖和交易,低流动性比率则意味着可能存在买卖困难或交易成本较高的情况。

流动性风险溢价是衡量资产或市场流动性风险的一种指标,它反映了投资者为了承担流动性风险而愿意支付的额外收益。计算流动性风险溢价的方法通常是将具有相同预期回报的高流动性资产与低流动性资产的收益率进行比较,溢价部分即为流动性风险溢价。解读流动性风险溢价时,较高的溢价意味着投资者对流动性风险的担忧程度较高,反之则表示对流动性风险的担忧程度较低。

流动性风险指标体系则是综合考虑了多个流动性指标来评估资产或市场的流动性情况。这种指标体系通常包括流动性比率、流动性风险溢价、流动性需求指标等多个方面的指标,并通过综合加权或者定性评价的方式来进行解读。流动性风险指标体系的优势在于可以全面考量资产或市场的流动性状况,但在实际运用中可能需要更复杂的计算和分析方法。

流动性指标包括流动性比率、流动性风险溢价和流动性风险指标体系,它们各自有着不同的定义、计算方法和解读方式。这些指标在评估资产或市场流动性时起到了重要的作用，可以帮助投资者更好地理解和管理流动性风险。

2. 流动性风险度量模型

流动性风险度量模型在金融领域中具有重要意义，它们可以帮助金融机构更好地理解和评估自身面临的流动性风险。我们来探讨流动性风险度量模型的构建原理和主要类型。流动性风险度量模型的构建原理主要基于对资产和负债的流动性特征进行量化和分析，以便评估在不同市场情况下金融机构的流动性风险水平。

其中，流动性价差模型是一种常见的流动性风险度量模型。这种模型通过比较资产和负债的流动性特征，计算其之间的流动性价差，从而衡量金融机构面临的流动性风险水平。例如，如果一个金融机构的流动性价差较大，可能表明其资产难以迅速变现或者负债难以快速偿还，从而暴露于较高的流动性风险之下。

另一种主要类型是流动性需求模型。这种模型主要关注金融机构在不同市场情况下的流动性需求量，通过分析其资产和负债的流动性匹配程度，来评估流动性风险的程度。例如，如果一个金融机构在市场流动性紧张时，其流动性需求量较大而资产流动性较低，可能面临流动性挑战。

接下来，我们分析不同模型的适用场景和局限性。流动性价差模型适用于评估资产和负债之间的流动性差异，对于分析金融机构在不同市场情况下的流动性风险具有一定的参考价值。该模型的局限性在于它只关注了资产和负债的流动性特征，未考虑到市场整体的流动性状况以及市场波动对流动性的影响。

而流动性需求模型则更加关注金融机构在不同市场情况下的实际流动性需求量，可以更好地反映金融机构面临的流动性风险。但是，该模型的局限性在于对于流动性需求量的预测存在一定的不确定性，同时也未考虑到市场整体的流动性状况对于金融机构流动性的影响。

流动性风险度量模型的构建原理主要基于对资产和负债的流动性特征进行量化和分析，主要类型包括流动性价差模型和流动性需求模型。不同模型各有适用场景和局限性，需要根据具体情况选择合适的模型来评估和管理金融机构的流动性风险。

（三）流动性风险评估实践

1.实践操作流程

流动性风险评估是金融领域中至关重要的一环，它涉及到对市场中资产和资金的流动性情况进行评估，以便及时发现并应对可能存在的流动性风险。实际操作流程主要包括数据收集、模型建立和评估结果分析三个关键步骤。

首先是数据收集阶段。在进行流动性风险评估时，需要收集大量的相关数据，包括市场交易数据、资产的流动性指标、利率情况、市场变动等信息。这些数据可以从多个渠道获取，包括金融市场数据服务提供商、交易所公开数据、各类财经报告等。数据的收集需要确保数据的准确性和完整性，同时也需要关注数据的时效性，因为流动性状况可能会随时发生变化。

接下来是模型建立阶段。在数据收集完毕后，需要建立流动性风险评估的模型。这个模型可以是基于统计学方法的，也可以是基于计量经济学或者金融工程学的。常见的模型包括流动性风险指标模型、流动性需求模型、市场流动性模型等。在建立模型时，需要考虑到不同资产类别的特点，比如股票、债券、衍生品等的流动性表现可能存在差异，因此需要针对性地建立模型以准确评估不同资产的流动性风险。

最后是评估结果分析阶段。在模型建立完成后，需要将收集到的数据输入模型中进行评估，并对评估结果进行分析和解读。这个阶段包括对流动性风险水平的评估、对可能存在的风险因素进行识别和分析，以及对评估结果的可信度和稳定性进行验证。同时还需要将评估结果与实际市场情况进行比对，发现评估结果与市场实际情况的偏差并进行调整。

在实践中，流动性风险评估面临着一些挑战。首先是数据获取的难度，有时候可能会受到数据来源的限制或者数据质量的问题影响评估结果的准确性。其次是模型建立过程中的复杂性，需要综合考虑多个因素并建立相应的数学模型，这对评估人员的专业能力和经验水平提出了较高的要求。市场环境的变化也会对评估结果造成影响，需要及时调整模型以适应市场的变化。

针对这些挑战，可以采取一些解决方法。比如，通过建立数据采集和处理的规范流程，提高数据的准确性和完整性；在模型建立中采用灵活多样的方法，结合定性和定量分析，增加评估结果的可信度；同时，加强对市场环境变化的监测和分析，及时调整评估模型以适应市场的变化。通过这些方法，可以更有效地应对流动性风险评估实践中的挑战，提高评估结果的准确性和实用性。

2. 评估结果应用

流动性风险评估结果的应用方式对于企业资产配置策略和流动性管理措施的制定至关重要。评估结果可以为企业提供关键的数据和见解，帮助其制定更加合理和有效的资产配置策略，以及优化流动性管理措施。通过分析评估结果，企业可以更好地理解自身的流动性状况和面临的风险，从而做出更明智的决策。

评估结果对于资产配置策略的制定具有重要意义。流动性风险评估可以揭示企业不同资产的流动性特征和风险水平，帮助企业确定合适的资产配置比例。例如，在评估结果显示企业的流动性比率较低或现金流量覆盖率较差时，企业可能需要增加持有现金或其他高流动性资产的比例，以应对潜在的流动性风险。反之，如果评估结果显示企业的流动性状况良好，可以考虑增加持有其他类型资产的比例，以获取更高的收益。

评估结果对于优化流动性管理措施也具有重要意义。根据评估结果，企业可以识别出流动性风险的主要来源和影响因素，进而采取针对性的管理措施。例如，如果评估结果显示企业存在流动性压力主要来自某些资产或负债端，可以针对性地调整资产组合或负债结构，以降低流动性风险。同时，评估结果也可以为企业提供建议和指导，帮助其建立更加健全和有效的流动性管理机制，包括建立流动性缓冲区、优化现金管理、完善应急流动性方案等。

评估结果对企业决策的影响和意义在于提供了客观的数据和分析，帮助企业更全面地认识自身的风险和机遇。基于评估结果，企业可以做出更加明智和有效的决策，避免因流动性风险而造成的负面影响，同时也可以抓住流动性优势，获取更多的投资机会和竞争优势。

流动性风险评估结果的应用方式包括制定资产配置策略和优化流动性管理措施。评估结果对企业决策具有重要意义，可以帮助企业更好地理解风险和机遇，做出更明智和有效的决策。

第四节　操作风险管理与评估

　　操作风险管理与评估是现代企业管理中至关重要的一环，它涉及到识别、评估和应对可能对企业运营产生负面影响的各种风险因素。识别风险是风险管理的第一步。企业需要通过对内外部环境进行全面分析，确定可能影响企业目标实现的各种风险类型，如市场风险、信用风险、操作风险等。通过建立风险识别的机制和流程，企业可以及时发现潜在风险并采取相应的应对措施。

　　评估风险是为了量化风险的影响程度和可能发生的概率，从而更好地进行风险管理。评估风险需要考虑风险的频率、严重性以及对企业经营绩效和财务状况的影响程度。通过使用各种风险评估工具和方法，如风险矩阵、风险价值评估等，企业可以对各种风险进行量化分析，有针对性地制定风险管理策略和措施。

　　在操作风险管理中，企业需要采取一系列措施来应对已识别和评估的风险。这包括制定风险规避策略、风险转移策略、风险减轻策略和风险应对策略等。例如，对于市场风险，企业可以采取多元化投资、期货对冲等方式来规避和减轻风险；对于操作风险，可以加强内部控制、优化流程、提高员工培训等来降低风险发生的可能性。

　　风险管理和评估也需要不断地进行监控和跟踪，以确保风险管理策略的有效性和实施效果。企业可以建立风险监控指标和预警机制，定期对风险管理措施进行评估和调整，及时应对新的风险挑战和变化。

　　操作风险管理与评估是企业管理中不可或缺的一部分，它有助于企业全面了解和应对各种风险，提高企业的抗风险能力和经营效率，保障企业持续稳健发展。

一、操作风险管理

（一）风险识别与分类

　　风险识别与分类是企业风险管理中的关键步骤，旨在全面审查可能存在的各种风险，并将其分为不同的类别，以便更好地理解和管理这些风险。风险来源于多个方面，包括技术、人员、流程等，需要系统地进行审查和分类。

技术风险是指由于技术设备、系统或软件等方面的问题可能导致的风险。这包括但不限于信息安全风险、数据泄露风险、系统故障风险等。在进行技术风险识别时，需要审查企业的技术基础设施和信息系统，评估其安全性和稳定性，以及可能存在的技术缺陷或漏洞，从而制定相应的风险管理策略。

人员风险是指由于员工行为、素质、能力等方面的问题可能导致的风险。这包括但不限于人为错误、欺诈行为、员工离职引发的知识流失等。在进行人员风险识别时，需要审查企业的人力资源管理制度、员工培训与管理情况，评估员工的行为潜在风险，并采取相应的措施进行预防和管理。

流程风险是指由于业务流程、管理流程等方面可能存在的问题而导致的风险。这包括但不限于流程不合理、流程缺陷、内部控制不严等。在进行流程风险识别时，需要审查企业的业务流程和管理流程，评估其规范性和有效性，发现可能存在的问题和隐患，并采取措施进行改进和优化。

将风险分为不同类别有助于更好地理解和管理这些风险。常见的风险类别包括战略风险、操作风险、市场风险等。战略风险是指由于企业战略决策或市场环境变化等因素可能导致的风险；操作风险是指由于内部流程、员工行为等因素可能导致的风险；市场风险是指由于市场变化、竞争环境等因素可能导致的风险。通过将风险进行分类，企业可以更有针对性地制定风险管理策略，提高风险管理的效果和效率。

总体来说，风险识别与分类是企业风险管理的基础工作，有助于全面了解可能存在的风险，并采取相应的措施进行预防和管理，保障企业的稳健发展和长期成功。

（二）风险评估与优先级

风险评估与优先级设置是企业管理中的重要环节，旨在评估各项风险的概率和影响程度，以确定对业务的潜在威胁并合理分配资源以有效应对。风险评估涉及对各项可能影响业务的风险进行全面的分析和评估。这包括识别可能的风险事件、评估这些风险事件发生的概率以及对业务造成的影响程度。通过这种评估，企业可以更清晰地了解可能面临的威胁，从而有针对性地制定风险管理策略和措施。

在进行风险评估时，关键是要对不同风险事件的概率和影响程度进行客观、细致的评估。例如，对于自然灾害这样的风险，可以通过历史数据和专业预测来评估其发生的概率和可能造成的损失程度。而对于市场波动或政策变化这样的风险，则需要考虑到行业和市场的特点，分析其对业务的直接和间接影响。这种评估过程需要综合运用定性和定量分析方法，确保评估结果尽可能客观和准确。

根据风险评估的结果，企业可以为不同的风险设置优先级。这意味着将资源集中应对那些最严重和最可能发生的风险。通常情况下，风险的优先级可以根据两个主要因素来确定：一是影响程度，即风险事件发生后对业务可能造成的直接和间接影响程度；二是概率，即风险事件发生的可能性大小。基于这两个因素，可以将风险划分为高、中、低优先级，并分配相应的资源和精力进行应对和管理。

在设置风险优先级时，也需要考虑其他因素的影响。例如，某些风险可能虽然影响程度较小，但发生的概率非常高，因此也需要重点关注和应对。还需要考虑到风险的复杂性、紧迫性和可能的联动效应等因素，确保设置的优先级符合实际情况，并能够有效应对潜在威胁。

综合来看，风险评估与优先级设置是企业管理中的重要工作，通过全面评估各项风险的概率和影响程度，并合理设置优先级，企业可以更有效地应对可能的威胁，保障业务的持续稳健发展。

（三）风险控制与应对策略

风险控制与应对策略是组织和个人在面对各种不确定性和风险时的重要手段。为了有效应对风险，需要制定相应的控制措施和对策，以减轻、转移或接受风险。其中，减轻风险通常包括采取预防措施和降低风险的可能性或影响；转移风险则是将风险转移给其他方或通过保险等方式进行转移；接受风险则是意识到风险存在并准备承担可能的损失。

在制定风险控制措施时，首先需要进行风险评估和分析，确定关键风险因素及其可能的影响程度。然后，针对不同类型的风险，可以采取多种控制措施。例如，在面对市场风险时，可以采取多元化投资、使用金融衍生品进行对冲或者设立止损机制来控制损失；对于操作风险，可以加强内部控制和监督，规范流程和操作程序，降低操作失误和风险事件发生的可能性；对于战略风险，可以进行长期规划和战略调整，以适应外部环境的变化和不确定性。

建立应急计划和备份方案也是有效的风险应对策略之一。应急计划可以包括对不同风险情景的应对措施和流程，以及指定应急响应团队和责任人员。备份方案则是为关键业务或资产制定备份措施，以防止突发事件或紧急情况对业务运作或资产造成严重影响。例如，可以制定数据备份和恢复方案，保证关键数据的安全性和可恢复性；对于关键设备和系统，可以建立备用设备和备用通信渠道，以确保业务连续性。

在实际应用中，需要注意以下几点。风险控制和应对策略需要与整体战略和目标相一致，避免单独应对某一风险而忽视整体风险管理。应当定期评估和更新风险控制措施和应对策略，以适应环境变化和新的风险挑战。建立有效的沟通和协调机制，加强团队合作和应急响应能力，提高应对突发事件和紧急情况的效率和效果。

风险控制与应对策略是组织和个人应对不确定性和风险的重要手段，需要综合考虑风险特征和可能的影响，并制定相应的控制措施和应对方案，以确保业务连续性和资产安全。

二、操作风险评估

（一）资产识别与价值评估

资产识别与价值评估是组织管理和风险管理中的重要步骤。我们需要确定组织的资产范围，这包括物质资产如设备和设施，无形资产如数据和知识产权，以及人员这样的人力资源。对这些资产进行全面的识别是确保组织有效管理和保护资产的第一步。在确定资产范围后，接下来的关键是评估这些资产对业务的重要性和价值。

对资产进行重要性和价值评估旨在帮助组织了解哪些资产对业务的持续运营和发展至关重要，以及这些资产对组织的贡献价值。定量评估通常涉及具体的数字和指标，如资产的市场价值、投资回报率、利润贡献等，这些数据可以帮助组织更准确地量化资产的价值和重要性。而定性评估则更侧重于资产在业务中的战略地位、关键性程度和对竞争优势的支持程度，通过专家判断或者问卷调查等方式来获取综合评估的结果。

通过对资产进行定量或定性评估，可以更清晰地识别出潜在的风险和威胁。对于物质资产，例如设备和设施，评估可能涉及到其使用寿命、维护保养情况以及可能存在的故障风险；对于无形资产如数据和知识产权，则需要评估其安全性、保密性和完整性，以及可能存在的信息泄露或侵权风险；对于人员这样的人力资源，则需要评估其技能水平、离职率以及可能的人员流失对业务运作的影响。

资产识别与价值评估是组织管理和风险管理中至关重要的步骤。通过确定资产范围并评估其对业务的重要性和价值，组织可以更好地理解和管理资产，同时也可以更准确地识别和应对潜在的风险和威胁，以确保业务的稳健运营和持续发展。

（二）威胁识别与脆弱性评估

威胁识别与脆弱性评估在信息安全管理中扮演着至关重要的角色，它们帮助组织了解并应对可能对资产安全构成威胁的各种因素。我们来分析可能影响资产安全的威胁类型。自然灾害是一种常见的威胁，如地震、火灾、洪水等可能对物理设施造成破坏，从而影响到信息系统的正常运行。恶意软件也是一种严重的威胁，包括病毒、木马、勒索软件等，它们可以导致数据泄露、系统崩溃以及信息资产被盗取或损坏。内部威胁也是组织需要关注的因素，员工、合作伙伴或其他内部人员可能会故意或不经意地泄露机密信息、滥用权限或者利用安全漏洞进行攻击。

评估资产的脆弱性是为了了解资产面临威胁时的弱点和易受攻击的程度。资产脆弱性评估通常包括以下几个方面：首先是技术脆弱性评估，即对系统、网络、应用程序等技术设施进行漏洞扫描和安全测试，以发现可能存在的安全漏洞和风险。其次是物理脆弱性评估，包括对建筑物、设备等物理环境的安全性进行检查，防止自然灾害或物理攻击对资产造成损害。还有人员脆弱性评估，即评估员工、合作伙伴等内部人员可能存在的安全风险和疏忽，以及社会工程学攻击等非技术性风险。

在评估资产脆弱性时，需要考虑不同类型威胁对资产的影响程度。例如，对于自然灾害这类不可预测的威胁，可以通过加强物理安全措施、备份数据等方式降低资产的脆弱性。对于恶意软件这类技术性威胁，可以通过安装防病毒软件、加密重要数据、定期更新系统补丁等方式来提高资产的安全性。而对于内部威胁这类内部人员造成的威胁，可以通过加强权限管理、实施安全培训、建立安全意识文化等方式来减少脆弱性。

威胁识别与脆弱性评估是信息安全管理中不可或缺的环节，通过全面分析可能的威胁类型和资产的脆弱性，可以帮助组织及时识别并有效应对各种安全风险。

（三）风险量化与监控

风险量化与监控是风险管理中至关重要的环节，它涉及使用合适的工具和技术对各种风险进行量化，以更好地理解其影响，并建立监控机制，定期评估和更新风险评估，以确保风险管理策略的有效性和适应性。

在风险量化方面，使用合适的工具和技术是关键。其中，风险评估模型是一种常用的工具，可以通过统计分析、数学建模等方法，对风险进行量化。例如，使用 VaR（Value at Risk）模型可以对金融市场的风险进行量化评估，帮助机构了解可能面临的损失范围。风险指标也是常用的量化工具，如波动率指标、贝塔系数等，可以帮助评估资产或投资组合的风险水平。同时，还可以借助数据分析工具和技术，如机器学习、人工智能等，对大量数据进行分析和挖掘，发现潜在的风险因素并进行量化评估。

建立监控机制是有效管理风险的关键步骤之一。监控机制包括定期评估和更新风险评估，以及对风险管理策略的有效性和适应性进行检验。定期评估风险可以帮助机构及时发现和识别新的风险，并对现有风险进行动态调整和优化。更新风险评估则可以根据市场环境变化和新的数据信息，对风险进行重新评估和量化，保持风险管理的准确性和有效性。对风险管理策略的有效性和适应性进行监控也非常重要，可以通过比较实际风险发生情况与预期风险水平的差异，评估策略的有效性，并及时调整和改进策略以适应市场变化和风险变化。

在实践中，风险量化与监控也面临一些挑战。比如，数据的质量和可靠性对风险量化的准确性有很大影响，因此需要加强数据管理和数据质量控制。市场环境的复杂性和不确定性也会对风险量化和监控造成影响，需要采用更加灵活和综合的方法来应对这些挑战。通过合适的工具和技术，建立有效的监控机制，可以更好地理解和管理各种风险，提高风险管理的效率和效果。

第四章　金融市场与金融经济体系

第一节　金融市场类型与功能

金融市场是指各种金融资产进行交易的场所或平台，根据交易对象和市场功能的不同，可以分为股票市场、债券市场、货币市场和衍生品市场等多种类型。

股票市场是指股票等股权类金融资产进行买卖的市场。在股票市场上，企业可以通过发行股票来获取资金，投资者则可以通过购买股票来分享企业的经济利益和风险。股票市场的主要功能包括为企业提供融资渠道、促进企业成长和发展、为投资者提供投资机会和风险分散等。

债券市场是指债券等债权类金融资产进行买卖的市场。债券市场上，发行者通过发行债券向投资者借款，投资者则可以购买债券获取固定收益。债券市场的主要功能包括为企业和政府提供融资渠道、调节货币供应和流动性、为投资者提供固定收益投资机会等。

货币市场是指短期金融资产进行买卖和融资的市场。货币市场上的金融资产包括短期国债、存款证明等，主要用于满足短期资金需求和调节货币市场的流动性。货币市场的主要功能包括为金融机构提供短期融资、调节货币市场利率、促进货币市场的平稳运行等。

衍生品市场是指衍生金融产品进行买卖和交易的市场。衍生品市场上的金融产品包括期货、期权、互换合约等，主要用于对冲风险、套期保值和投机交易。衍生品市场的主要功能包括提供风险管理工具、为投资者提供投机机会、促进市场价格发现等。

不同类型的金融市场具有不同的交易对象和功能，股票市场和债券市场主要用于融资和投资，货币市场主要用于短期融资和流动性调节，衍生品市场主要用于风险管理和投机交易。这些金融市场共同构成了完整的金融体系，推动了资金的流动和配置，促进了经济的发展和稳定。

一、金融市场类型

（一）股票市场

股票市场在金融体系中扮演着重要的角色，不仅提供了股票交易的平台，还是公司融资的重要渠道，并且有助于价格发现和市场效率的提升。

股票市场是投资者进行股票买卖的重要场所。通过股票市场，投资者可以方便快捷地进行股票交易，买入和卖出所感兴趣的公司股票。这种交易活动不仅为投资者提供了获取资本收益的机会，也促进了市场流动性的提升，使得资金更加活跃地流动在市场中，有利于市场的稳定和发展。

股票市场也是公司进行融资的重要渠道之一。公司可以通过股票市场进行首次公开发行（IPO）或再融资，筹集资金用于业务发展、扩张或重组等方面。这种融资方式不仅可以提供资金支持，还可以增加公司的知名度和公众认知度，有助于拓展公司的业务范围和影响力。同时，对于投资者来说，参与公司的股票交易也是一种投资机会，可以享受公司业绩增长带来的收益。

股票市场也承担着价格发现的重要功能。股票市场的价格反映了市场对公司价值和市场情绪的判断，有助于确定股票的合理价格。通过市场参与者的交易活动和信息披露，股票市场可以有效地发现和反映公司的内在价值，为投资者提供决策依据，促进资源的有效配置和市场的有效运作。

股票市场在金融体系中扮演着不可替代的角色。通过提供股票交易、融资渠道和价格发现等功能，股票市场为投资者和公司提供了重要的服务和机会，促进了资本市场的健康发展和经济的稳定增长。

（二）债券市场

债券市场是金融市场中的重要组成部分，涉及债券的发行、投资选择和利率形成等多个方面。债券发行是指政府、企业和其他实体通过债券市场向投资者发行债券，以融资的方式借入资金，并承诺在未来按约定支付利息和本金。这种融资方式对债务方来说是一种相对稳定和可控的借款方式，而对投资者来说则是一种相对低风险的投资选择。

投资者在债券市场中可以选择不同类型、期限和风险水平的债券，以满足其投资目标和风险偏好。例如，投资者可以选择政府债券、公司债券、高收益债券等不同类型的债券；也可以根据债券的期限长短来进行选择，例如长期债券和短期债券；同时，投资者还可以根据债券的信用评级来确定风险水平，选择投资等级较高的债券以降低风险。

债券市场中的债券价格和利率反映了市场对借款者信用质量的看法以及对未来经济状况和货币政策的预期。一般来说，信用评级较高的债券利率相对较低，因为市场对这些债券的信用质量较为看好；而信用评级较低的债券利率则相对较高，因为市场对这些债券的信用质量存在较大的担忧。经济状况的好坏、通胀预期、货币政策等因素也会对债券市场的利率水平产生影响。债券市场在金融体系中扮演着重要的角色，不仅为债务方提供了融资渠道，也为投资者提供了多样化的投资选择。债券市场的发展和运作情况也反映了经济的发展水平和金融市场的健康程度。因此，债券市场的发展和运作对整个经济体系和金融市场都具有重要意义。

（三）外汇市场

外汇市场是全球金融市场中最重要的一部分，其功能包括提供货币交易服务、汇率形成和风险管理。外汇市场为各种货币之间的交易提供了平台，包括外汇买卖和远期合约等。这使得国际贸易、投资和资金流动得以顺利进行，促进了全球经济的发展与合作。无论是跨国公司还是个人投资者，都可以通过外汇市场进行货币交易，实现投资和风险管理的目标。

外汇市场的汇率形成是其核心功能之一。汇率决定了不同货币之间的兑换比率，直接影响着国际贸易、资本流动和投资决策。汇率的形成受到多种因素的影响，包括国际贸易活动、资本流动、货币政策、经济数据等。外汇市场的参与者通过不断交易和价格发现过程，推动着汇率的形成和波动，反映了市场对各种因素的预期和反应。

除了提供交易和汇率形成功能外，外汇市场还扮演着重要的风险管理角色。企业和投资者可以利用外汇市场进行外汇对冲和风险管理，以应对汇率波动和外汇风险。例如，跨国公司可能通过远期合约锁定未来的汇率，避免汇率波动带来的损失；投资者则可以利用外汇期权等工具进行对冲，降低投资组合的风险水平。这些风险管理工具和策略使得企业和投资者能够更好地应对外汇市场的不确定性和波动性，保护自身利益并提高投资效率。

外汇市场在全球金融体系中扮演着至关重要的角色。其提供了货币交易、汇率形成和风险管理等功能，支撑了全球经济的运转和发展。随着全球化程度的不断加深，外汇市场的作用和影响也将继续扩大，成为国际金融体系中不可或缺的一部分。

二、金融市场功能

（一）资金融通

资金融通是金融市场的重要功能之一，它指的是将资金从资金供给者那里转移至资金需求者，从而实现资金的有效配置和再分配。金融市场通过不同的渠道如股票市场、债券市场和银行等，为资金的流动提供了平台和机制。股票市场是资本市场的一部分，它为企业提供了一种筹集资金的途径，通过发行股票吸引投资者的资金，从而支持企业的发展和扩张。投资者购买股票成为公司的股东，分享企业的收益和风险。

债券市场也是资本市场的重要组成部分，在这里企业和政府可以发行债券来借款，吸引投资者的资金。债券是一种承诺按期支付利息和本金的借款工具，投资者购买债券成为债权人，获得固定的利息收益。债券市场为企业和政府提供了多样化的融资选择，满足不同资金需求的同时降低了融资成本。

银行作为传统的金融机构，在资金融通中也发挥着重要作用。银行通过吸收存款并向借款人提供贷款，实现了资金的再分配和流动。借款人可以通过银行获得所需的资金支持，而储蓄者则可以将闲置资金存放在银行获得一定的利息收益。银行的信贷业务和存款业务促进了资金的有效利用和流动，支持了经济的发展和稳定。

资金融通的过程中，金融市场发挥着关键的作用。它提供了信息透明、价格发现和交易便利的环境，促进了投资者和资金需求者之间的交流和合作。通过金融市场，资金可以流动到最需要的地方，支持了创新、投资和经济增长。在资金融通的过程中也存在着一些挑战和风险，如市场波动、信用风险和流动性风险等，需要金融机构和监管部门加强监管和风险管理，保障金融市场的稳健运行和资金融通的顺畅进行。

（二）价格发现与信息传递

价格发现和信息传递是金融市场中的两个关键概念，它们密切相关并相互影响。我们来看价格发现。金融市场中的价格是通过买卖交易活动形成的，它反映了市场参与者对资产价值的认知和预期。价格发现过程是市场参与者根据信息和预期进行交易，通过供求关系和交易量的变化来决定资产的价格。价格的波动和变动反映了市场对信息的反应和调整，进而形成市场上的价格走势和趋势。

与价格发现密切相关的是信息传递。在金融市场中，信息是影响价格形成和投资决策的重要因素之一。信息可以通过多种方式传递，其中包括价格变动、交易量、新闻公告、财务报告等。价格变动和交易量是市场上信息传递的重要途径之一，市场参与者通过观察价格的波动和交易量的变化来获取市场信息和市场情绪，从而进行投资决策和行动。信息的有效传递有助于提高市场的透明度和效率，促进投资者对市场的理解和信心。

价格发现和信息传递之间存在着密切的相互影响关系。价格的变动可以传递信息，当市场上发生价格波动时，投资者会根据价格变化来判断市场的情况和走势，进而调整自己的投资策略。信息的传递也会影响价格的形成，当市场上出现重要信息或者新闻时，会引发投资者的关注和反应，进而导致资产价格的波动和变动。

价格发现和信息传递是金融市场中不可或缺的两个环节。价格发现反映了市场对资产价值和预期的认知，而信息传递则促进了市场的透明度和效率。二者相互作用，共同推动了金融市场的发展和运作。有效的价格发现和信息传递有助于提高市场的有效性和投资者的决策水平，进而促进市场的稳定和健康发展。

第二节　金融机构与金融中介

金融机构是指从事金融业务的各种组织和机构，包括商业银行、证券公司、保险公司、信托公司等。它们在金融体系中扮演着重要的角色，通过吸收存款、发放贷款、提供投资、风险管理等服务，实现资金的流动和配置。与之密切相关的是金融中介，它是指金融机构通过将资金从储户或投资者手中募集，并将这些资金再投放给借款人或投资项目，实现资金流动和价值增值的过程。

商业银行是最常见的金融机构之一，它们通过吸收存款并向客户提供贷款等服务来实现利润。商业银行作为金融中介的典型代表，将储户的闲置资金重新投资于各类贷款项目中，从而促进了经济活动的开展和资金的流通。证券公司也是重要的金融机构，它们通过发行证券、进行证券交易等方式来为企业和个人提供融资和投资渠道，推动资本市场的发展和成熟。

保险公司是金融机构中的另一类重要组成部分，它们通过向客户提供保险产品来分散风险，保护客户的财产和生命安全。保险公司作为金融中介，承担了风险转移和风险管理的功能，为社会经济的稳定和可持续发展提供了保障。信托公司也是金融中介的重要角色，它们通过设立信托基金、提供信托服务等方式来实现资金的有效配置和管理，为投资者和受益人提供了可靠的金融服务。

金融机构和金融中介之间存在着密切的联系和互动关系。金融机构通过各种方式向社会提供金融服务，而金融中介则是金融机构实现资金中介和配置功能的重要途径之一。金融机构和金融中介共同构成了完整的金融体系，推动了经济发展和社会进步。

一、金融机构

（一）资金的集聚与分配

金融机构在金融市场中扮演着资金的集聚与分配的重要角色。它们通过吸收大量资金，如存款、投资等，实现了资金的集聚。这种集聚作用对于经济体系的运转至关重要，因为它为金融机构提供了资本的来源，使它们能够进一步将这些资金分配给需要融资的个人、企业和政府。这种集聚与分配的过程构成了金融市场的核心机制之一，对于推动经济的发展和实现资金的有效配置具有重要意义。

资金的集聚过程主要是指金融机构通过吸收各种资金来源，如存款、投资等，将这些资金集中起来形成庞大的资本池。这些资金的来源包括个人储蓄、企业利润、政府资金等，通过金融机构的媒介作用，这些零散的资金得以集中起来，形成足够规模的资本供应。这种集聚使得金融机构能够拥有充足的资金底气，从而更好地开展各种金融业务，如贷款、投资、保险等。

而资金的分配则是指金融机构将集聚起来的资金再次分配给需要融资的个人、企业和政府。这种分配是通过各种金融产品和服务实现的，如贷款、投资、保险等。个人可以通过贷款获得资金支持其消费或投资需求，企业可以获得融资支持其业务发展和扩张，政府则可以通过债券等形式获取资金支持公共事业建设。金融机构在这个过程中充当了中介和纽带的角色，促进了资金的流动和资源的有效利用。

这种资金的集聚与分配不仅为金融机构创造了盈利机会，也对经济体系的发展产生了深远影响。它为个人、企业和政府提供了融资渠道，满足了各方的资金需求，促进了经济的稳定和增长。它促进了资源的有效配置，将资金引导到各个行业和领域，推动了经济结构的优化和升级。它还有利于金融市场的健康发展，提升了金融体系的稳定性和可持续性。

金融机构通过资金的集聚与分配，实现了资金的有效配置和经济的发展。这一过程不仅对于金融市场的运作至关重要，也为整个经济体系的繁荣和稳定提供了有力支持。

（二）提供金融服务

金融机构在提供金融服务方面扮演着重要角色，不仅限于基本的存贷款服务，还提供一系列增值服务，如财富管理、投资咨询、支付结算等。这些服务的多样性和全面性，有助于满足客户不同的金融需求，从而促进了金融市场的发展和经济的繁荣。

其中，财富管理服务是金融机构为客户提供的重要增值服务之一。通过财富管理服务，客户可以享受到专业的资产管理、投资组合优化、风险控制等方面的支持，帮助客户实现财务目标并最大化财富增值。这种服务不仅提供了个性化的财富管理方案，还为客户提供了专业的投资建议和风险管理策略，增强了客户对金融市场的信心和参与度。

投资咨询服务也是金融机构提供的重要服务之一。通过投资咨询服务，客户可以获得关于市场走势、投资产品、投资组合配置等方面的专业建议，帮助客户做出明智的投资决策。金融机构通过投资咨询服务，不仅提升了客户的投资意识和能力，还促进了资本市场的健康发展和稳定运行。

支付结算服务也是金融机构为客户提供的重要服务之一。随着电子支付和数字化金融的发展，支付结算服务变得更加便捷和高效，为客户提供了快速安全的资金流转渠道。金融机构通过不断优化支付结算服务，提升了客户的支付体验和服务质量，同时也促进了商业活动的顺利进行和经济的流动性。

综合来看，金融机构提供的多样化金融服务，满足了客户多样化的金融需求，促进了金融市场的发展和经济的繁荣。通过财富管理、投资咨询、支付结算等服务，金融机构不仅提升了客户的金融体验和服务满意度，还促进了资本市场的稳定发展和金融体系的健康运行。

二、金融中介

（一）信息中介

信息中介是金融中介机构的重要职能之一，它们承担了资金供需双方之间信息传递和沟通的角色。这些机构通过收集、整理和传递各种金融信息，为参与者提供关于投资、融资、市场情况等方面的重要信息，帮助他们做出明智的金融决策。

金融中介机构通过信息中介的方式为投资者提供投资方面的信息。这包括对不同资产类别的分析和评价，市场趋势和行情的解读，以及对特定行业或公司的研究报告等。投资者可以通过这些信息了解市场的状况和走势，评估投资机会和风险，从而做出更加明智的投资决策，提高投资效益。

金融中介机构也为融资方提供关键的融资信息。这包括了解融资渠道和方式、了解市场利率和资金成本、分析财务状况和资信评级等方面的信息。通过这些信息，融资方可以更好地选择适合自身需求和条件的融资方式，优化资金结构和成本，实现融资的高效和稳健。

金融中介机构还提供市场情况方面的信息，包括宏观经济数据、行业动态、政策变化等方面的信息。这些信息对于参与者了解整体市场环境、把握市场机会、规避市场风险具有重要意义。通过及时获取并分析这些信息，参与者可以做出灵活的战略调整和决策，提高在市场竞争中的竞争力和应对能力。

金融中介机构作为信息中介，承担了为资金供需双方提供全面、及时、准确的金融信息的重要任务。通过信息中介的功能，它们帮助投资者和融资方做出明智的金融决策，促进了金融市场的健康发展和经济的稳定增长。信息中介不仅促进了金融市场的透明度和效率，也为参与者提供了更多的选择和机会，推动了经济的全面发展。

（二）流动性提供

流动性提供是金融中介机构的重要职能之一，通过这一服务，它们有效地将资金从资金供给者转移至资金需求者，从而促进了资金的流动和经济的活跃。金融中介机构，特别是银行等机构，通过各种金融产品和服务来满足不同客户的需求，从而实现了资金的流通和配置，为经济的发展提供了重要支持。

银行是最常见的流动性提供者之一。它们通过接受客户的存款，并将这些资金用于发放贷款和其他信用产品，实现了资金的有效流动。存款者将闲置资金存入银行，银行则将这些资金转移给有资金需求的借款人，例如企业、个人等，从而促进了投资和消费的进行。这种资金的有效流通不仅有利于经济活动的展开，也有助于提高社会资源的利用效率。

金融中介机构还通过其他方式提供流动性服务。例如，证券公司通过证券交易和投资咨询服务，帮助投资者将资金投资于各种证券产品，从而实现了资金的配置和流动。保险公司通过接受保费并提供保险服务，为个人和企业提供了风险保障和资金流动的渠道。基金公司通过发行基金产品，帮助投资者进行多样化投资，并提供了赎回服务，实现了资金的流动性。

流动性提供不仅仅是金融中介机构的商业模式，更是金融市场的基础性功能。它有助于降低资金的闲置率，提高资金的使用效率，促进了经济的发展和繁荣。在现代金融体系中，流动性提供也面临着挑战和变革。随着金融科技的发展，新型的金融中介模式如 P2P 借贷、数字化银行等逐渐兴起，为资金流动提供了更为灵活和便捷的途径。

流动性提供是金融中介机构的重要职能，通过各种金融产品和服务，它们帮助将资金有效地转移和配置，促进了经济的活跃和资源的优化利用。随着金融市场的不断发展和创新，流动性提供将继续发挥着重要作用，并适应不断变化的经济环境和金融需求。

（三）降低交易成本

金融中介在金融市场中发挥着重要作用，通过规模经济和专业化降低了金融交易的成本，从而提高了金融市场的效率。规模经济指的是金融中介通过扩大业务规模和增加交易量，从而实现单位成本的降低。专业化则是指金融中介在特定领域或业务上具有专业化的能力和经验，能够提供更高效的服务和解决方案。

通过规模经济，金融中介可以实现成本的规模效应，降低了交易成本。例如，银行作为金融中介机构，通过其庞大的网络和技术平台，可以提供更广泛、更便捷的金融服务。个人和企业可以通过银行的电子渠道进行各种金融交易，如转账、支付、贷款等，不仅提高了交易的便利性，还减少了相关的操作和管理成本。金融中介还能够通过集中管理和资源配置，降低了金融产品的生产和销售成本，从而为客户提供更具竞争力的产品和服务。

专业化是另一个降低交易成本的重要因素。金融中介通过在特定领域或业务上的专业化能力，提供更高效、更专业的金融服务。例如，投资银行在资本市场、投资管理方面具有专业化的投资能力和经验，能够为客户提供定制化的投资组合和优质的投资建议。这种专业化服务不仅提高了客户满意度，还降低了客户自身在金融交易中的信息不对称风险和交易摩擦，进而降低了整体交易成本。

综合来看，金融中介通过规模经济和专业化，有效降低了金融交易的成本，提高了金融市场的效率。这种降低交易成本的趋势不仅使得金融市场更加开放和竞争，也为个人和企业提供了更多金融服务的选择和机会。需要注意的是，金融中介在降低交易成本的同时也要关注风险管理和服务质量，确保金融市场的稳健和可持续发展。

第三节　金融市场与宏观经济关联

金融市场与宏观经济密切相关，二者相互影响，共同塑造着经济运行的格局。金融市场作为经济的重要组成部分之一，扮演着资金配置、风险分散、价格发现等功能。金融市场的活跃与否直接影响着资本的流动和投资活动的进行，进而影响到宏观经济的总体运行。

金融市场的繁荣与宏观经济的增长密切相关。当金融市场发展良好时，资金流动性较高，投资者信心充足，这有利于企业融资扩张、创新投资和经济活动的增长。相反，金融市场出现危机或衰退时，资金流动性下降，投资者谨慎，可能导致信贷紧缩、投资萎缩，从而对宏观经济造成不利影响。

金融市场的波动也会对宏观经济产生影响。例如，股票市场的大幅波动可能引发投资者恐慌情绪，导致资本外流和投资下降，进而对经济产生冲击。同样，利率市场的变动也会直接影响到企业和个人的借贷成本，影响消费和投资的决策。

金融市场的监管和政策也对宏观经济起着重要作用。通过调整货币政策、财政政策等手段来引导金融市场的稳定和健康发展，以促进宏观经济的增长和稳定。

金融市场与宏观经济之间存在着紧密的互动关系。金融市场的状况和运行情况直接影响着宏观经济的发展和运行，而宏观经济的政策和环境也会影响金融市场的发展和走势。因此,加强金融市场监管、提升金融市场的透明度和稳定性,对于促进宏观经济的健康发展具有重要意义。

一、金融市场与宏观经济的相互影响

(一)金融市场对宏观经济的影响

1. 市场情绪与消费者信心

市场情绪和消费者信心之间存在着密切的联系,金融市场的波动往往会对消费者和企业的信心水平产生重大影响。高涨的市场情绪通常会激发消费者和企业的信心,促进消费和投资行为。当股市、房地产市场或其他金融市场表现良好时,投资者和消费者通常会感到乐观,因为他们的投资和财产价值可能会增长。这种乐观情绪会促使他们更愿意消费、投资和扩大生产。

消费者信心的提高可能会导致消费支出的增加。消费者更有可能购买大件商品、增加旅行和娱乐活动,或者增加日常生活中的消费。企业也可能受到鼓舞,增加对新项目和业务的投资,拓展市场份额,甚至扩大生产能力。这种正向的市场情绪可以促进经济增长和就业机会的增加。

市场情绪的下滑和市场恐慌可能会导致消费者和企业的信心受挫。当股市或其他金融市场出现大幅下跌、不确定性增加或者经济预期变差时,消费者和企业往往会感到担忧和恐慌。消费者可能会减少消费支出,选择节约或者延迟购买高价值商品和服务,以保护自己的财务状况。企业则可能会减少对新项目和业务的投资,削减成本或者推迟扩张计划,以减少风险和保护利润。

这种市场情绪的负面影响可能会对经济产生重大影响。消费者的消费减少可能导致经济增长放缓,企业的投资减少可能导致就业机会减少和经济活动降低。这种负面的市场情绪还可能引发更大范围的经济不稳定,加剧市场波动和不确定性。

因此,金融市场波动对消费者和企业的信心水平具有重要影响。政府和金融监管机构通常会采取措施来稳定市场情绪,例如发布经济数据、加强监管、提供政策支持等。消费者和企业也需要关注市场变化,制定灵活的财务策略和风险管理措施,以适应市场情绪波动带来的不确定性和风险

2. 货币政策与利率影响

货币政策和利率对金融市场和整体经济活动都有着重大的影响。让我们来看货币政策。央行通过调整货币供应量和利率水平来实施货币政策，以达到调控经济增长、控制通货膨胀和促进就业等宏观经济目标的目的。货币政策的宽松或紧缩会直接影响金融市场的流动性和资金成本，进而影响各类市场主体的行为和决策。

利率的上升或下降是货币政策调控的核心手段之一。利率上升会增加企业和个人的融资成本，降低融资需求，对企业的投资决策和消费者的借贷行为产生抑制作用。这种情况下，企业可能会减少新项目的投资、推迟扩张计划或者降低资本支出。相反，利率下降则会降低融资成本，刺激企业和个人的融资需求，促进投资和消费活动的增加，从而推动经济活动的增长。

对企业来说，利率的变动直接影响着其融资成本和盈利水平。较高的利率意味着企业需要支付更高的融资成本，从而可能影响到企业的盈利能力和财务状况。利率的上升还可能导致企业的债务负担加重，增加偿债压力。而利率的下降则有利于企业融资成本的降低，提升盈利水平和财务灵活性。

利率对消费者也有着直接的影响。较高的利率意味着个人贷款的成本增加，可能会抑制消费者的消费意愿和借贷行为，对房地产市场和汽车市场等产生影响。相反，利率的下降则有助于消费者的借贷活动和大宗消费品的购买力提升，促进消费的增长和经济活动的活跃。

货币政策和利率对金融市场和整体经济活动有着深远的影响。利率的上升或下降直接影响企业和个人的融资成本和投资决策，进而影响着整个经济的运行和发展。因此，央行通过灵活调整货币政策和利率水平，可以对经济活动和市场走势产生重要的引导和影响。

（二）宏观经济对金融市场的影响

1. 经济增长与企业盈利

经济增长与企业盈利之间存在密切的关联，这种关系不仅体现在宏观经济层面的总体增长水平，也反映在企业盈利能力的具体表现上。宏观经济的增长水平对企业盈利能力有直接的影响。当经济处于增长阶段时，市场需求通常会增加，消费者和企业的支出也会增加，这促进了企业的销售和业务扩张，从而提升了企业的盈利水平。相反，如果经济增长放缓或衰退，市场需求下降，消费者信心降低，企业可能面临销售下滑和利润减少的挑战。

较高的经济增长通常意味着更高的企业盈利。这是因为在经济繁荣时期，市场需求旺盛，消费者愿意购买更多的产品和服务，企业也能够更好地利用资源、扩大规模、提高效率，进而实现盈利的增长。经济增长还会带动相关行业和产业的发展，形成良性循环，提供更多的商机和利润空间给企业。因此，较高的经济增长通常能够推动企业盈利水平的提升。

同时，企业盈利能力的表现也会直接影响股票市场的表现。一般来说，当企业盈利增长良好时，投资者对该企业的股票更加青睐，股价可能会上涨，推动整个股票市场的表现。投资者通常会将企业盈利作为评估投资价值的重要指标之一，盈利增长良好的企业更容易吸引投资者的关注和资金。因此，企业盈利与股票市场的表现之间存在着密切的关系，经济增长对企业盈利的影响也会进一步影响股票市场的走势。

需要注意的是，经济增长对企业盈利的影响并非完全一致和线性。不同行业、不同企业可能受到经济增长的影响程度不同，甚至在同一行业内，企业之间也可能存在盈利能力的差异。因此，除了宏观经济因素外，还需要考虑行业竞争、企业管理能力、市场定位等因素对企业盈利的影响。经济增长与企业盈利之间的关系是复杂而多元的，需要综合考量各种因素来全面评估其影响。

2. 通货膨胀与货币政策预期

通货膨胀是指货币供应量过多或者需求过热导致物价普遍上涨的现象，而通货膨胀水平对货币政策的预期产生着重要影响。高通胀预期可能会促使央行采取紧缩货币政策，即加息，以抑制通胀压力，而这一政策的实施可能对债券市场和股票市场产生负面影响。

高通胀预期往往会引发市场对货币政策的变化预期。通常情况下，央行会通过加息等手段来应对高通胀风险，因为高通胀可能导致经济过热、物价上涨过快，对经济稳定和社会发展带来负面影响。因此，市场对于通胀水平的预期往往会影响到市场参与者对于货币政策的预期，高通胀预期往往会催生市场对于央行加息的预期。

央行加息对债券市场和股票市场都可能产生负面影响。对于债券市场来说，加息意味着利率上升，这可能导致债券价格下跌，对债券投资者造成损失。特别是长期债券，由于其对利率变化更为敏感，加息对其影响更加显著。对于股票市场来说，加息可能会抑制经济活动和企业盈利，从而对股票市场的估值和投资者情绪产生负面影响，导致股票价格下跌。

高通胀预期和央行加息政策的出台也会影响到市场的预期和行为。市场参与者可能会调整其投资组合和策略，以应对高通胀和加息环境下的市场波动。一些投资者可能会增加对抗通胀的资产配置，如实物资产或者通胀保值的金融产品；另一些投资者可能会调整其投资风格和时机，以寻求更稳健的投资收益。

通货膨胀与货币政策预期之间存在着密切的关系。高通胀预期往往会催生央行加息的预期，央行加息可能对债券市场和股票市场产生负面影响，市场参与者也会根据这些预期调整其投资行为和策略。因此，对通货膨胀和货币政策的预期需要进行综合分析和及时调整，以应对市场变化和风险挑战。

3. 政府政策与财政政策

政府的财政政策对金融市场的影响是非常显著的。财政政策的松紧程度、税收政策以及政府支出的规模和方向都会直接影响到经济的发展和金融市场的表现。财政政策的松紧程度对经济增长和通胀水平产生重要影响。当政府采取宽松的财政政策时，增加政府支出、减少税收或者发行货币等措施，会刺激经济活动和消费，推动经济增长。这种情况下，金融市场可能会表现出乐观的态势，股票市场可能上涨，债券市场可能收益率下降，货币市场可能利率降低。相反，当政府实施紧缩的财政政策时，减少支出、增加税收或者收紧货币政策，可能会抑制经济增长，导致金融市场出现悲观情绪，股票市场可能下跌，债券市场收益率上升，货币市场利率可能升高。

税收政策对金融市场也有重要影响。政府通过税收政策调整税率、优惠政策和征收范围等，直接影响到个人和企业的经济行为。例如，降低企业税率可能刺激企业投资和创新，提振股票市场的表现；而提高个人所得税率可能降低个人消费和投资意愿，对金融市场产生抑制作用。税收政策的变化对金融市场的影响不仅来自税收负担本身，还可能通过影响经济主体的行为和预期，进一步影响金融市场的表现。

政府支出也是财政政策中的重要因素。政府的支出规模和方向决定了经济的结构和活力。例如，政府增加对基础设施建设、科技创新等领域的支持和投入，可能带动相关产业的发展，推动经济增长和就业，对股票市场产生积极影响。相反，政府削减支出可能导致经济活动放缓，对金融市场产生压力和负面影响。

政府的财政政策包括财政政策的松紧程度、税收政策和政府支出等方面，对金融市场的表现产生广泛影响。投资者和市场参与者需要密切关注政府的财政政策变化，以及其对经济增长、通胀和利率水平等方面的影响，及时调整投资策略和风险管理措施。

二、金融市场与宏观经济政策的协调

（一）政策协调与市场稳定

1. 货币政策与财政政策的协调

货币政策和财政政策的协调是维护经济稳定和促进经济增长的重要手段。这种协调关系不仅能够提高政策效果，还有助于维护金融市场的稳定和促进经济的健康发展。

货币政策和财政政策在实施过程中需要相互配合和协调。货币政策主要由中央银行负责制定和执行，其主要手段包括调整利率、开展公开市场操作等，旨在影响货币供应量和信贷条件，以达到控制通货膨胀、促进经济增长等目标。而财政政策则由政府负责，通过调整税收政策、增加或减少公共支出等手段，影响经济总需求和资源分配，达到促进经济增长、维护社会稳定等目标。因此，在实施过程中，货币政策和财政政策需要相互配合，避免出现相互抵触或背离的情况，以确保政策的一致性和有效性。

货币政策和财政政策的协调能够提高政策效果。当货币政策和财政政策能够协调一致地朝着相同的经济目标努力时，其政策效果会得到增强。例如，当货币政策采取宽松政策时，通过降低利率和增加货币供应，促进投资和消费；而财政政策则可以通过增加公共支出、减税等措施，进一步刺激经济活动，从而加快经济增长。这种协调配合能够最大程度地发挥政策的刺激效果，为经济的稳定和增长提供良好的政策环境。

货币政策和财政政策的协调还有助于维护金融市场的稳定。由于货币政策和财政政策对经济的影响广泛而深远，如果两者之间存在严重的背离或不协调，可能会导致金融市场的不稳定，如通货膨胀压力、资产泡沫等问题。因此，通过协调货币政策和财政政策，可以避免这些潜在的风险，保持金融市场的稳定性和健康发展。

总体来说，货币政策和财政政策的协调是维护经济稳定和促进经济增长的关键之一。只有通过有效的协调配合，才能最大程度地发挥政策的效果，实现经济的良性循环和可持续发展。

2. 金融监管与市场健康

金融监管对于维护金融市场的健康至关重要。有效的金融监管机制可以在很大程度上防范金融风险，增强市场的稳定性和透明度。金融市场作为经济体系的重要组成部分，承担着资金配置、风险转移和信息传递等重要功能，因此其健康与否直接关系到整个经济体系的稳定和发展。

金融监管有助于防范金融风险。金融市场存在着各种类型的风险，如信用风险、流动性风险、市场风险等。有效的监管政策可以通过规范金融机构的行为、加强对市场的监测和预警等手段，及时发现和应对潜在的风险因素，从而降低金融系统发生危机的可能性。例如，监管机构可以要求金融机构建立合理的风险管理制度，进行资产负债匹配，确保资金充足性，以防止金融机构因为风险管理不当而陷入困境。

合理的监管政策可以增强市场的稳定性和透明度。市场的稳定性是指市场在面临外部冲击或内部变化时能够保持平稳运行的能力。透明度则是指市场信息公开程度高，参与者能够清晰地了解市场状况和参与规则。金融监管可以通过制定透明的规则和监管标准，加强市场信息披露和监测，确保市场运行的公平、公正和透明。这有助于提高投资者和市场参与者的信心，减少信息不对称问题，防止市场出现恶性竞争和非理性波动，保障市场的稳定性和健康发展。

需要注意的是，金融监管也面临着一些挑战和问题。一方面，监管机构需要在保护市场稳定的同时，避免对市场过度干预，保持监管政策的灵活性和适应性。另一方面，监管机构还需要应对金融创新和技术发展带来的新挑战，如数字化金融、加密货币等，确保监管框架的全面性和有效性。

3. 政策预期与市场反应

政策预期在金融市场中扮演着至关重要的角色，对市场的波动产生着重要影响。政策预期指的是市场参与者对未来政府或央行可能采取的政策措施的预期和猜测。这些政策包括货币政策、财政政策、监管政策等，对经济和金融市场的发展有着直接的影响。

政策预期对金融市场的波动产生重要影响。当市场参与者对政策未来的走向存在不确定性或者预期政策变化时，往往会导致市场的波动性增加。例如，对未来货币政策的不确定性可能导致利率期货市场的波动加剧，对未来财政政策的猜测可能导致债券市场的波动性增加。这种政策预期的不确定性会影响投资者和机构的决策，增加市场的不稳定性。

政策制定者的沟通和透明度可以降低市场波动性，增强市场参与者的信心。政策制定者通过公开或者官方渠道发布政策信息，向市场传递政策意图和预期，可以减少市场对政策未来走向的猜测和不确定性。政策制定者的透明度和沟通能力可以提高市场参与者对政策的理解和信任，有利于市场的稳定和发展。

例如，央行通过公开会议记录、定期发布货币政策报告等方式，向市场传递货币政策的方向和目标，可以引导市场参与者对未来货币政策的预期。政府部门通过公开的财政预算和政策文件，向市场传递财政政策的目标和措施，可以引导市场对未来财政政策的理解和预期。监管部门通过公开透明的监管政策和规则，向市场传递监管政策的方向和原则，可以提高市场参与者对监管政策的理解和遵守。

因此，政策预期对金融市场的波动产生着重要影响。政策制定者的透明度和沟通能力可以降低市场的不确定性，增强市场参与者的信心，有利于市场的稳定和发展。同时，市场参与者也应当关注政策变化和预期，做出理性的投资和决策，以适应市场的变化和挑战。

（二）政策调整与市场反馈

1.政策效果与市场表现

政策调整对金融市场的影响常常引起市场的关注和反应。政策效果的预期与实际表现之间的差异可能导致市场的波动和变动。政策效果是指政府或央行制定并实施的政策措施所产生的影响和结果，而市场表现则是指金融市场在政策实施后的反应和变化。

政策调整可能涉及货币政策、财政政策、监管政策等多个方面。货币政策调整包括利率变动、货币供应量调整等，对金融市场的影响尤为显著。例如，央行宣布加息政策时，市场可能预期资金成本上升，影响投资和消费需求，导致股市、债市等资产价格下跌；反之，央行宣布降息政策时，市场可能预期融资成本下降，促进经济活动增加，引发股市、债市等资产价格上涨。

实际政策效果可能与市场的预期有所不同，导致市场波动和变动。这种差异可能来自于政策实施的速度、力度、效果延迟等因素。例如，央行实施加息政策后，市场可能预期融资成本上升，但实际上企业和个人借贷行为可能存在滞后反应，导致市场在一段时间内波动不定。政策效果也受到宏观经济环境、国际形势、市场预期等多种因素的影响，这些因素的变化可能会使政策效果与市场表现之间产生差异。

政策效果与市场表现之间的差异可能引发市场波动和投资者情绪的波动。市场对政策效果的预期通常会影响投资者的行为和决策，而实际效果与预期之间的偏差可能导致市场的不确定性和波动性增加。投资者可能会根据市场情况和政策效果的变化调整投资策略，从而影响市场的表现和走势。

政策调整对金融市场的影响是复杂而多元的。政策效果的预期与实际表现之间的差异可能导致市场的波动和变动，投资者需要密切关注政策变化和市场情况，及时调整投资策略，以应对市场波动带来的风险和机遇。

2. 市场信号与政策调整

市场信号与政策调整之间存在着密切的互动关系，市场的反馈和信号往往对政策制定者的决策具有重要的指引作用。市场信号可以是各种形式的信息反馈，包括经济数据、市场行情、投资者情绪等，这些信息反映了市场的运行状况、经济走势以及市场参与者的预期和态度。政策制定者通常会密切关注这些市场信号，并根据市场的变化情况来调整相关政策，以应对市场的变化和挑战。

市场信号对政策调整具有重要指引作用的原因之一在于，市场反映了经济体系的实际运行状况和市场参与者的行为预期。例如，经济数据如 GDP 增长率、失业率、通胀率等可以反映经济的整体健康状况，股票市场的涨跌和波动可以反映投资者对市场的预期和信心。政策制定者通过关注这些市场信号，可以更好地了解经济的发展态势和市场的情况，有针对性地调整相关政策，以支持经济增长、稳定市场情绪。

市场信号也可以作为政策调整的参考依据。政策制定者需要在制定和调整政策时考虑到市场的反应和影响，因为市场的反应往往会直接影响到政策的有效性和实施效果。例如，如果市场对某项政策有积极的反应，表现为市场行情的稳定或者投资者的信心增强，政策制定者可能会认为这项政策对市场产生了积极的影响，并进一步加大政策支持力度；相反，如果市场对某项政策反应不佳，可能导致市场不稳定或者投资者信心下降，政策制定者可能会考虑调整政策方向或者措施，以改善市场情况。

需要注意的是，市场信号并非是唯一的政策制定依据，政策调整还需要考虑到其他因素，如政策目标、经济结构、社会需求等。因此，政策制定者需要综合考虑各种因素，包括市场信号、经济数据、社会反馈等，做出全面和有效的政策调整。市场信号对政策调整具有重要指引作用，但政策制定者需要综合考虑各种因素来做出合理的决策，以促进经济稳定和可持续发展。

3. 政策稳定性与市场预期

政策的稳定性对市场预期产生着深远的影响。稳定的政策环境能够带来市场参与者的信心，从而促进经济的健康发展。在现代经济体系中，政策的稳定性是维持市场秩序和促进经济增长的关键因素之一。

稳定的政策环境有助于提高市场参与者的信心。市场参与者包括投资者、企业家、消费者等各个层面的经济主体，他们对政策的预期直接影响着其行为和决策。稳定的政策环境意味着政府或央行在经济管理和货币政策方面的一贯性和可靠性，市场参与者更容易对未来经济走势有稳定和可预期的预期，从而更有信心参与市场活动。

稳定的政策环境有利于促进经济的健康发展。政策的稳定性可以提供长期的发展规划和预期，使企业和投资者能够更好地规划和布局其经营和投资计划。这种稳定性有助于降低经济运行中的不确定性和风险，促进资本的流动和投资的增长，推动经济的持续增长和改善。

政策的稳定性还可以提升国际市场对于国家的信心和投资意愿。在全球化的背景下，国际投资和贸易往来越来越频繁，政策的稳定性成为吸引外资和促进国际经济合作的重要因素之一。稳定的政策环境可以增强国家的国际竞争力，吸引更多的外资和技术引进，促进经济的国际化和可持续发展。

政策的稳定性对市场预期产生着重要的影响，它不仅有助于提高市场参与者的信心，促进经济的健康发展，还可以提升国际市场对于国家的信心和投资意愿。因此，政府和央行在制定政策和管理经济时，需要重视政策的一贯性和稳定性，为市场参与者提供稳定和可预期的政策环境，推动经济的持续增长和改善。

第四节　金融体系演化与国际比较

金融体系的演化和国际比较是一个复杂而又引人关注的议题。金融体系的演化是与经济发展和制度环境密切相关的。不同国家的金融体系在发展历程中呈现出多样化和差异化，有些国家的金融体系更加市场化和开放，而有些则更加依赖政府干预和监管。这种差异不仅受到国家经济结构、历史文化等因素的影响，也反映了国际金融体系的多样性和复杂性。

国际比较可以帮助我们更好地理解不同金融体系的特点和优势。比如，发达国家的金融体系通常更加完善和多元化，具有较高的金融深度和广度，能够为经济发展提供更多元化的金融服务和支持。而新兴市场和发展中国家的金融体系则面临着挑战和机遇，需要在发展过程中不断完善监管机制、加强金融创新，提高金融服务的质量和效率。

国际金融体系的比较也需要考虑到全球化和国际合作的影响。随着全球化进程的加速推进，各国金融体系之间的联系和互动日益紧密，国际金融规则和标准也在不断调整和升级。这为各国金融体系的演化和发展提供了更广阔的舞台和更多的合作机会，也为国际金融体系的稳定和健康发展提出了新的挑战和机遇。

金融体系的演化和国际比较需要充分考虑到金融创新和科技进步的影响。随着金融科技的发展和应用，传统金融体系正在经历着颠覆性的变革，金融服务的形态和方式也在不断创新和升级。这为金融体系的演化和国际比较带来了新的视角和思考，需要从数字化转型、智能化金融等方面深入研究和分析，推动金融体系更加适应和支持经济社会发展的需求。

总体来说，金融体系的演化和国际比较是一个复杂而又多维度的课题，需要综合考虑经济发展、制度环境、全球化、金融科技等多种因素，以促进金融体系更加健康和稳定地发展，为经济增长和社会进步提供更好的支持和保障。

一、金融体系的演化

（一）展历程与主要特征

金融体系的发展历程是经济发展和金融市场演变的产物，经历了从传统银行体系到现代金融体系的演变过程。在发展的不同阶段，金融体系呈现出不同的特征，包括金融机构的类型、市场结构、监管制度等方面。同时，不同国家和地区之间也存在着金融体系发展的差异，涵盖了发达国家、新兴市场和发展中国家等不同类型的比较。

传统银行体系是金融体系发展的早期阶段。在这个阶段，主要金融机构是传统银行，其业务范围以存款、贷款、支付结算等为主。金融市场相对较为简单，主要以货币市场和债券市场为主，股票市场相对不发达。监管制度主要侧重于对银行业务的监管，保障存款人利益和维护金融稳定。

随着经济发展和金融创新，现代金融体系逐渐形成。现代金融体系包括多元化的金融机构，如商业银行、投资银行、证券公司、保险公司、基金管理公司等。金融市场也日益多元化，包括了货币市场、债券市场、股票市场、外汇市场等各种市场。监管制度也随之完善，涵盖了对各类金融机构和金融市场的监管，以保障金融体系的稳健运行和金融市场的公平、透明。

在不同国家和地区之间，金融体系的发展存在明显差异。发达国家的金融体系通常更加完善和多元化，金融市场更加发达，金融机构类型更为丰富，监管制度也更为健全。新兴市场国家的金融体系则处于发展阶段，金融市场相对较为薄弱，金融机构类型相对单一，监管制度也需要进一步完善。而发展中国家的金融体系则面临更大的挑战，金融市场相对不发达，金融机构类型较为简单，监管制度也需要进一步加强。

金融体系的发展历程从传统银行体系到现代金融体系，展现了金融市场的多元化和金融机构的多样化。不同阶段金融体系的主要特征包括金融机构类型、市场结构、监管制度等方面的变化。同时，金融体系在不同国家和地区的发展差异也反映了经济发展水平和金融市场成熟度的不同。

（二）金融科技与创新

金融科技的快速发展和不断创新对金融体系产生了深远影响。互联网金融、区块链技术、人工智能等科技创新正逐渐改变着传统的金融模式和机构运营方式。

互联网金融的兴起打破了传统金融机构的地域限制，使得金融服务更加便捷高效。区块链技术则为金融交易提供了更高的安全性和透明度，有望解决传统金融中存在的信任问题。同时，人工智能的应用也使得金融机构能够更好地进行风险管理和客户服务。

金融科技的发展对传统金融机构和业务模式带来了挑战和改变。例如，随着在线支付的普及，传统的银行支付系统面临着竞争压力；P2P借贷平台的出现改变了传统的借贷模式，使得借贷更加去中心化和透明化。传统金融机构需要不断创新和转型，才能适应金融科技快速发展的趋势。

不同国家对金融科技的政策支持和监管措施存在差异。一些国家积极支持金融科技的发展，出台鼓励创新的政策，为金融科技企业提供便利和支持。同时，这些国家也加强对金融科技领域的监管，保障金融市场的稳定和投资者的权益。另一些国家则更加谨慎，对金融科技采取严格的监管措施，以防止金融风险和市场混乱。

金融科技的发展已经取得了显著成果并产生了深远影响。例如，互联网金融的普及使得金融服务更加普惠，覆盖面更广；区块链技术的应用为金融交易提供了更高的安全性和透明度；人工智能的应用提升了金融机构的智能化水平，提高了服务质量和效率。这些成果不仅促进了金融体系的演化，也为经济社会发展带来了新的机遇和挑战。

（三）金融全球化与跨境流动

金融全球化对金融体系的演化产生了深远影响，其中包括资本、货币、人才等跨境流动的增加。全球化加速了金融市场的国际化程度，促进了跨境资本流动和金融机构的国际扩张。资本流动的增加使得投资更加全球化和多样化，投资者可以跨越国界获取更广阔的投资机会，同时也增加了金融市场的活力和竞争性。货币和人才的跨境流动也得到了推动，金融机构和专业人才可以更自由地在全球范围内活动和交流，促进了金融行业的知识和技术的传播与共享。

随着金融全球化的不断深化，国际金融市场也呈现出一些发展趋势。其中之一是国际货币体系的演变。随着全球化程度的提高和新兴经济体的崛起，国际货币体系正在从以美元为主导的格局向多元化发展。人民币、欧元等国际货币的地位逐渐提升，国际支付结算体系也在不断完善。国际金融中心的竞争格局也在发生变化。传统的金融中心如伦敦、纽约仍然具有重要地位，但新兴的金融中心如上海、新加坡等也在崛起，形成了多极化的竞争格局，各地金融中心之间展开了激烈的竞争和合作。

不同国家对金融全球化的态度和政策存在一定的差异。一些发达国家更加倾向于开放和自由化的金融市场，鼓励跨境资本流动和金融机构的国际化发展，同时加强国际金融监管和合作。而一些新兴经济体则更注重金融稳定和自主性，采取一定的管控措施，以防止外部金融冲击对本国金融体系的影响。国际金融监管和合作机制也在不断完善，包括国际监管机构的合作、金融信息交换和风险监测等方面，以应对全球金融体系面临的挑战和风险。

金融全球化对金融体系演化产生了深远影响，包括资本、货币、人才等跨境流动的增加。国际金融市场的发展趋势体现在国际货币体系的演变和国际金融中心的竞争格局。不同国家对金融全球化的态度和政策存在差异，而金融监管和合作机制则在全球范围内不断完善，以应对金融全球化带来的挑战和机遇。

二、金融体系的国际比较

（一）制度与法律框架

不同国家和地区的金融监管体系和法律框架在很大程度上影响着金融市场的稳定和发展。这些制度和法律框架涉及到监管机构的设置、法律法规的制定与执行、市场准入条件等方面，反映了各国对金融监管的理念和制度设计。

不同国家的金融监管体系在监管机构设置上存在差异。例如，美国的金融监管机构包括美联储、证券交易委员会（SEC）、联邦存款保险公司（FDIC）等，各自负责监管银行、证券市场、保险业等不同领域。而中国的金融监管机构则包括中国人民银行、银保监会、证监会等，分别负责货币政策、银行保险监管、证券市场监管等任务。

各国的金融法律法规也有所不同。例如，欧盟的金融监管框架由欧洲银行业监管局（EBA）、欧洲证券和市场管理局（ESMA）、欧洲保险和职业养老金监管局（EIOPA）等机构协调监管。而在亚洲地区，一些国家如新加坡、香港等具有相对开放和自由的金融市场，其金融监管框架相对灵活，注重市场准入条件和资本市场发展。

不同国家的金融监管理念和制度设计也会对金融稳定和发展产生影响。一些国家更加强调市场自由和竞争，倾向于采取轻度监管和市场自律机制，鼓励金融创新和资本市场发展。而另一些国家则更加注重金融稳定和风险控制，采取较为严格的监管措施，强调保护投资者利益和防范金融风险。

在国际金融监管和合作方面，巴塞尔协议作为全球银行监管的重要基准，通过规范银行资本和风险管理要求，促进了国际金融市场的稳定。金融行动特别工作组（FATF）则致力于打击洗钱和恐怖融资活动，加强国际金融监管合作和信息交流。

不同国家和地区的金融监管体系和法律框架在制度设计和监管理念上存在差异，对金融市场的稳定和发展产生着重要影响。国际金融监管和合作机制也扮演着促进全球金融市场稳定和合作发展的重要角色。

（二）金融产品与服务

不同国家和地区的金融产品和服务创新呈现出多样化和差异化的特点。在零售银行业务方面，一些发达国家如美国和欧洲国家在数字银行、移动支付和智能理财等方面取得了较大进展，推出了各种便捷、高效的金融产品和服务。而一些新兴市场国家如中国、印度等则在移动支付、电子商务支付、虚拟银行等领域展示出强大的创新能力，引领着金融科技的发展趋势。

在投资银行业务方面，不同国家和地区的市场格局和发展重点也存在差异。例如，美国的投资银行业务相对成熟，涵盖了股票、债券、并购、资产管理等多个领域；欧洲则注重投资银行业务与绿色金融、社会责任投资等领域的结合；亚洲市场则更加注重股票市场、债券市场的发展和国际投资的融合。

在保险业务方面，不同国家和地区的保险产品和服务也有所不同。例如，欧美国家的保险业务更加偏向于寿险、财产险等传统保险业务，注重长期稳健的保障和投资；而亚洲市场则更加注重保险科技的创新，推出了医疗保险、车险等新型保险产品，满足消费者不断增长的需求。

金融产品和服务在不同国家的普及程度和市场竞争格局也存在差异。发达国家的金融产品和服务普及程度较高，市场竞争激烈，金融科技创新也相对成熟；而一些新兴市场国家的金融产品和服务普及程度相对较低，市场竞争相对较弱，但正处于快速发展阶段，具有较大的发展潜力和市场机会。

金融科技对不同国家金融产品和服务的影响也不尽相同。在发达国家，金融科技已经成为推动金融创新和提升金融服务效率的重要动力；而在新兴市场国家，金融科技则是促进金融包容性和扩大金融服务覆盖面的关键因素。

金融创新也带来了金融体系稳定性和风险管理的挑战。金融产品和服务的创新需要对风险管理和消费者保护等方面进行全面考量和有效管理，以确保金融体系的健康稳定发展。

（三）金融发展水平与影响力

金融发展水平在国际金融领域中扮演着重要角色，不同国家和地区的金融发展水平存在明显差异。这包括金融市场规模、金融机构数量、金融业务创新等方面的差异。金融发达国家通常拥有庞大的金融市场规模和发达的金融基础设施，包括发达国家的金融中心如纽约、伦敦、东京等。这些国家的金融市场规模大、金融机构数量多，金融业务也相对发达和多样化。另一方面，新兴市场国家虽然金融发展水平较发达国家有所差距，但近年来也在金融创新和发展方面取得了显著进步，比如中国、印度、巴西等新兴市场国家的金融业务规模和创新能力逐渐增强。

金融发达国家和新兴市场国家在国际金融体系中的地位和影响力不同。发达国家的金融市场通常在国际金融体系中占据主导地位，其金融机构和金融产品具有较高的国际认可度和竞争力。这些国家的金融市场规模大、资金流动性高、金融创新活跃，对国际金融市场的影响力较大。而新兴市场国家虽然在金融发展上还存在差距，但其在国际金融体系中的地位和影响力也在不断提升，尤其是在一些领域如新兴市场债券、金融科技创新等方面表现突出，对全球金融稳定和发展也产生了积极的贡献。

不同国家金融体系之间存在着互动和竞争关系，这在全球金融治理和合作中具有重要意义。金融发达国家和新兴市场国家之间的竞争和合作关系影响着全球金融格局和金融治理体系的演变。一方面，金融发达国家在国际金融市场中的主导地位不容忽视，但新兴市场国家的崛起和发展也在一定程度上挑战了这种主导地位。另一方面，各国金融体系之间的互动促进了全球金融合作和交流，有助于促进金融创新、降低金融风险、提升金融稳定性。

不同国家金融发展水平之间存在差异，但各国在国际金融体系中的地位和影响力都对全球金融稳定和发展产生着重要影响。金融发达国家和新兴市场国家之

间的互动和竞争关系也在推动全球金融治理和合作向着更加开放、多元、平衡的
方向发展。

第五章 金融风险管理工具与策略

第一节 金融风险管理工具概述

金融机构在面对各种市场和信用风险时，需要采取多种工具来管理这些风险，以确保其稳健经营和资产保值增值。其中，金融风险管理工具扮演着关键的角色。对冲是一种常见的金融风险管理工具。对冲通过建立相对或部分对冲头寸，来抵消或减少金融资产或负债的价格波动带来的风险损失。例如，通过期货合约或期权来对冲股票或商品价格的波动，以降低投资组合的风险程度。

另一个重要的金融风险管理工具是分散投资。分散投资通过将资金分散投资于不同的资产类别、行业、地区或标的物，来降低整体投资组合的风险。这种策略可以通过投资于不同类型的股票、债券、房地产等资产，来实现风险的分散和降低。

金融衍生品也是常用的风险管理工具之一。金融衍生品包括期货、期权、互换和远期等合约，可以用来对冲或转移市场风险、信用风险和利率风险。例如，企业可以通过利率互换合约来对冲利率波动带来的负面影响，降低债务成本的波动性。

保险也是一种重要的金融风险管理工具。保险公司提供各种类型的保险产品，包括财产保险、责任保险、人寿保险等，可以为个人和企业提供风险保障，降低不确定性带来的损失。例如，企业可以购买商业保险来保护财产免受自然灾害、盗窃等风险的影响。

金融风险管理工具还包括风险评估和监控系统。这些系统通过建立风险评估模型、监控指标和报告机制，来帮助金融机构及时发现和评估潜在风险，采取相应的风险管理措施，提升风险管理的有效性和及时性。

金融风险管理工具包括对冲、分散投资、金融衍生品、保险以及风险评估和监控系统等多种形式。金融机构可以根据自身的风险暴露和经营需求，选择合适的风险管理工具，有效应对各种市场和信用风险，确保业务的稳健运营。

一、金融衍生品

（一）期货合约

1. 价格发现

价格发现是市场中一个重要的过程，它指的是市场参与者通过供需关系和交易活动来确定资产的合理价格。在期货市场中，交易活动起着至关重要的作用，为市场参与者提供了价格发现的机制，有助于提升市场的透明度和有效性。

期货市场是金融市场中的重要组成部分，其特点之一就是具有高度的流动性和价格透明度。在期货市场中，交易者可以通过买入或卖出期货合约来进行投机或套期保值等操作，这些交易活动直接影响到期货价格的形成和变化。因此，期货市场的交易活动成为了价格发现的主要机制之一。

期货市场的交易活动可以反映市场参与者对于资产未来走势和价值的预期。通过交易活动，市场参与者可以表达他们对于市场供需关系、经济环境和政策变化等因素的看法和判断，从而影响到期货价格的波动和走势。这种价格波动反映了市场对于资产价值的不断变化和调整，有助于市场参与者更准确地进行价格预测和风险管理。

期货市场的交易活动也促进了市场的透明度和有效性。由于期货市场的交易活动是公开透明的，交易信息可以及时传达给市场参与者，使得市场价格更加公正和合理。同时，交易活动的频繁和活跃也增加了市场的流动性，降低了交易成本，促进了市场的有效运行和资源配置。

除此之外，期货市场的交易活动还可以提供市场参与者更多的投资选择和风险管理工具。通过期货市场，投资者可以参与各种资产类别的投资，如商品、股票指数、利率等，从而实现资产组合的多样化和风险分散。同时，对冲基金和机构投资者也可以利用期货市场进行套期保值和风险管理，降低投资组合的波动性和损失风险。

综合来看，期货市场的交易活动为市场参与者提供了重要的价格发现机制，有助于提升市场的透明度和有效性。通过交易活动，市场参与者可以更准确地把握资产价格的变化和风险情况，促进了市场的健康发展和稳定运行。

2. 杠杆效应

杠杆效应是指投资者可以通过借入资金来进行交易，从而用较少的自有资金控制更大数量的资产。期货合约是一种典型的杠杆工具，它允许投资者在支付部分合约价值的情况下控制整个合约价值的资产，从而增加了投资的杠杆效应。这种机制可以带来潜在的高收益，但同时也伴随着更高的风险。

杠杆效应的存在使得投资者可以在相对较小的资金投入下获得更大的投资回报。举例来说，如果一位投资者希望投资10万美元的黄金，但只有5万美元的自有资金，他可以通过期货合约进行杠杆交易，控制100万美元的黄金合约。如果黄金价格上涨，投资者可以获得相应比例的收益，从而实现以较少资金获取更大利润的目的。

杠杆效应也带来了更高的风险。因为投资者借入了更多的资金来进行交易，一旦市场走势与预期相反，损失也会更加显著。以前述黄金期货交易为例，如果黄金价格下跌，投资者不仅会损失自有资金，还有可能面临到被迫平仓或者追加保证金的情况，增加了资金压力和亏损风险。这种杠杆效应放大了市场波动对投资者资金的影响，使得投资更加具有挑战性和不确定性。

杠杆交易也需要投资者具备更高的风险管理能力和技术分析水平。因为市场波动可能会加速资金损失的速度，投资者需要及时调整仓位、控制风险，以及具备对市场走势的准确判断能力。否则，过度依赖杠杆交易可能会导致严重的资金损失和财务风险。

杠杆效应是期货合约等金融工具的重要特征之一，它可以为投资者带来较高的回报机会，但同时也伴随着更高的风险和挑战。投资者在进行杠杆交易时需要谨慎考虑自身的风险承受能力和投资技巧，合理控制仓位和风险，避免因过度杠杆而造成的不可挽回的损失。

（二）掉期合约

1. 利率风险管理

利率风险管理是金融领域中至关重要的一部分，尤其在利率波动频繁和不确定性增加的情况下更显得关键。掉期合约是一种常用的工具，它允许合约双方在未来按约定的利率进行资金交换，从而有效地管理利率波动带来的风险。这种工具在金融市场中广泛应用，特别是对于企业和金融机构来说，掉期合约是一种重要的利率风险管理工具。

掉期合约的基本原理是双方约定在未来某个时间点按照约定的利率进行资金交换。例如，如果一家企业预期未来需要融资，并且担心利率上升会增加融资成本，那么它可以与金融机构签订一个掉期合约，约定未来某个时间点以固定利率或浮动利率进行资金交换。这样，无论未来利率是上涨还是下跌，企业都可以在一定程度上规避利率波动带来的风险。

掉期合约的另一个重要应用是利率对冲。例如，一家银行担心存款利率下降会影响其利润，可以通过与投资者签订利率对冲的掉期合约，约定在未来一段时间内以一定利率进行资金交换，从而保持利润稳定。这种利率对冲的掉期合约可以帮助银行规避存款利率下降带来的风险，维持盈利水平。

掉期合约的灵活性也是其受欢迎的原因之一。合约双方可以根据自身的需求和预期，约定不同的利率、不同的交换时间和频率，以及不同的交易对象。这种灵活性使得掉期合约适用于各种不同的利率风险管理情况，为市场参与者提供了更多的选择和机会。

尽管掉期合约在利率风险管理中具有诸多优势，但也需要注意其风险和注意事项。例如，合约双方需要考虑对手方的信用风险，避免因对方违约而造成损失；同时，需要谨慎评估未来利率走势，避免因错误预测而导致风险暴露。因此，在使用掉期合约进行利率风险管理时，合约双方需要谨慎评估风险，合理制定和执行风险管理策略。

2. 汇率风险管理

汇率风险管理是企业在国际贸易和投资活动中面临的重要挑战之一。汇率波动可能对企业的现金流产生负面影响，因此需要采取有效的风险管理措施来对冲这种风险。在这方面，外汇掉期合约是一种常见且有效的工具，可以帮助企业对冲汇率波动的风险，确保未来现金流的稳定性。

外汇掉期合约是一种金融工具，通过与金融机构签订合约，约定未来某一时间点以特定汇率进行货币交换。这意味着企业可以锁定未来的汇率，避免因为汇率波动而导致的现金流不稳定。举例来说，如果一家企业预计未来需要支付美元，但担心美元对本地货币的汇率波动会带来损失，可以通过签订外汇掉期合约，以固定的汇率购买美元，从而确保在未来支付时不受汇率波动的影响。

外汇掉期合约的使用可以带来多方面的好处。它可以帮助企业规避汇率风险，降低因为汇率波动而带来的损失。这对于那些频繁进行国际贸易或投资的企业来说尤其重要，可以保护企业的利润和现金流稳定。外汇掉期合约具有灵活性，可以根据企业的实际需求和预期进行设计和定制，满足不同企业的风险管理需求。它也为企业提供了更多的预测和计划的稳定性，有助于企业更好地制定未来的战略和决策。

外汇掉期合约也存在一定的限制和风险。它需要企业支付一定的费用或利息，作为使用这种金融工具的成本。合约期限通常是有限的，长期使用可能会增加成本和风险。外汇掉期合约也受到市场变化和外部因素的影响，可能无法完全对冲所有的汇率风险。

外汇掉期合约作为一种汇率风险管理工具，在帮助企业对冲汇率波动风险方面发挥着重要作用。企业可以根据自身的需求和情况，灵活运用这种工具，规避汇率波动带来的不确定性，确保未来现金流的稳定性和可预测性。

3. 商品价格风险管理

商品价格风险管理对于生产者和买家来说都至关重要，特别是在面对商品价格波动时。为了减轻这种风险，商品掉期合约成为一种有效的工具，它允许生产者和买家锁定未来的商品价格，从而稳定预期的收入或成本，降低价格波动带来的影响。商品掉期合约是一种衍生工具，通过与交易对手签订协议，约定未来某一时间点或期间内的商品价格和交付方式，以确保双方在市场价格波动时仍能够获得一定的价格保障。

对于生产者来说，商品价格波动可能会对其经营和利润带来较大的影响。例如，农产品生产者面临着天气、季节、市场需求等因素导致的价格波动，而工业品生产者则受到原材料价格、市场竞争等因素的影响。通过与买家签订商品掉期合约，生产者可以锁定未来的销售价格，保证在市场价格下跌时依然能够获得稳定的收入，从而降低生产经营风险。

对于买家而言，商品价格波动也可能带来不确定性和成本压力。特别是依赖于特定原材料或商品的企业，价格波动可能会影响到生产成本和利润。通过与生产者签订商品掉期合约，买家可以锁定未来的购买价格，确保在市场价格上涨时仍能够以稳定的价格获得所需的商品，从而降低采购成本和经营风险。

商品掉期合约的使用不仅有助于生产者和买家降低价格风险，也有助于市场价格的稳定和预测性。由于生产者和买家可以提前锁定价格，市场供需关系和价格形成机制更加稳定，有利于市场的发展和运作。商品掉期合约还有助于促进市场流动性和交易活动，提高市场效率和透明度。

需要注意的是，商品掉期合约并不是完全消除风险的工具，它仅能够降低价格波动带来的影响。生产者和买家在选择商品掉期合约时，需要综合考虑市场情况、合约条款和成本等因素，谨慎制定风险管理策略，并且合理利用其他金融工具和方法来实现全面的风险管理。

二、金融风险评估工具

（一）价值 –at– 风险（VaR）

1. 风险度量

风险度量是金融领域中非常重要的概念，而 Value at Risk（VaR）则是其中一种常用的风险度量方法。VaR 是衡量投资组合或资产面临的潜在损失的一种度量方法，通常用于评估在一定时间范围内，特定置信水平下的最大可能损失。VaR 的核心思想是通过统计和数学方法，对投资组合或资产的价值变动进行分析和估计，从而确定在一定风险水平下可能发生的损失。

VaR 的计算方法主要包括历史模拟法、蒙特卡洛模拟法和参数法等。历史模拟法是根据历史数据中资产或投资组合的收益率变动情况，计算在特定置信水平下的损失值。蒙特卡洛模拟法则通过随机生成可能的未来情景，并对每种情景下的损失进行估计，最终得出 VaR。参数法则是基于对资产或投资组合收益率分布的假设，通过统计分析和数学模型计算 VaR。

VaR 的优势在于它能够直观地量化投资组合或资产面临的风险水平，并且提供了在一定置信水平下的损失范围，有助于投资者和风险管理者更好地理解和评估风险。VaR 也存在一些局限性，比如它是基于历史数据或者统计假设进行计算的，对未来极端事件的预测能力有限；同时，VaR 只关注损失的最大可能值，忽略了损失分布的其他信息。

在实际应用中，投资者和金融机构通常会结合多种风险度量方法，如 VaR、CVaR（条件 VaR）、ES（预期损失）等，综合考虑投资组合或资产的不同风险方面，以更全面地评估和管理风险。同时，对于某些高风险、高波动性的投资组合或资产，可能需要采用更加复杂的风险度量方法和模型，以更准确地衡量其面临的风险水平。

VaR 是一种常用的风险度量方法，可以帮助投资者和金融机构对投资组合或资产面临的风险进行量化和评估。投资者在使用 VaR 时应该注意其局限性，并结合其他风险度量方法和实际情况进行综合分析和决策。

2. 灵活性

灵活性是金融工具和方法的重要特征之一，而在金融风险管理领域中，Value at Risk（VaR）的灵活性尤为突出。VaR 是一种衡量投资组合或资产风险的常用方法，其灵活性表现在可以根据投资者的风险偏好和投资组合特点进行调整和适应，从而更好地满足投资者的需求和风险管理目标。

VaR 的灵活性体现在多个方面。VaR 的计算可以基于不同的置信水平和时间跨度进行调整。投资者可以选择不同的置信水平，如 95%、99% 等，来衡量其对市场风险的容忍程度。较高的置信水平意味着更加保守的风险控制，而较低的置信水平则意味着更高的风险容忍度。时间跨度的选择也会影响 VaR 的计算结果，投资者可以根据自身投资周期和风险偏好来调整时间跨度，以更好地理解和管理投资组合的风险。

VaR 的灵活性还体现在可以根据投资组合特点进行定制化调整。不同投资组合具有不同的特点和风险特征，VaR 可以根据投资组合的种类、资产类别、权重分配等因素进行个性化的调整。例如，在考虑股票和债券组合时，VaR 的计算方法和参数设置可能会有所不同，以更准确地反映不同资产类别的风险水平。投资者还可以根据投资组合的特定限制和约束条件，如杠杆比例、行业配置限制等，调整 VaR 的计算方式，以实现更精准和可靠的风险管理。

VaR 还可以结合其他风险管理工具和方法，提高其灵活性和适应性。例如，可以将 VaR 与条件风险模型、蒙特卡洛模拟等方法结合，进一步提升风险管理的准确性和全面性。通过这种方式，投资者可以更全面地理解和评估投资组合的风险，并采取相应的风险管理措施。

VaR 作为一种常用的风险管理工具，具有一定的灵活性和适应性。投资者可以根据自身的风险偏好、投资组合特点和风险管理目标，灵活调整 VaR 的计算方式和参数设置，以更好地实现对投资组合风险的管理和控制。VaR 的这种灵活性有助于投资者更加精确地把握市场风险，并做出更具针对性和有效性的投资决策。

（二）蒙特卡罗模拟

1. 风险度量

风险度量是金融领域中的一项关键任务，用于评估投资组合或资产在不同情景下可能面临的风险水平。其中，蒙特卡罗模拟是一种常用的风险度量方法，通过随机生成未来可能的情景，并对投资组合在每种情景下的表现进行模拟，来评估风险水平。

蒙特卡罗模拟的核心思想是基于概率和随机性，通过大量的随机抽样来模拟未来可能的情景。在风险度量中，蒙特卡罗模拟可以应用于多个方面，比如评估投资组合的价值变动、收益率波动、损失概率等。这种模拟方法可以考虑到不同的市场因素、经济环境变化、政策调整等因素对投资组合的影响，从而更全面地评估风险水平。

具体来说，蒙特卡罗模拟的实施步骤包括：确定需要模拟的投资组合或资产，并设定模拟的时间范围和模拟的次数。然后，通过随机生成概率分布来模拟未来可能的情景，这些情景可以包括不同的市场条件、经济指标变化、利率水平、汇率波动等。接着，对每个情景下投资组合或资产的表现进行模拟，包括价值变动、收益率、损失概率等指标。通过统计分析对模拟结果进行整合和评估，得出投资组合或资产在不同情景下的风险水平。

蒙特卡罗模拟在风险度量中具有一定的优势和适用性。它可以考虑到多种不确定性因素的影响，如市场波动性、经济周期、政策变化等，使得风险评估更加全面和真实。通过大量的模拟次数和随机抽样，可以降低模拟结果的随机性和误差，提高评估结果的准确性和可信度。蒙特卡罗模拟还可以灵活应用于不同类型的投资组合和资产，适用性较广。

蒙特卡罗模拟也存在一些局限性，比如对于极端事件的模拟可能性较低、对于模型假设和参数设定要求较高等。因此，在实际应用中需要结合其他风险度量方法和工具，综合考虑不同方面的风险因素，以提高风险度量的全面性和准确性。

2. 适用性

蒙特卡罗模拟是一种数学计算方法，适用于复杂的投资组合和不确定性较大的市场环境。它通过随机抽样和模拟实验的方式，对可能的情景进行大量的重复模拟，从而评估投资组合在不同情况下的表现和风险。这种方法能够更好地捕捉尾部风险，即极端情况下可能出现的损失或收益，对于投资者和决策者进行风险管理和决策制定具有重要意义。

蒙特卡罗模拟的适用性首先体现在对复杂的投资组合进行分析和评估上。对于涉及多种资产类别、不同投资期限和风险偏好的投资组合，传统的分析方法可能无法全面评估其风险和收益。而蒙特卡罗模拟可以通过对各种不同情况的模拟，综合考虑各种可能性，更加准确地评估投资组合的风险水平和预期收益。

蒙特卡罗模拟适用于不确定性较大的市场环境。在金融市场中，不确定性是常态，市场波动、政策变化、经济周期等因素都会对投资组合产生影响。传统的静态分析方法可能无法有效应对这种不确定性，而蒙特卡罗模拟可以通过多次模拟，考虑各种可能性的概率分布，更好地把握不确定性带来的风险和机会。

蒙特卡罗模拟还能够更好地捕捉尾部风险。尾部风险指的是极端情况下可能发生的风险事件，传统的风险评估方法可能会低估这种极端事件的概率和影响。而蒙特卡罗模拟可以通过大量的模拟实验，对各种极端情况进行模拟，更加全面地评估尾部风险，为投资者和决策者提供更为准确和全面的风险管理信息。

蒙特卡罗模拟在复杂投资组合和不确定性较大的市场环境下具有较高的适用性。它能够全面评估投资组合的风险和收益，更好地把握市场不确定性带来的风险和机会，以及更为准确地捕捉尾部风险。因此，对于需要进行风险管理和决策制定的投资者和决策者来说，蒙特卡罗模拟是一种非常有价值的分析工具和决策支持手段。

3. 计算成本

蒙特卡罗模拟作为一种计算方法，具有较高的成本，这主要体现在对计算资源和时间的需求上。蒙特卡罗模拟是一种基于概率统计的数值计算方法，通过随机抽样和模拟技术来进行数值计算和分析。由于其基于随机性的特点，需要进行大量的模拟实验才能得到准确的结果，这就需要大量的计算资源和时间来支持模拟过程。

蒙特卡罗模拟需要进行大量的随机抽样和模拟实验。在进行蒙特卡罗模拟时，需要随机生成大量的样本数据，并进行模拟实验来计算概率分布、期望值、方差等指标。这就需要大量的计算资源来支持模拟过程，包括计算机硬件的性能和计算资源的配置。

蒙特卡罗模拟的计算时间较长。由于需要进行大量的模拟实验，并且每次模拟实验都需要进行大量的计算和分析，因此蒙特卡罗模拟的计算时间较长。特别是在处理复杂的问题或者需要高精度结果时，蒙特卡罗模拟的计算时间会更加显著。

蒙特卡罗模拟对数据的要求也较高。由于蒙特卡罗模拟是基于概率统计的数值计算方法，因此需要对模拟过程中所涉及的数据进行准确、完整的描述和处理。如果数据质量不高或者数据缺失严重，可能会影响模拟结果的准确性和可靠性。

虽然蒙特卡罗模拟的计算成本较高，但其在一些复杂问题和风险管理中具有重要的应用价值。例如，在金融领域中，蒙特卡罗模拟常用于对投资组合的风险进行评估和管理；在工程领域中，蒙特卡罗模拟常用于对复杂系统的可靠性和安全性进行评估。因此，虽然计算成本较高，但在某些情况下，蒙特卡罗模拟仍然是一种有效的计算方法，能够为决策提供重要的参考和支持。

第二节　风险传导与多元化

风险传导与多元化是金融领域中重要的概念，它们在金融市场和金融机构中扮演着关键角色。风险传导指的是风险从一个金融工具或者市场传播到另一个金融工具或市场的过程。这种传导可以是因为市场情绪的传染，也可以是因为特定事件对不同资产的影响。例如，一国经济出现不稳定可能导致其货币贬值，进而影响到该国的股票市场和债券市场。

另一方面，多元化则是为了降低风险而采取的一种策略。多元化的核心思想是将资金分散投资于不同种类、不同地区或不同行业的资产，以减少单一资产或市场的风险对整体投资组合的影响。通过多元化投资，投资者可以降低整体投资组合的波动性和风险，提高投资回报的稳定性。

风险传导和多元化之间存在密切的关系。风险传导的存在意味着投资者需要关注不同资产之间的相关性和相互影响。在市场发生变动或者特定事件发生时，风险可能会传导到投资组合中的其他资产，这时多元化的优势就体现出来了。通过在不同资产之间建立良好的组合关系，可以降低整体投资组合的风险。

多元化可以通过投资于不同类型的资产来抵御特定市场或行业的风险。例如，将资金分散投资于股票、债券、商品等不同类别的资产，可以降低特定资产类别的市场波动对整体投资组合的冲击。跨国投资和投资于不同地区的资产也是多元化的重要手段，可以降低地区经济或政治风险的影响。

风险传导与多元化是金融领域中不可忽视的重要概念。了解风险传导的机制和影响，采取有效的多元化投资策略，可以帮助投资者更好地管理风险、提高投资回报的稳定性，实现长期投资目标。

一、金融风险传导

（一）市场间的传导

金融市场中的风险传导是指不同资产类别之间风险的相互影响和传播。这种传导通常通过市场的联动和相关性实现，即一种资产市场的动荡可能会扩散到其他市场，引发连锁反应和波动。例如，一国债券市场的动荡可能会引发股票市场的波动，进而影响货币市场和外汇市场，形成一种市场间的传导效应。

在金融市场中，不同资产类别之间存在着一定程度的相关性和联动性。这种相关性可能是由于投资者的行为和心理因素，也可能是由于市场基本面的变化和经济环境的影响。例如，投资者可能会在不同资产类别之间进行资产配置调整，当一种资产市场出现波动时，投资者可能会调整其投资组合，导致其他市场也出现波动。市场的基本面因素如经济数据、政策变化等也会影响不同市场的表现，进而影响市场之间的相关性和传导效应。

这种市场间的传导可能会加剧金融市场的不稳定性，引发系统性风险。系统性风险是指整个金融体系或市场在面临某种冲击或风险时，出现广泛的、连锁反应式的风险传播，从而对整个经济系统产生严重影响的风险。市场间的传导效应使得市场波动和风险传播更加迅速和广泛，一旦出现系统性风险，可能导致金融市场的崩溃和整个经济体系的衰退。

因此，金融市场监管和风险管理中需要重视市场间的传导效应。监管机构需要密切关注不同资产类别之间的相关性和联动性，及时发现和应对市场间的传导效应，防范系统性风险的发生。同时，投资者和金融机构也需要加强风险管理和资产配置，降低市场波动对投资组合的影响，保障资金安全和稳健运营。综合来看，市场间的传导效应是金融市场中不可忽视的重要因素，对于维护金融稳定和防范系统性风险具有重要意义。

（二）机构间的传导

金融体系中的机构之间存在着紧密的联系和相互依赖性，这种联系可能导致风险在机构之间的传导。当一个金融机构遭受损失、面临流动性挑战或者经营困难时，其它机构可能会受到波及，引发连锁反应。这种机构间的传导可能会加剧金融市场的不确定性，对金融体系的稳定性构成威胁。

机构间的传导主要源于金融机构之间的相互融资、交易和业务联系。例如，商业银行之间的拆借、同业存款和信贷关系，投资机构之间的交易和资金流动，保险公司之间的再保险和风险转移等。当一个机构面临风险或者流动性挑战时，其它机构可能会对其信用和偿付能力产生质疑，导致市场的恐慌和不确定性加剧。这种传导效应可能会引发信贷紧缩、资金挤兑以及市场价格的剧烈波动。

特别是在金融危机或者系统性风险事件发生时，机构间的传导效应可能会进一步放大。一些系统性重要性机构的风险暴露可能对整个金融体系产生广泛影响，因为它们在市场中拥有重要地位并且与许多其他机构有着复杂的联系。当这些重要机构遭受损失或者陷入困境时，可能会引发金融体系的震荡和连锁反应，甚至导致系统性风险的出现。

为了应对机构间的传导风险，金融监管部门和相关机构通常会采取一系列措施。加强对系统性重要性机构的监管和监督，确保其具备足够的资本和流动性储备，提高其抗风险能力。加强市场透明度和信息披露，提高市场参与者对机构风险和健康状况的认知，减少市场的恐慌和不确定性。建立金融稳定基金、设立紧急流动性支持机制等措施也有助于缓解机构间传导风险带来的市场冲击。

机构间的传导效应是金融体系中不可忽视的一部分，其可能引发的连锁反应对金融市场和整个经济系统的稳定性构成潜在威胁。因此，金融监管部门和市场参与者需要密切关注机构间的联系和依赖性，采取相应措施加强风险管理和监测，确保金融体系的稳健运行和防范系统性风险的发生。

（三）跨国间的传导

全球化对金融市场的影响是显而易见的，它使得不同国家和地区的金融市场之间的联系更加紧密，也加剧了跨国间的风险传导效应。当一个国家或地区的金融市场出现问题时，这些问题可能会以更快的速度和更广泛的范围传播到其他国家或地区，甚至演变成全球性的金融危机。这种跨国间的风险传导现象，不仅对单个国家或地区的金融稳定构成挑战，也对全球金融体系的稳定性造成影响。

全球化加强了金融市场之间的联系。现代金融市场的特点之一是国际化程度高，资金、信息和投资者都可以自由流动跨越国界。这种高度的国际联系使得金融市场之间更加紧密地相互关联，一个国家或地区的金融市场问题很可能会通过国际资本流动、交易关联等渠道影响其他国家或地区的金融市场。

全球化加剧了风险传导效应。跨国间的风险传导效应意味着金融市场的问题不再局限于单个国家或地区，而是可能在短时间内传播到全球范围内。例如，2008 年的全球金融危机就是一个典型的例子，美国次贷危机迅速扩散到其他国家和地区，引发了全球范围内的金融市场动荡和经济衰退。

面对全球化带来的跨国间风险传导挑战，国际金融机构和国际监管机构需要加强合作，共同应对这些挑战，维护全球金融稳定。需要加强国际金融监管合作，建立更加完善的监管框架和机制，加强对金融市场的监测和风险评估。国际金融机构需要加强信息共享和合作机制，及时预警并应对跨国间风险传导事件，避免危机蔓延和加剧。需要推动全球金融治理机制的改革和完善，提高全球金融体系的韧性和稳定性，确保金融市场的健康发展和全球经济的稳定增长。

全球化加强了金融市场之间的联系，也加剧了跨国间的风险传导效应。国际金融机构和国际监管机构需要加强合作，共同应对这些挑战，维护全球金融稳定。只有通过国际合作和共同努力，才能有效应对全球金融市场的风险和挑战，促进全球金融体系的健康发展。

二、金融风险多元化

（一）资产多元化

资产多元化是投资组合管理中常用的一种策略，通过在不同资产类别之间分散投资，可以有效降低特定资产类别的风险，实现投资组合的多样性和稳健性。

这种策略的核心思想在于不将所有的鸡蛋放在同一个篮子里，而是在多个篮子里分散投资，以平衡整体投资组合的风险和收益特征。

资产多元化通过同时持有不同类型的资产，如股票、债券、房地产和商品等，可以降低特定资产类别的风险。不同资产类别之间往往存在着相关性差异，即它们在市场变化中表现出不同的趋势和敏感度。例如，股票市场和债券市场在某些情况下可能呈现负相关性，当股票市场波动较大时，债券市场可能表现相对稳定。通过同时持有股票和债券等不同类型的资产，投资者可以在市场波动中实现风险的分散和降低。

资产多元化有助于平衡投资组合的风险收益特征。不同类型的资产具有不同的风险水平和预期收益率，股票可能具有较高的风险但也有更高的潜在收益，债券可能具有较低的风险但收益率也相对稳定。通过将高风险高收益的资产与低风险低收益的资产结合起来，投资者可以实现风险和收益的平衡，提高投资组合的整体稳健性和抗风险能力。这种平衡也有助于降低投资组合的波动性，减少可能的损失。

资产多元化还可以降低特定事件对投资组合的影响。当某个特定资产类别遇到不利的市场因素或特定事件时，其他资产类别可能表现更为稳定或具有抵御能力，从而减轻整个投资组合的风险。这种风险分散和抵御能力有助于保护投资者的资产，提高长期投资的稳定性和可持续性。

资产多元化是一种有效的投资策略，通过在不同资产类别之间分散投资，可以降低特定资产类别的风险，平衡投资组合的风险收益特征，提高投资组合的稳健性和抗风险能力。投资者可以根据自身的风险偏好和投资目标，合理配置不同类型的资产，实现更加全面和有效的资产配置和管理。

（二）业务多元化

业务多元化是金融机构在经营管理中的重要策略之一，通过拓展业务范围和多元化经营，可以降低特定业务领域的风险敞口，提高盈利能力和稳健性。举例来说，银行可以通过开展零售银行、公司银行和投资银行等多种业务来分散业务风险，从而更好地适应市场变化和风险挑战，保持竞争优势和盈利能力。

业务多元化可以降低金融机构特定业务领域的风险敞口。在金融市场中，不同业务领域的风险特征和波动性可能会存在差异，某一业务领域面临的风险可能会较大。通过开展多种业务，金融机构可以将风险分散到不同的领域，降低特定业务风险对整体经营的影响。比如，一家银行同时经营零售银行业务和投资银行业务，当零售银行业务受到影响时，投资银行业务可能仍然保持稳定或者有所增长，从而平衡整体风险。

业务多元化有助于提高金融机构的盈利能力和稳健性。不同类型的业务在盈利模式、风险特征和市场周期上可能存在差异，通过开展多种业务，可以有效地利用各种业务的盈利机会，实现收益的多元化和稳定性。例如，零售银行业务可能带来稳定的利息收入，而投资银行业务可能带来较高的手续费收入，公司银行业务可能带来较大的信贷利润，这些业务的组合可以提高整体盈利水平和抗风险能力。

业务多元化还有助于金融机构适应市场变化和风险挑战。金融市场的变化和风险可能是多方面的，通过开展多种业务，金融机构可以更灵活地调整业务结构，及时应对市场变化和风险挑战，保持竞争优势和盈利能力。例如，在经济周期不同阶段，不同类型的业务可能受益程度不同，通过业务多元化可以降低单一业务对经营的影响。

业务多元化是金融机构管理风险、提高盈利能力和适应市场变化的重要策略之一。通过拓展业务范围和多元化经营，金融机构可以降低特定业务风险，实现盈利的多元化和稳健性，保持竞争优势和经营稳定。

（三）地域多元化

地域多元化对金融机构来说是一种重要的经营策略，可以有效降低特定地区经济和政治风险对业务的影响。金融机构通过在不同地域开展业务，分散了地域风险，稳定了业务运营，提高了整体的抗风险能力和盈利能力。特别是跨国银行等金融机构，通过在多个国家或地区设立分支机构，更好地实现了地域多元化的战略。

地域多元化有助于金融机构规避单一地区风险。不同地区可能面临的经济、政治、法律等风险因素存在差异，而金融机构过度集中于特定地区业务可能会增加风险敞口。通过在多个地区开展业务，金融机构可以分散风险，降低受特定地区风险影响的程度。例如，如果某个地区发生经济衰退或政治动荡，金融机构在其他地区的业务依然可以维持稳定，减轻了单一地区风险对整体业务的冲击。

地域多元化有助于提高金融机构跨国经营的抗风险能力。随着全球化的发展，金融机构越来越多地面临来自不同国家和地区的竞争和挑战。地域多元化使得金融机构具备了更广泛的业务范围和客户基础，减少了对单一地区市场的依赖，从而增强了抗风险的能力。跨国银行在不同国家和地区设立分支机构，可以更好地适应各地的经济环境和法律法规，降低了跨国经营所面临的风险和不确定性。

地域多元化还有助于提高金融机构的盈利能力。不同地区的经济发展水平、市场需求、产品特点等存在差异，金融机构通过多元化经营可以更好地满足不同地区客户的需求，拓展业务范围和市场份额，提高盈利能力。同时，地域多元化也可以促进业务创新和产品多样化发展，增强了金融机构在全球范围内的竞争力和可持续发展能力。

地域多元化是金融机构应对风险、提高盈利能力的重要策略之一。通过在不同地区开展业务，金融机构能够规避单一地区风险，增强跨国经营的抗风险能力和盈利能力，实现更稳健和可持续的发展。

第三节　金融衍生品与风险对冲

金融衍生品是指通过与基础资产相关的金融合同进行交易，从而获取收益或对冲风险的金融工具。主要的金融衍生品包括期货、期权、互换合约等，它们在金融市场中起着重要的风险管理和投资对冲的作用。

期货是一种标准化合约，约定在未来某个时间点以约定价格交割一定数量的标的资产。期货合约可以用于对冲市场价格波动风险，例如农产品生产商可以通过期货合约锁定未来的销售价格，以对冲市场价格波动带来的不确定性。

期权是一种购买或出售标的资产的权利，但不是义务。期权合约分为看涨期权和看跌期权，持有者可以根据市场行情选择是否执行权利。期权合约可以用于对冲资产价格波动风险，例如股票期权可以用于对冲股票价格下跌风险，货币期权可以用于对冲汇率波动风险。

互换合约是指双方约定在未来一定时间内交换一组现金流或资产流的合约。互换合约可以用于对冲利率风险、汇率风险等，例如企业可以通过利率互换合约将固定利率贷款转换为浮动利率贷款，以对冲利率变动带来的风险。

金融衍生品通过对冲风险，帮助投资者和企业降低风险暴露，提高投资组合的整体效益。例如，投资者可以利用股票期权对冲股票价格波动风险，保护投资组合的价值；企业可以利用汇率互换合约对冲汇率波动风险，保护国际业务的盈利。

金融衍生品也存在一定的风险，包括价格波动风险、流动性风险、对手方风险等。因此，在使用金融衍生品进行风险对冲时，需要充分了解合约的特性和风险，制定有效的对冲策略，并合理控制风险暴露。

金融衍生品通过对冲风险，为投资者和企业提供了重要的风险管理工具，有助于降低风险暴露、提高投资组合的效益。使用金融衍生品需要谨慎，充分考虑风险和收益的平衡，避免出现不必要的风险暴露。

一、金融衍生品的基本概念与类型

（一）金融衍生品的定义与特点

金融衍生品是指基于标的资产的价格变动而产生的金融工具，其本质是通过衍生标的资产的价格变动来确定其价值和收益。金融衍生品的特点包括合约衍生、价格基于标的资产等方面。

这些合约可以是期货合约、期权合约、互换合约等，其价值和交易规则是通过标的资产价格的变动来确定的。例如，期货合约的价值取决于标的资产在未来某个时间点的价格，期权合约的价值则取决于标的资产价格达到或超过某一预定价格的概率。这意味着金融衍生品的价格与标的资产的价格密切相关，但并不直接反映标的资产的价值。相反，金融衍生品的价格反映了对标的资产未来价格变动的预期和风险。

金融衍生品具有衍生性、杠杆效应和套期保值功能等特点。衍生性体现在金融衍生品的价值和收益来源于标的资产的价格变动，而非标的资产本身的价值。这使得金融衍生品可以灵活地进行交易和投资，具有更高的流动性和交易性。

由于金融衍生品只需支付一小部分合约价值作为保证金或期权费用，就可以获得标的资产价格变动所带来的全部收益或损失。这种杠杆效应使得投资者可以用较小的资金控制较大的资产头寸，增加了投资收益的潜在性，但也增加了投资风险。投资者可以利用金融衍生品进行套期保值，即通过与现有资产或交易进行相反的衍生品交易，以对冲未来标的资产价格波动带来的风险。这种功能可以帮助投资者降低投资风险，保护资产价值，同时也提供了投机和对冲的机会。

金融衍生品具有合约衍生、价格基于标的资产、衍生性、杠杆效应和套期保值功能等特点。这些特点使得金融衍生品在风险管理、投资对冲和投机交易等方面发挥着重要作用，但也需要投资者谨慎理解和运用，以避免潜在的风险和损失。

（二）远期合约与期货合约

远期合约和期货合约是金融市场中常见的衍生品合约，它们在交易中扮演着重要的角色。远期合约是一种协议，通过合约规定了未来某一时间点的交易价格和交割条件。而期货合约则是在交易所上交易的标准化合约，也是约定了未来某一时间点的交易价格和交割条件。两者在定义和功能上有些许区别，但都是为了在不确定的市场环境下规避风险和锁定价格而设计的金融工具。

远期合约是由买方和卖方之间私下签订的合约，约定了未来某一时间点的特定资产或商品的交易价格和交割条件。这种合约具有灵活性，可以根据交易双方的需求和意愿进行定制化。远期合约的主要功能是规避价格波动带来的风险，保护交易双方的利益。例如，一家进口商可以与外国供应商签订远期合约，锁定未来某一时间点的外汇汇率，以规避汇率波动带来的成本风险。

与之相比，期货合约是在交易所上标准化交易的合约，具有交易所的监管和保证金制度。期货合约的交易标的物可以包括商品、外汇、利率等不同资产类别。期货合约的功能主要在于为投资者提供套期保值和投机的工具。套期保值是指投资者利用期货合约锁定未来的价格，规避价格风险，保护自己的利润和资金。投机则是指投资者通过期货合约进行买卖，以获取价格波动带来的投机收益。

在实际应用中，远期合约和期货合约在不同市场有着不同的特点和应用。在商品市场中，期货合约更为常见，投资者可以通过期货市场进行大宗商品的交易和套期保值。例如，农产品、金属等大宗商品的期货合约可以帮助生产者和消费者规避价格波动风险，确保稳定的供应和需求。而在外汇市场中，远期合约更常见，用于企业进行外汇风险管理和套期保值。利率市场也有利率期货合约，用于固定收益产品的交易和风险管理。

远期合约和期货合约都是重要的金融工具，用于规避价格波动风险和锁定价格。它们在不同市场和不同资产类别中有着广泛的应用，为投资者和企业提供了多样化的风险管理工具和投资选择。

（三）期权与互换

1. 期权的基本概念与特点

期权是金融市场中的一种衍生工具，它赋予持有者在未来某个特定时间以特定价格购买或出售标的资产的权利，但并非义务。与期货合约不同，期权的持有者可以选择是否执行该权利，而卖方则有义务在合约期间内遵守合约规定，无论持有者是否选择行使权利。期权合约常见于股票、债券、商品、外汇等各种资产市场。

权利与义务的分离是期权的核心特点之一。买方通过支付一定的期权费用获得在未来特定时间以特定价格买入或卖出标的资产的权利，而卖方则收取期权费用并在期权合约有效期内履行相应的义务。这种分离使得期权交易具有灵活性，因为持有者可以根据市场情况自行决定是否执行权利，而卖方在合约期间内必须遵守合约规定，无法选择。

期权交易的另一个重要特点是灵活性。持有期权的投资者可以根据自己的市场判断和风险偏好，选择购买看涨期权（认购期权）或看跌期权（认沽期权），以获得相应的权利。而卖方则可以根据自己的市场观点和风险承受能力，选择出售相应的期权合约。这种灵活性使得期权交易可以满足不同投资者的需求和策略。

期权交易还具有较高的杠杆效应。由于期权的买方只需支付一小部分期权费用即可控制标的资产的价值，因此可以通过少量资金获得更大的市场暴动机会。这种杠杆效应使得期权交易具有较高的投资收益潜力，但也伴随着较高的风险。

在期权合约期间，买方的权利是行使或不行使期权，而卖方的义务则是在买方选择行使期权时履行合约。买方通过支付期权费用购买权利，可以获得在合约期间内根据市场行情自由选择是否执行权利的灵活性。而卖方则承担在合约期间内无条件地满足买方行使权利的义务，无论市场行情如何变化。期权的权利与义务分离，为投资者提供了在不同市场情况下灵活应对的机会，同时也为卖方带来了确定的责任。

2. 利率互换与货币互换

利率互换和货币互换是金融市场中常见的两种交易形式，它们在帮助各方管理风险、实现资金成本优化以及实现投资目标方面发挥着重要作用。让我们深入探讨利率互换。利率互换是一种金融合约，涉及两个或多个交易对手方就一定金额的利率支付进行协商。在利率互换中，一方支付固定利率，而另一方支付浮动利率。这种交易的主要目的是为了转移利率风险，即通过与另一方达成协议，将固定利率与浮动利率进行交换，从而保护自己免受利率波动的影响。例如，一家企业可能担心未来利率上升会增加其负债成本，因此它可以与另一方签订利率互换合约，以固定利率来规避这种风险。

与利率互换不同，货币互换涉及不同货币之间的兑换，同时伴随着利率的交换。在货币互换中，交易双方同意交换一定数量的货币，然后再以不同的利率进行支付。这种交易通常用于对冲货币风险或利率风险。例如，一家公司可能需要向海外供应商支付外币，但担心汇率波动会增加成本。通过与银行签订货币互换合约，该公司可以固定汇率，并在需要时以固定利率借入外币，从而规避了汇率风险。

在金融市场中，利率互换和货币互换的应用非常广泛。对于金融机构和企业来说，利率互换可以帮助它们管理利率风险，优化资金成本并实现资金流动性管理。货币互换则为跨国企业提供了一种有效的方式来管理汇率风险，确保其在国际贸易中的竞争力。利率互换和货币互换还为投资者提供了多样化的投资工具，使他们能够灵活地应对市场变化，实现投资组合的优化和风险管理。利率互换和货币互换在金融市场中扮演着至关重要的角色，为各方提供了有效的风险管理和资金管理工具。

二、金融衍生品的风险管理与对冲策略

（一）风险管理与衍生品

风险管理是企业和投资者必须面对的现实挑战，其中市场风险、信用风险和流动性风险等属于最为常见和关键的挑战之一。市场风险指的是市场价格波动可能对投资组合价值产生的不利影响，其不确定性可能来自各种因素，如宏观经济变化、政治动荡、自然灾害等。信用风险则涉及到债务方无法按时履行合约义务的风险，这可能导致债务违约、损失和资金流动性问题。流动性风险指的是无法在需要时以合理价格买入或卖出资产的风险，这可能导致无法满足资金需求或者造成大量损失。

鉴于这些风险的存在，企业和投资者迫切需要采取措施来对冲这些风险，以保护其财务利益和投资组合价值。在这个背景下，衍生品成为了一种被广泛采用

的风险管理工具。衍生品是一种金融工具，其价值源自基础资产，例如股票、债券、商品或货币，但不直接拥有这些资产。衍生品的作用和优势在于其可以提供一种灵活的方式来管理和对冲各种类型的风险。

衍生品可以帮助企业和投资者有效管理市场风险。通过使用期货合约、期权或交换等衍生品工具，投资者可以对冲市场价格波动带来的风险，从而保护其投资组合价值。例如，投资者可以利用期权合约来锁定未来某一时间点的买入或卖出价格，以规避市场价格波动带来的损失。

衍生品也可以帮助企业和投资者管理信用风险。通过使用信用衍生品，如信用违约掉期（CDS）或信用违约互换（CDS），投资者可以对冲债务方违约带来的损失。这些工具可以为投资者提供一种方式来购买保险，以防止债务方无法履行合约义务所造成的损失。

衍生品还可以帮助企业和投资者管理流动性风险。通过使用流动性衍生品，如利率互换或货币互换，投资者可以灵活地调整其资金流动性需求，从而确保在需要时能够以合理价格获得资金或将资产变现。

衍生品作为风险管理工具具有重要作用和诸多优势，可以帮助企业和投资者有效管理市场风险、信用风险和流动性风险，从而保护其财务利益和投资组合价值。衍生品也存在一定的复杂性和风险，因此在使用时需要谨慎考虑，并确保充分了解其潜在风险和回报。

（二）对冲策略与实践

1.套期保值与对冲比例

套期保值是一种金融策略，旨在通过建立相反头寸来抵消或减少市场风险。其核心原理在于通过购买或销售衍生品合约，以对冲持有的资产或负债的价格波动带来的风险。这种策略通常由企业或投资者用于保护其投资组合或业务免受市场波动的影响。

套期保值的关键在于对冲比例的确定。对冲比例是指在套期保值中用于抵消风险的衍生品头寸与实际风险暴露之间的比率。确定对冲比例需要考虑多个因素，包括资产的价格波动、市场流动性、合约的成本以及投资者或企业的风险偏好。

在确定对冲比例时，一种常见的方法是使用统计技术，如协方差分析或回归分析，来估算资产价格与衍生品价格之间的相关性。通过分析历史数据或市场趋势，可以推断出最有效的对冲比例，以最大程度地减少价格波动对投资组合或业务的影响。

套期保值在不同市场和不同风险暴露下具有广泛的应用。在商品市场中，企业可以使用期货或期权合约来对冲原材料价格的波动，以保护其生产成本或销售收入。在外汇市场中，跨国企业可以通过外汇期货或期权来对冲汇率风险，以保护跨国交易的利润。在股票市场中，投资者可以使用期权或期货合约来对冲股票价格的波动，以保护其投资组合免受市场崩盘或大幅波动的影响。

套期保值还可以根据投资者或企业的特定需求进行定制化。例如，可以根据持有资产或负债的类型、期限和规模来确定最合适的对冲比例。因此，在不同市场和不同风险暴露下，套期保值策略的应用可以因情况而异，但其基本原理和目标始终保持一致：减少价格波动带来的风险，保护资产或业务免受不利影响。

2. 衍生品组合对冲

衍生品组合对冲是金融市场中常见的风险管理策略，旨在通过结合多种不同类型的衍生品来抵消投资组合中的风险。其中两种主要的对冲策略是跨期对冲和跨商品对冲。跨期对冲是指在同一资产或指数的不同到期日上建立相反的头寸，以抵消价格波动带来的损失或获得利润。而跨商品对冲则是指在不同但相关的商品上建立头寸，以利用它们之间的相关性来对冲风险。

这种对冲策略的优势在于其能够有效降低投资组合的整体风险水平，并提供更稳定的回报。通过使用多种衍生品组合，投资者可以在市场波动时保持更稳定的投资表现。跨期对冲和跨商品对冲还可以提供额外的套利机会，从不同市场的价格差异中获取利润。这种多样化的对冲方法也有助于降低单一对冲策略可能面临的风险，因为即使其中一种对冲策略失效，其他策略仍然可以发挥作用。

衍生品组合对冲并非适用于所有投资者和所有市场情况的普遍策略。它需要投资者具备相当的市场知识和技能，以有效地识别合适的衍生品组合，并在适当的时机建立和管理头寸。对冲成本可能会对投资组合的整体收益产生负面影响，因此投资者需要仔细评估成本与收益之间的权衡关系。跨期对冲和跨商品对冲依赖于市场的相关性和波动性，如果这些条件发生变化，对冲效果可能会减弱甚至失效。

衍生品组合对冲是一种强大的风险管理工具，能够帮助投资者在不确定的市场环境中降低风险并提高回报。它需要投资者有充分的市场认知和技能，并且在实践中需要不断优化和调整，以适应不断变化的市场条件。

（三）风险管理工具与技术

1. 风险度量与监控

风险度量与监控是金融领域中至关重要的概念，其基本原理和方法在确保金融市场稳定和投资者利益保护方面发挥着关键作用。风险度量是指对可能出现的风险进行定量化评估的过程，而监控则是对这些风险进行实时跟踪和管理的活动。其中，价值–at–风险（VaR）和压力测试等方法是常用的风险度量和监控工具之一。

价值–at–风险（VaR）是衡量投资组合或资产可能面临的损失的一种常用方法。它通过确定在特定置信水平下的最大可能损失额来量化风险。通常情况下，VaR 会以一定置信水平（如 95% 或 99%）为基础，计算出在该置信水平下的最大可能损失金额，这有助于投资者更好地理解其投资组合所面临的风险，并采取相应的风险管理措施。

另一方面，压力测试是一种通过模拟不同市场条件下的资产和投资组合表现来评估其对不利市场情况的敏感性的方法。这种方法可以帮助投资者了解在不同的市场情景下，他们的投资组合可能面临的风险，并提前制定风险管理策略。

在衍生品市场中，风险度量和监控尤为重要。衍生品市场的特性使得其风险更加复杂和不确定，因此对其进行有效的风险度量和监控至关重要。通过使用 VaR 等方法，投资者可以对衍生品投资组合的潜在风险有所把握，并及时调整投资策略以应对市场波动。同时，通过压力测试等方法，投资者可以更全面地了解衍生品投资组合在不同市场情况下的表现，并制定相应的风险管理措施，以确保投资组合的稳健性和可持续性。

风险度量和监控在金融市场中具有重要意义，其基本原理和方法为投资者提供了有效的风险管理工具。在衍生品市场中，这些工具的应用尤为重要，可以帮助投资者更好地理解和管理其投资组合的风险，从而提高投资的效率和稳定性。

2. 金融工程与创新产品

金融工程与创新产品在现代金融领域扮演着至关重要的角色，它们既为投资者提供了更多的选择和机会，同时也带来了新的挑战和风险。金融工程技术在衍生品领域的应用，特别是在结构化产品和量化交易策略方面，已经成为金融市场上的一大亮点。结构化产品的出现使得投资者可以根据自身的风险偏好和投资目标，定制化地构建投资组合，从而更好地实现资产配置的目标。而量化交易策略则通过利用大数据和复杂的算法，实现了对市场波动的快速响应和有效利用，为投资者带来了更稳定和可持续的收益。

金融工程和创新产品所带来的风险管理挑战也是不可忽视的。结构化产品的复杂性使得其风险难以评估和控制，投资者往往需要面对更大的信息不对称和操作风险。尤其是在金融市场波动较大的情况下，结构化产品可能会暴露出更多的潜在风险，导致投资者面临损失。量化交易策略虽然能够利用大数据和算法来进行快速决策，但也容易受到市场环境变化和技术故障的影响，从而引发系统性风险和市场异常波动。

因此，金融工程和创新产品对风险管理提出了新的挑战。在这个过程中，监管机构和市场参与者需要不断加强对金融工程产品的监管和风险控制，加强信息披露和透明度，从而减少投资者面临的不确定性和风险。同时，投资者也需要提高对金融工程产品的理解和认知，合理选择投资组合，降低投资风险。金融工程与创新产品的发展为金融市场带来了更多的机遇和挑战，而有效的风险管理是实现可持续发展的关键。

第四节 金融风险管理策略与最佳实践

金融风险管理是金融机构和企业必须重视的重要工作之一。对于信用风险，最佳实践包括建立健全的信用评估体系和风险控制机制。这意味着金融机构应该通过综合评估借款人的信用记录、财务状况、还款能力等信息，制定合理的贷款额度和利率，并采取适当的担保措施，以降低信用违约风险。

市场风险的管理需要采取多种策略。例如，利用金融衍生品进行套期保值，锁定价格波动风险；建立多元化的投资组合，分散市场风险；加强市场监测和分析，及时调整投资策略，降低损失。加强对外汇风险和利率风险的管理也是金融机构的重要任务，可以采用外汇远期合约、利率互换等工具进行风险对冲。

操作风险管理也是金融机构的重中之重。这包括加强内部控制和合规管理，建立健全的内部审计和风险管理体系，规范业务流程和操作规范，提高员工的风险意识和风险管理能力。同时，利用先进的信息技术和数据分析手段，实现对操作风险的实时监控和预警，及时发现和解决潜在风险隐患。

流动性风险管理也是金融机构需要关注的方面。建立合理的资金管理政策和流动性管理框架，确保足够的流动性储备和应对突发资金需求。同时，加强对资产负债表的监测和分析，优化资产结构，降低流动性风险的发生概率和影响程度。

金融风险管理的最佳实践包括建立健全的信用评估体系、多元化投资组合、市场风险对冲、加强内部控制和流动性管理等方面。这些策略和实践可以帮助金融机构更好地应对各种风险挑战，保障金融系统的稳定和可持续发展。

一、金融风险管理策略

（一）多元化投资组合

多元化投资组合是一种重要的投资策略，旨在降低单一资产或市场带来的风险，提高整体投资组合的稳健性和回报率。通过将资金分散投资于不同的资产类别和市场，投资者可以有效地分散风险，从而更好地抵御市场波动和不可预见的事件。这种策略的核心思想是不将所有鸡蛋放在同一个篮子里，而是在多个篮子里分散放置，以确保整体投资组合的稳健性和长期增长。

一种常见的多元化投资方法是选择相关性较低的资产进行投资。相关性低的资产往往在市场波动中表现不一致，当某些资产表现不佳时，其他资产可能表现较好，从而有效地平衡整体投资组合的风险。例如，股票、债券、房地产等资产类别通常具有较低的相关性，因为它们受到不同的经济因素和市场影响。通过同时持有这些不同类别的资产，投资者可以实现更广泛的风险分散，提高整体投资组合的抗风险能力。

定期评估和调整投资组合是多元化投资策略的关键步骤之一。由于市场条件和资产表现可能随时发生变化，投资者需要定期审查其投资组合，评估各个资产的表现，并根据市场状况和个人投资目标进行调整。这可能包括重新分配资金，增加或减少特定资产的权重，或者调整投资组合的整体战略。通过定期的评估和调整，投资者可以确保其多元化策略始终与市场保持一致，并最大限度地发挥风险分散的效益。

多元化投资组合是一种重要的投资策略，通过将资金分散投资于不同的资产类别和市场，降低单一资产或市场带来的风险。通过选择相关性较低的资产，并定期评估和调整投资组合，投资者可以有效地实现风险分散，提高整体投资组合的稳健性和长期增长。

（二）动态风险管理

动态风险管理是一种针对金融市场中不断变化的情况和风险事件的灵活应对机制。在当今快速变化和高度不确定性的市场环境下，建立动态风险管理机制至关重要。这种机制需要具备多方面的特征和功能，以确保投资组合的稳健性和长期收益。

建立灵活的风险管理机制是动态风险管理的核心。这意味着投资者或投资机构需要能够及时识别和评估市场风险，并采取相应的应对措施。这可能包括调整投资组合的权重，增加或减少某些资产的持仓，或者采取对冲策略来规避潜在的风险。

实施动态调整投资组合的策略也是动态风险管理的重要组成部分。这意味着投资者需要根据市场情况和自身的风险偏好，不断调整资产配置和交易操作。例如，在市场出现明显趋势时，可以增加相关资产的权重，以获得更高的回报；而在市场波动加剧或不确定性增加时，则可以减少风险敞口，保护投资组合的价值。

建立紧密的风险监控体系是确保动态风险管理有效运作的关键。这需要投资者或投资机构建立有效的风险监控和报警机制，及时发现和处理潜在的风险。这可能涉及到利用风险指标、模型和技术工具来监测投资组合的风险水平，并采取适当的措施来应对风险事件的发生。

动态风险管理是一种灵活应对市场变化和风险事件的重要机制。通过建立灵活的风险管理机制、实施动态调整投资组合的策略以及建立紧密的风险监控体系，投资者可以有效地管理投资组合的风险，保障资金的安全和长期收益。

二、金融风险管理的最佳实践

（一）建立有效的风险文化

建立有效的风险文化是组织成功实施风险管理的关键一环。这意味着将风险管理融入到机构的核心价值观和业务流程中，以确保所有员工都认识到风险管理的重要性，并积极参与其中。培养员工的风险意识和专业能力至关重要。这需要组织提供相关培训和教育，使员工能够深入了解市场风险和机构风险，理解风险对业务的影响，并学会识别、评估和管理各类风险。通过不断的培训和知识分享，员工能够提升自己的风险管理技能，从而更好地为组织的风险管理工作做出贡献。

建立开放、透明的沟通机制对于构建良好的风险文化至关重要。组织应该鼓励员工主动报告和分享风险信息，创造一个宽松的工作氛围，使员工愿意提出问题、分享观点，并及时向管理层反馈风险情况。这种开放的沟通氛围有助于促进风险信息的及时流动和交换，有助于组织更快地发现和解决潜在的风险问题，降低风险对组织的不利影响。

将风险管理纳入机构的核心价值观和业务流程中也是建立有效的风险文化的重要步骤。这需要在组织的文化中树立风险管理的重要性，并将其视为每个员工的责任和义务。从高层管理人员到基层员工，每个人都应该明确自己在风险管理中的角色和责任，并将之贯彻到日常工作中。通过将风险管理纳入到业务流程中，组织可以更好地将风险管理与业务目标相结合，确保风险管理工作的有效执行和落实。

建立有效的风险文化需要组织采取一系列措施，包括培养员工的风险意识和专业能力、建立开放、透明的沟通机制，以及将风险管理纳入机构的核心价值观和业务流程中。只有通过这些努力，组织才能够建立起一个能够有效识别、评估和管理风险的文化，从而确保组织的长期稳健发展。

（二）强化监管和合规

强化监管和合规已成为金融行业的一项重要任务，尤其是在金融危机后，监管机构对金融机构的监管力度更加加强。遵守相关法律法规和监管要求是金融机构的基本义务，它不仅能够确保金融市场的稳定和健康发展，还能保护投资者的权益，降低系统性风险的发生。建立健全的内部控制和合规制度是实现这一目标的关键步骤之一。

内部控制是金融机构管理层确保企业目标达成、业务活动有效和合规性的过程。通过内部控制，金融机构能够规范和监督自身的运营活动，减少错误和不当行为的发生，保护企业资产和利益。合规制度则是指金融机构依据法律法规和监管要求，建立和执行相应的规章制度，确保业务活动符合相关规定，避免违规行为的发生。

加强风险监管和审计是强化监管和合规的重要手段之一。风险监管旨在识别、评估和管理金融机构所面临的各种风险，包括市场风险、信用风险、操作风险等，以确保金融机构在承担风险的同时保持业务的稳健性。审计则是通过独立的第三方机构对金融机构的业务活动进行全面检查和评估，以验证其内部控制和合规制度的有效性和执行情况。

积极配合监管部门的监督检查和信息披露要求是金融机构应尽的责任。监管部门通过定期的检查和监督，确保金融机构的业务活动符合法律法规和监管要求，提高金融市场的透明度和稳定性。信息披露则是金融机构向投资者和监管部门公开其财务状况、经营情况和风险管理信息的过程，以增强市场参与者对金融机构的信心和信任。

强化监管和合规是维护金融市场稳定和保护投资者权益的关键举措。金融机构应建立健全的内部控制和合规制度，加强风险监管和审计，积极配合监管部门的监督检查和信息披露要求，以确保其业务活动符合规范和道德标准，保持透明度和诚信度。

（三）持续创新和改进

持续创新和改进是现代风险管理的核心理念之一，其重要性在于确保风险管理工具和技术能够与市场变化和投资需求的不断变化保持同步。随着金融市场的不断发展和变化，风险管理面临着越来越多的挑战和机遇。因此，持续优化风险管理工具和技术成为了金融机构和投资者必须要面对的任务之一。

借鉴国际最佳实践是一种有效的方式，可以帮助机构学习和引进先进的风险管理方法和经验。通过观察和研究其他国家或行业的成功案例，可以更好地了解全球风险管理领域的最新趋势和发展方向。例如，一些国际领先的金融机构可能已经采用了先进的风险管理技术，通过借鉴他们的实践经验，可以帮助机构更好地应对复杂的市场环境和风险挑战。

建立反馈机制和持续改进机制是确保风险管理效率和水平持续提高的关键步骤。通过建立有效的反馈机制，可以及时收集和分析市场反馈、投资者反馈以及内部经验教训，从而及时发现问题和改进空间。同时，持续改进机制可以帮助机构不断优化风险管理流程和方法，提高决策的准确性和效率。这种持续的改进过程可以帮助机构更好地适应市场变化和投资需求的不断变化，保持在竞争激烈的金融市场中的竞争优势。

持续创新和改进是现代风险管理的重要组成部分，对于保持金融机构和投资者的竞争力和可持续发展至关重要。通过借鉴国际最佳实践，建立反馈机制和持续改进机制，可以帮助机构不断提高风险管理的效率和水平，适应不断变化的市场环境和投资需求。

第六章　金融经济政策与监管

第一节　货币政策与金融稳定

货币政策在维护金融稳定方面发挥着至关重要的作用。货币政策是央行通过调整货币供给和利率水平等手段来影响经济运行的政策工具之一。通过调整货币政策，央行可以控制货币的流通量，影响市场利率水平，从而影响银行信贷活动和金融市场的运行，进而对金融稳定产生影响。

货币政策与金融稳定之间存在着密切的关联。当经济面临通货膨胀或通缩压力时，央行可以通过调整货币政策来稳定物价水平，防止通胀或通缩对金融市场造成冲击。货币政策还可以通过调整利率水平来影响借贷成本，进而影响企业和个人的投资和消费决策，从而维护金融市场的稳定。

货币政策也可以通过影响汇率水平来维护金融稳定。在国际经济环境中，汇率波动可能会对金融市场和经济产生重大影响。央行可以通过干预外汇市场或调整货币政策来稳定汇率水平，防止汇率波动对金融市场产生过大的冲击。

货币政策还可以通过调整宏观审慎政策来维护金融稳定。宏观审慎政策主要包括对金融机构的资本要求、流动性管理、风险监管等方面的调控，旨在防止金融机构过度风险暴露，确保金融体系的稳健运行。

货币政策在维护金融稳定方面具有不可替代的作用。通过调整货币政策，央行可以影响经济运行和金融市场的稳定性，防范和化解金融风险，促进经济持续健康发展。因此，制定科学合理的货币政策，加强货币政策的协调性和灵活性，对于维护金融稳定和促进经济增长至关重要。

一、货币政策

（一）利率调控

1.基准利率

基准利率在现代金融体系中扮演着至关重要的角色，它是中央银行通过调整来影响整体经济活动和货币供给的一种重要工具。中央银行通过调整基准利率，例如存款利率和贷款利率，来直接影响市场利率水平，进而影响货币供应和整体经济状况。基准利率的调整不仅直接影响到金融市场，还对实体经济、消费者和企业等各个层面产生深远影响。

基准利率的调整直接影响到市场利率水平。市场利率是指各种贷款、存款和债券等金融工具的利率水平。中央银行通过调整基准利率，例如降低存款利率或提高贷款利率，可以直接影响到金融市场的利率水平。当中央银行降低基准利率时，金融机构倾向于降低贷款利率，以刺激信贷需求，促进经济增长；而当中央银行提高基准利率时，金融机构可能会提高贷款利率，以抑制通货膨胀和资产泡沫。

基准利率的调整会直接影响到货币供应和流动性。随着基准利率的变化，金融机构的融资成本也会发生变化，从而影响到它们的贷款和存款行为。当中央银行降低基准利率时，金融机构倾向于增加贷款供应，以满足对信贷的增加需求，从而扩大货币供应；而当中央银行提高基准利率时，金融机构可能会减少贷款供应，以抑制货币供应过快增长而导致的通货膨胀压力。

基准利率的调整还会直接影响到企业和消费者的借贷成本和消费决策。企业和消费者在进行投资和消费决策时往往会考虑到借贷成本，而借贷成本又受基准利率的影响。因此，当基准利率下降时，企业和消费者的借贷成本相应降低，可能会促使他们增加投资和消费；而当基准利率上升时，企业和消费者的借贷成本相应上升，可能会抑制他们的投资和消费意愿。

基准利率在影响市场利率水平、货币供应和流动性、以及企业和消费者的借贷成本和消费决策等方面发挥着重要作用。中央银行通过调整基准利率来实现货币政策目标，维护经济稳定和金融市场的健康发展。

2. 货币供应

货币供应是指在经济体系中，可用于购买商品和服务的货币总量。通过改变利率，中央银行可以调控货币供应量，从而影响市场的流动性和信贷条件。利率是借贷资金的价格，它的调整会直接影响到借贷者和存款者的行为，进而影响货币供应。当中央银行决定调整利率时，它实际上在影响整个经济体系中的货币流动和信贷条件，这对经济活动和价格水平产生着深远的影响。

通过降低利率，中央银行可以鼓励借款和投资，从而增加货币供应量。低利率使得借款成本降低，激励企业和个人进行投资和消费，从而推动经济增长。低利率也会降低存款的吸引力，促使人们将资金投入到更具风险的投资渠道中，进一步增加了货币供应量。这种政策通常在经济增长疲软或通货膨胀率低的时候使用，以刺激经济活动和消费。

相反，通过提高利率，中央银行可以抑制通货膨胀和过度投资，从而限制货币供应量。高利率使得借款成本上升，减少了企业和个人进行投资和消费的动力，从而降低了货币供应量。高利率也会提高存款的吸引力，促使人们更愿意储蓄而非消费，进一步减少了货币供应量。这种政策通常在经济过热或通货膨胀压力较大时使用，以平稳经济增长并维持物价稳定。

利率调控货币供应并非完美的工具，其影响有时会受到其他因素的干扰。例如，如果金融市场对货币政策的预期与中央银行的实际政策不一致，那么利率调整的效果可能会受到影响。国际资本流动和外汇市场波动也可能对货币供应造成影响。因此，中央银行在实施货币政策时需要综合考虑多种因素，并采取灵活的调整措施以应对不同的经济情况。

（二）货币政策工具

1. 公开市场操作

公开市场操作是中央银行利用买卖政府债券等金融工具来调整市场流动性，以影响短期利率的一种货币政策工具。这一工具的运用通常旨在调整货币供应量，进而影响市场利率，以实现货币政策的各项目标，如维持物价稳定、促进经济增长、调整经济周期等。公开市场操作在现代货币政策中扮演着至关重要的角色，因为它可以灵活、迅速地调整市场流动性，以适应不同的经济环境和政策目标。

中央银行通过购买政府债券来注入流动性，从而增加银行系统的可用资金量，降低市场利率。这种操作被称为"扩张性"公开市场操作，其目的是刺激经济活动，促进信贷扩张，从而推动经济增长。通过购买政府债券，中央银行向市场注入资金，使得银行拥有更多的可用资金来放贷给企业和个人，促进消费和投资。

相反，中央银行也可以通过出售政府债券来收回流动性，从而减少银行系统的可用资金量，提高市场利率。这种操作被称为"收缩性"公开市场操作，其目的是抑制通货膨胀、遏制过度信贷扩张或应对货币过度宽松的情况。通过出售政府债券，中央银行可以吸收市场上的流动性，从而降低银行系统的可用资金量，抑制过度的信贷活动，稳定经济增长和物价水平。

公开市场操作的灵活性和效率使其成为中央银行实施货币政策的首选工具之一。与其他货币政策工具相比，如利率政策或准备金政策，公开市场操作具有更大的操作空间和即时性。中央银行可以根据市场情况和政策目标灵活地调整公开市场操作的规模和方向，以达到所需的货币政策效果。这种灵活性使得公开市场操作成为应对经济变化和市场波动的有效工具，为维护经济稳定和金融市场平稳运行提供了重要支持。

公开市场操作是中央银行利用买卖政府债券等金融工具来调整市场流动性，影响短期利率的一种重要货币政策工具。通过调整市场流动性，中央银行可以影响银行系统的可用资金量和市场利率，以实现各项货币政策目标，维护经济稳定和金融市场平稳运行。

2. 准备金要求

准备金要求是监管机构对银行所持有的存款的一定比例的资金要求。调整这一要求可以直接影响银行的放贷能力和货币供应量。准备金要求的调整是监管机构对金融体系的一种重要宏观调控手段，旨在平衡金融市场的流动性和稳定性。

调整准备金要求会直接影响银行的放贷能力。准备金是银行必须保留的现金储备，用于应对存款提取和其他资金支付的需要。当监管机构提高准备金要求时，银行需要拨出更多的资金用于准备金，这将减少可供银行用于放贷的资金量。因此，银行的放贷能力将受到限制，从而影响到企业和个人的融资渠道。

调整准备金要求也会影响货币供应量。准备金是银行存款的一部分，而存款又是货币供应的重要组成部分。因此，当准备金要求调整时，会直接影响到银行系统中的货币存量。如果监管机构提高准备金要求，银行将不得不减少可用于放贷的存款量，进而导致银行体系内的货币供应量减少。反之，降低准备金要求将释放更多的存款用于放贷，从而增加货币供应量。

除了直接影响银行的放贷能力和货币供应量外，调整准备金要求还可能对金融市场产生更广泛的影响。例如，当准备金要求上升时，银行可能会调整其贷款利率或者收紧贷款条件，这可能导致企业和个人融资成本上升，影响经济活动和消费行为。准备金要求的调整也可能影响到货币政策的实施效果，因为它直接影响了银行系统中的货币供应量。

准备金要求的调整对银行的放贷能力和货币供应量有着直接的影响，并可能对金融市场和宏观经济产生更广泛的影响。因此，监管机构在调整准备金要求时需要权衡各种因素，以确保金融市场的稳定和经济的健康发展。

3. 直接干预

直接干预是指中央银行采取行动，通过购买或出售本国货币来直接影响汇率市场，以维持汇率的稳定。这种干预通常发生在汇率出现剧烈波动或失去稳定性时，中央银行会介入市场以遏制异常波动，以及保护本国经济免受汇率波动的不利影响。这种干预方式具有一定的效果，但也有其局限性和风险。

直接干预能够在短期内有效地影响汇率走势。通过大规模的购买或出售本国货币，中央银行可以在市场中制造供求不平衡，从而影响汇率的涨跌方向。特别是在市场情绪波动较大、投机活动频繁的情况下，直接干预可以迅速稳定市场预期，防止汇率出现大幅波动，维护经济稳定。

直接干预也可以发挥中央银行的市场监管职能。通过干预汇率市场，中央银行可以对市场行为进行引导和规范，防止市场出现不良行为和恶性竞争，维护市场秩序，保护投资者利益。这种干预不仅有利于维护金融市场的稳定，也有助于提升市场参与者对市场的信心和信任。

直接干预也存在一些局限性和风险。直接干预可能会导致中央银行的外汇储备消耗。如果干预规模过大或持续时间过长，中央银行可能面临外汇储备不足的风险，从而削弱其应对外部经济冲击的能力。直接干预可能引发市场对中央银行的猜测和质疑，导致市场预期不稳定，甚至诱发更大规模的投机活动，进一步加剧汇率波动。

直接干预是中央银行维护汇率稳定的一种常见手段，具有在短期内影响市场的效果。中央银行在实施直接干预时需要注意风险，避免过度消耗外汇储备，同时也需要保持透明度和稳健性，以维护市场信心和秩序。

二、金融稳定

（一）信息披露与透明度

1.市场信息披露

加强金融市场的信息披露制度是维护市场秩序和保护投资者权益的重要举措之一。信息披露是指金融市场主体按照法律法规和监管要求，及时、准确地向公众披露与其业务活动相关的重要信息。通过加强信息披露制度，可以提高市场透明度，减少信息不对称，从而促进公平竞争和有效资本配置。

市场透明度是金融市场健康发展的基础。当市场参与者能够获取到充分、准确的信息时，他们更容易做出理性的投资决策，降低投资风险，提高投资效率。信息披露制度的加强可以确保市场参与者能够及时获得关于公司治理、财务状况、经营业绩、风险管理等方面的信息，从而更好地了解市场情况，做出正确的投资决策。

加强信息披露还能减少信息不对称问题。在金融市场中，信息不对称可能导致市场失灵和投资者利益受损。通过要求金融市场主体按照统一的披露标准和时间表向公众披露信息，可以减少市场内部人士获取并利用私有信息的机会，防止内幕交易和操纵市场的发生，维护市场的公平性和公正性。

加强信息披露制度需要多方合作。监管机构应当完善相关法律法规和监管规定，规范市场主体的信息披露行为，并加大对违规行为的监管力度。金融市场主体应当自觉遵守信息披露规定，建立健全信息披露制度和内部控制机制，确保披露的信息准确、完整、及时。投资者也应当增强信息获取和分析能力，积极参与市场监督，对不符合披露规定的行为进行举报和监督。

加强金融市场的信息披露制度是实现市场透明、公平、有序的重要举措。通过提高信息披露的质量和效率，可以促进市场的健康发展，保护投资者的合法权益，维护金融市场的稳定和安全。

2.监管透明度

监管透明度是确保金融市场稳定和健康发展的重要因素之一。中央银行和监管机构的及时、准确的监管信息对于增强市场参与者对政策动向和金融市场的了解和信心至关重要。在当今复杂而变化的金融环境中，市场参与者需要能够及时获取到与监管相关的信息，以便做出准确的投资和决策。因此，监管机构的透明度不仅可以提高市场的透明度和公平性，还可以增强市场参与者对金融市场的信心和稳定性。

中央银行和监管机构提供及时、准确的监管信息对于市场参与者具有多重重要意义。这些信息可以帮助市场参与者更好地了解监管机构的政策和措施，从而更好地规避风险和把握投资机会。例如，中央银行发布的货币政策声明和利率决议可以为投资者提供重要的市场预期指引，帮助他们做出相应的投资调整。监管信息的透明度还可以增强市场的稳定性和流动性，减少市场的不确定性和波动性。当市场参与者能够清楚地了解到监管机构的政策意图和措施时，他们更有可能采取理性的投资行为，从而减少市场的过度波动和风险暴露。

监管透明度还可以促进金融市场的健康发展和规范运行。通过公开透明的监管信息，监管机构可以引导市场参与者遵守相关法规和规定，减少违规行为和市场操纵的可能性。同时，监管透明度还可以促进金融市场的竞争性和创新性，吸引更多的投资者和资金进入市场，推动金融市场的发展和壮大。监管透明度还可以增强监管机构的公信力和透明度，提升其在市场中的权威和影响力，从而更好地履行其维护金融稳定和保护投资者利益的职责。

监管透明度对于金融市场的稳定和健康发展具有重要意义。中央银行和监管机构提供及时、准确的监管信息可以增强市场参与者对政策动向和金融市场的了解和信心，促进金融市场的规范化、竞争性和创新性发展。因此，加强监管透明度是当前金融监管工作中的重要任务之一。

（二）政策干预与协调

1. 宏观审慎政策

宏观审慎政策是指在金融体系层面采取的一系列措施，旨在减少系统性风险、维护金融稳定和促进经济可持续增长。这些政策包括加强监管、限制杠杆和提高资本要求等手段，通过调控金融机构的行为和风险管理，来确保金融体系的稳健性和抗风险能力。

加强监管是宏观审慎政策的重要组成部分。监管机构通过规定和执行一系列监管措施，对金融机构的经营行为进行监督和管理，以防止金融体系出现不当风险暴露。这包括对金融机构的资产质量、资产负债结构、风险管理制度等方面进行严格监管，确保其风险控制和管理符合监管要求，从而减少金融系统内部的潜在风险。

限制杠杆也是宏观审慎政策的重要手段之一。杠杆率是指金融机构资产与资本之间的比率，过高的杠杆率可能会导致金融机构在面临市场波动时资本不足，从而加剧系统性风险。因此，通过限制金融机构的杠杆率，监管机构可以有效地控制其风险暴露，减少系统性风险的发生和传播。

提高资本要求也是宏观审慎政策的重要内容之一。资本是金融机构抵御风险的重要保障，足够的资本可以提高金融机构的抗风险能力，减少系统性风险的发生。因此，监管机构可以通过提高金融机构的资本要求，要求其保持足够的资本水平，以应对潜在的风险冲击，确保金融系统的稳定和安全。

宏观审慎政策通过加强监管、限制杠杆和提高资本要求等措施，旨在减少金融系统的系统性风险，维护金融稳定和促进经济可持续增长。这些政策的实施可以有效地提高金融体系的稳健性和抗风险能力，减少金融危机和经济衰退的发生频率和影响程度，为经济的健康发展提供了有力支持。

2. 协调合作

协调合作是国际金融机构和各国政府之间应对跨国金融风险和挑战的关键手段。在当今全球化的经济环境下，国际金融市场的联系日益密切，金融风险也越来越跨国化。因此，只有通过加强合作与协调，各方才能更有效地应对金融风险和挑战，维护全球金融稳定。

国际金融机构和国家之间的合作可以提高对全球金融风险的认识和理解。各国经济体存在着不同的金融体系和市场特点，因此，通过合作，可以分享各自的经验和信息，深化对全球金融动态的了解。这有助于及时发现和评估潜在的跨国金融风险，为制定应对措施提供依据。

加强合作与协调可以促进国际金融监管的一体化和规范化。由于金融市场的全球化程度不断加深，跨国金融机构和跨境金融活动日益增多，单一国家的监管难以有效应对跨国金融风险。因此，国际金融机构和各国政府需要加强监管协调，建立起跨境监管合作机制，共同打击跨国金融犯罪和市场操纵行为，维护全球金融市场的健康稳定。

国际金融机构和国家之间的合作还可以加强金融体系的抗风险能力。金融风险的传染性和跨国性特点使得单一国家的金融政策往往难以彻底解决问题，需要各方共同努力。通过加强合作，可以建立起跨国金融危机应对机制，包括货币互换安排、国际金融援助等，以应对全球性金融危机和挑战，维护全球金融稳定和经济增长。

国际金融合作也面临着一些挑战和障碍。各国利益和政策目标存在差异，可能会导致合作难度增加。国际金融治理结构存在着不足，需要进一步完善和改革。因此，国际金融合作需要各方共同努力，不断加强沟通与协商，寻求共识，推动全球金融合作机制的不断完善和进步。只有通过合作与协调，各国才能共同应对跨国金融风险和挑战，实现共赢和共同发展。

3. 应急措施

应急措施是指在金融危机或系统性风险爆发时制定并采取的临时性行动，旨在稳定金融市场和经济，防止危机进一步扩大并减轻其影响。在现代金融体系中，面对各种内外部风险和挑战，制定并执行有效的应急措施至关重要，以保障金融体系的稳定性和可持续性。

制定应急预案是建立有效应对金融危机的第一步。这些预案通常由政府、监管机构和金融机构共同制定，旨在在危机爆发时迅速启动并采取必要的行动。应急预案通常包括识别潜在风险、建立应对机制、确定相关责任方和制定行动计划等内容。通过提前制定和完善这些预案，可以有效地准备应对各种可能出现的危机情况，提高应对危机的效率和灵活性。

另一个重要的应急措施是通过货币政策和财政政策调整金融市场的流动性和稳定性。在金融危机期间，市场流动性通常会受到严重挑战，而流动性不足可能会导致金融市场的崩溃和经济的衰退。因此，中央银行可以通过降低利率、提供紧急流动性支持、购买债券等方式来增加市场流动性，稳定市场信心，防止金融系统的系统性崩溃。同时，政府也可以通过采取财政刺激措施来提振经济活动，缓解金融危机对实体经济的冲击。

加强监管和风险管理也是应对金融危机的关键措施之一。监管机构可以加强对金融机构的监管和审查，确保它们符合资本充足、风险管理和透明度等方面的要求。同时，金融机构自身也应该加强内部风险管理和控制，及时发现和应对潜在的风险，防止危机的进一步扩大。

制定应急预案和措施是保障金融体系稳定和应对危机的重要手段。通过提前制定有效的预案、采取适时的货币政策和财政政策、加强监管和风险管理等措施，可以有效地应对金融危机和系统性风险，维护金融市场的稳定和经济的可持续发展。

第二节　金融监管与合规性

金融监管与合规性是维护金融市场稳健运行和保护投资者权益的重要保障。金融监管的核心目标是维护金融系统的稳定性和健康发展。通过设立监管机构、制定监管政策和规定，监管部门可以有效监督金融机构的运营和行为，防范和化解金融风险，保障金融市场的秩序和稳定。金融监管还包括对金融产品、金融交易和金融市场的监督和管理，以确保市场公平、透明、有序运行。

合规性是金融机构和从业人员必须遵守的法律法规和行业规范。金融合规性包括对内部管理制度、风险控制机制、信息披露要求等方面的合规要求，也包括对客户权益保护、反洗钱、反恐怖融资等方面的合规规定。遵守合规性不仅是金融机构的法律责任和道德担当，也是维护金融系统稳定和市场信任的基础。

金融监管和合规性还需要不断适应和应对市场变化和创新发展。随着金融科技的发展和金融市场的创新，监管部门和金融机构需要及时调整监管政策和合规要求，适应新形势下的金融业态和风险特征。同时，金融监管还需要加强国际合作和信息共享，构建全球化的监管体系，共同应对跨境金融风险和挑战。

金融监管与合规性需要注重监管科技的应用和创新。监管科技包括人工智能、大数据分析、区块链等技术手段，可以提高监管效率和精度，实现对金融市场和金融机构的实时监控和风险预警。同时，金融机构也可以通过合规科技来强化内部合规管理和风险控制，提高合规性水平和运营效率。

金融监管与合规性是金融市场稳健运行和投资者权益保护的关键保障，需要加强监管力度、提高合规水平，适应市场变化和创新发展，注重监管科技的应用和创新，共同构建安全、稳健、高效的金融体系。

一、金融监管

（一）市场稳定和风险控制

市场稳定和风险控制是金融监管机构的核心职责，其重要性不言而喻。金融市场的稳定运行对于经济的健康发展至关重要，而金融监管机构则承担着确保市场稳定的重要责任。通过监督和调控金融市场，监管机构致力于防范和化解金融风险，避免出现系统性金融风险和金融危机的发生。

监管机构通过制定和执行规范性法规和政策来实现市场稳定和风险控制的目标。这些法规和政策涵盖了各个方面，包括资本充足性、流动性管理、风险控制等，旨在规范金融市场的行为和运作。例如，监管机构会要求金融机构维持一定的资本充足率，以确保它们有足够的资金来承受损失，从而防范潜在的风险。监管机构还会督促金融机构加强流动性管理，确保它们能够在面临资金压力时依然稳健运营。

监管机构也负责监督金融机构的风险管理实践，以确保它们在风险控制方面符合规定，不会对整个金融系统造成不利影响。这包括监督金融机构对于信用风险、市场风险、操作风险等各种类型风险的管理情况。监管机构会对金融机构的风险管理政策、流程和工具进行审查和评估，确保其风险控制措施的有效性和合规性。通过这种方式，监管机构可以有效地预防和化解金融风险，维护金融市场的稳定运行。

金融监管机构在市场稳定和风险控制方面发挥着至关重要的作用。通过制定规范性法规和政策、监督金融机构的行为和实践，监管机构能够有效地维护金融市场的稳定，防范和化解金融风险，确保金融体系的健康发展。这不仅有利于维护金融市场的正常运行，也有助于保障经济的稳健增长和社会的整体稳定。

（二）保护消费者权益

金融监管机构在当今社会中扮演着关键的角色，其致力于保护金融服务的消费者权益，以防止金融机构的滥用行为对消费者利益造成损害。这一使命不仅仅是一种责任，更是对金融体系健康运作的保障。为了实现这一目标，监管机构制定和实施了一系列规范性法规和政策，旨在规范金融产品和服务的销售和宣传行为，有效防范金融欺诈和不当销售行为。

这些规范性法规和政策的实施，首先体现在对金融产品和服务的销售和宣传行为的严格监管上。监管机构通过设定标准和要求，约束金融机构在产品宣传和销售过程中的行为，确保信息的真实性和透明度。这不仅有助于消费者更清晰地了解所购买的金融产品或服务，也减少了因信息不对称而导致的消费者误解和损失。

监管机构还建立了有效的监督和投诉处理机制，为消费者提供及时的救济和保护。通过监督金融机构的日常经营活动，监管机构可以及时发现并纠正任何不当行为，保障消费者的合法权益。同时，消费者可以通过投诉渠道表达对金融机构不当行为的不满，获得必要的支持和帮助，使自己的权益得到维护。

金融监管机构的存在和工作对于保护消费者权益至关重要。通过规范金融市场行为、建立监督机制和投诉处理机制，监管机构不仅有效地防范了金融欺诈和不当销售行为，也为消费者提供了安全、可靠的金融服务环境，从而促进了金融市场的稳健发展和社会经济的持续健康增长。

（三）维护金融稳定与市场公平

维护金融稳定与市场公平是当今金融监管机构的首要任务之一。在全球范围内，金融市场的稳定和公平竞争环境不仅对投资者、企业和金融机构至关重要，也对整个经济体系的稳定和可持续发展起到了至关重要的作用。为了实现这一目标，监管机构必须持续努力，采取有效的措施来防范和打击各种违法违规行为。

在这个过程中，监管机构不仅需要关注市场操纵和内幕交易等违法行为的发生，更需要通过积极的监管和调查行动来打击这些行为。这种努力不仅有助于维护投资者的合法权益，还能够保护金融市场的透明度和公正性。通过强化监管措施和加大执法力度，监管机构能够有效地减少市场操纵等行为的发生，从而维护金融市场的公平竞争环境。

监管机构还应积极参与国际金融合作和监管沟通。面对全球化的金融市场，单一国家的监管措施往往难以应对跨境金融活动中存在的各种挑战和风险。因此，加强国际合作，共同制定和实施跨国金融监管政策，是维护全球金融稳定和市场秩序的关键之一。通过分享信息、经验和最佳实践，监管机构可以更好地应对跨境金融活动中存在的风险，提升全球金融体系的稳定性和抗风险能力。

维护金融稳定与市场公平是监管机构的重要使命，需要通过加强监管力度、打击违法违规行为以及加强国际合作等手段来实现。只有建立起健全的监管体系和国际合作机制，才能够有效地维护金融市场的稳定和公平竞争环境，为投资者、企业和金融机构创造更加稳定和可靠的投资环境。

二、金融合规性

（一）法律法规的遵守

法律法规的遵守是金融机构不可或缺的责任和义务。在金融业务的运作中，遵守所在国家或地区的法律法规是保障金融体系稳健运行和保护金融市场参与者权益的基础。金融机构必须严格遵守金融监管机构发布的监管规定和政策，这不仅是合法合规的要求，更是建立信任、稳定市场的关键举措。

对于金融机构而言，建立健全的内部合规制度和流程至关重要。这意味着金融机构需要制定全面的合规政策，明确各项业务活动的法律法规要求，确保员工具备足够的法律法规知识和意识。内部合规制度需要包括从业人员的培训与考核机制，以及对业务操作的监控和审核程序，以确保业务活动的合法合规性。

遵守法律法规不仅仅是为了避免违规行为所可能带来的处罚，更重要的是为了维护金融机构的声誉和可持续发展。金融机构一旦违反法律法规，将会面临不可预测的法律风险和信任危机，可能导致客户流失、合作伙伴关系破裂，甚至面临法律诉讼和金融损失。因此，建立健全的内部合规制度和流程，不仅是金融机构的内在要求，更是维护行业信心和稳定的需要。

随着金融市场的不断发展和法律法规的不断变化，金融机构需要不断更新和完善内部合规制度和流程。他们需要密切关注监管机构发布的最新规定和政策，及时调整业务运作，确保与法律法规保持一致。只有不断强化合规意识，建立起法律法规的内化机制，金融机构才能够在竞争激烈的市场中立于不败之地，实现可持续发展的目标。

金融机构必须认真履行法律法规的遵守责任，建立健全的内部合规制度和流程，确保业务活动的合法合规性。只有这样，他们才能够赢得市场的信任和尊重，实现长期稳健的发展。

（二）风险管理和内部控制

风险管理和内部控制是金融机构确保业务活动合规性和风险可控性的重要手段。在当今复杂多变的金融环境中，建立完善的风险管理体系和内部控制制度至关重要。风险管理体系的建立可以帮助金融机构全面识别、评估和管理各种风险，包括市场风险、信用风险、操作风险等。通过对不同类型风险的深入了解和有效管理，金融机构可以降低风险对其业务运营的不利影响，保障其稳健经营和持续发展。

内部控制制度的建立则是确保金融机构内部流程、业务操作和风险管理符合法律法规和内部政策要求的关键。通过制定和执行严格的内部控制制度，金融机构可以有效监督和管理其内部运作，规范员工行为，防范违规行为和风险事件的发生。内部控制制度的健全还有助于提高金融机构的运营效率和管理效能，优化资源配置，降低成本，提升盈利能力。

监督和审查是确保风险管理和内部控制有效实施的重要环节。金融机构应建立起有效的监督和审查机制，对内部流程、业务操作和风险管理进行持续不断的监督和审查，及时发现和纠正可能存在的违规行为和风险事件。通过及时的监督和审查，金融机构可以及早发现潜在问题并加以解决，防止问题扩大化对机构造成严重损失。

金融机构应该高度重视风险管理和内部控制，建立完善的管理体系和制度，加强监督和审查，以确保业务活动的合规性和风险可控性，实现稳健经营和持续发展的目标。

（三）道德和职业操守

道德和职业操守是金融从业人员必须严格遵守的准则，它们构成了金融行业的基石。在这个竞争激烈、信息高度透明的环境下，金融从业人员的道德品质和职业操守不仅关乎个人形象，更关系到整个金融市场的稳定和发展。诚信和责任意识是道德规范的重要组成部分，而利用职权谋取私利或从事不正当竞争行为则是对这一规范的严重背离。

在金融行业中，信息不对称、风险不确定性较高，因此金融从业人员必须保持高度的诚信。只有通过真实、准确地向客户提供信息，才能建立起客户信任，维护市场的稳定和秩序。一旦金融从业人员失去了诚信，就可能导致市场恐慌、投资者信心丧失，从而引发系统性风险。责任意识则要求金融从业人员不仅要对客户负责，还要对整个金融市场的稳定负责。他们应该意识到自己的行为可能对市场产生何种影响，并为维护市场秩序和公平竞争贡献自己的力量。

　　金融行业的职业准则和行为规范是指导金融从业人员行为的重要依据。这些准则不仅包括了对待客户、交易行为、内部管理等方面的规定，更强调了保护客户利益、维护市场公平、防范风险等方面的责任。金融从业人员必须严格遵守这些规范，将其融入到自己的日常工作中，不断提升自身的专业素养和道德修养。

　　维护金融市场的健康和稳定发展是金融从业人员的使命和责任。只有通过遵守职业操守和道德规范，才能够建立起一个诚信、公平、透明的金融市场环境，从而促进金融市场的繁荣和发展。因此，金融从业人员应该时刻铭记自己的责任，坚守初心，履行好自己的职业使命。

第三节　宏观审慎政策与风险控制

　　宏观审慎政策是指国家或中央银行通过制定一系列政策和措施，以及监管框架来管理金融体系中的系统性风险和系统性问题。它的目标是确保金融系统的稳定性和可持续性发展。宏观审慎政策强调对整个金融体系的监控和评估。这包括对金融机构资产负债表、风险暴露、资本充足性等方面进行定期评估，及时发现并应对可能存在的系统性风险。

　　宏观审慎政策还强调对金融市场和金融产品的监管和管控。通过制定规范和标准，监管机构可以对金融市场的运作、金融产品的设计和销售等方面进行监管，确保金融市场的健康发展和金融产品的合规性。

　　另一个重要的宏观审慎政策是资本要求和资本充足性监管。通过设定资本要求和要求金融机构保持足够的资本充足性，监管机构可以确保金融机构在面对风险时有足够的资本储备，降低系统性风险传播和蔓延的可能性。

　　宏观审慎政策还包括流动性监管和管理。监管机构可以通过制定流动性要求和流动性管理规定，要求金融机构保持足够的流动性储备，以应对市场流动性紧张和资金断供的情况，减少系统性风险的传播和扩大。

　　宏观审慎政策还涉及到对房地产市场、资产价格泡沫等宏观经济因素的监管和管控。监管机构可以通过制定调控政策、限制信贷投放等方式，防止房地产市场和资产价格出现过度泡沫，避免金融体系受到严重冲击。

　　宏观审慎政策通过对金融体系的监控、金融市场和产品的监管、资本和流动性管理、以及宏观经济因素的管控等手段，有效降低金融系统面临的系统性风险，维护金融体系的稳定性和可持续性发展。

一、宏观审慎政策

（一）资本要求和储备设定

在金融领域，资本要求和储备设定是确保金融机构在运营过程中具备足够的资本保障，以抵御可能的损失和风险的关键措施。这种做法是为了确保金融体系的稳健性和可持续性，以防止出现系统性风险和金融危机的发生。资本储备的设定是建立在对金融机构可能面临的各种风险和损失进行全面评估的基础上的，这包括市场风险、信用风险、操作风险等多种因素的考量。因此，合适的资本要求不仅仅是为了应对当前的风险，更是为了未来可能出现的不确定性情况做好准备。

针对不同类型的金融机构和业务，设置差异化的资本要求具有重要意义。由于金融机构的业务模式和风险敞口存在差异，因此对其设定的资本要求也应当因机构类型和业务特性而异。比如，对于传统的商业银行而言，其主要风险可能来自信贷业务，因此需要设定较高的资本要求以覆盖潜在的信用损失。而对于投资银行或证券公司等机构，则可能面临更多的市场风险和操作风险，因此其资本要求可能需要更加灵活和多样化的设置。

加强监管对金融机构资本充足率和风险加权资产的监测和评估，是确保金融体系稳健运行的关键一环。监管部门应当密切关注金融机构的资本充足率，确保其符合监管要求，并对其持续进行评估和监测。同时，对金融机构的风险加权资产也需要进行严格的监管，以确保其合理反映了机构所承担的风险水平，避免因风险权重设定不当而导致的资本不足问题。

合适的资本要求和储备设定是金融监管的重要内容之一，其目的在于确保金融机构能够应对各种风险和不确定性，从而保障金融体系的稳健性和可持续性。差异化的资本要求、强化的监管监测与评估都是实现这一目标的关键手段，有助于防范金融风险，维护金融市场的稳定。

（二）流动性管理和压力测试

流动性管理和压力测试是金融机构维护稳健运营的关键举措，旨在确保它们能够有效地管理和应对不同市场条件下的资金流动性需求。这些规则和政策的制定不仅仅是为了应对当前的市场环境，更是为了建立一个可持续的金融体系，能够在各种挑战和压力下保持稳健性。

在制定流动性管理规则和政策时，金融机构首先需要全面评估自身的资金流动性需求，并确保其拥有足够的流动性储备以满足这些需求。这可能涉及到制定合理的流动性监控和报告机制，以及建立有效的流动性管理框架，以便在不同市场条件下灵活应对资金流动性风险。

定期进行流动性压力测试是确保金融机构在不利市场环境下能够有效运营的重要手段。这些压力测试可以帮助金融机构评估其在不同压力情景下的资金状况和应对能力，并及时采取必要的措施来弥补潜在的流动性缺口。通过对不同情景下的模拟测试，金融机构能够更好地了解自身的风险暴露情况，并及时调整其流动性管理策略以应对可能出现的挑战。

加强对金融机构流动性风险管理和报告的监督是确保金融体系稳健运行的关键环节。监管机构需要积极监督金融机构的流动性管理实践，并及时发现和解决潜在的问题。这可能包括审查金融机构的流动性管理政策和程序，评估其流动性风险暴露情况，并要求其定期报告其流动性状况和压力测试结果。通过加强监督和报告要求，监管机构能够更好地了解金融机构的流动性状况，并采取必要的措施来维护金融体系的稳健性和健康发展。

（三）宏观审慎政策框架建设

建立完善的宏观审慎政策框架是维护金融系统稳定和促进经济健康发展的重要举措。这一框架不仅涵盖了政策目标、工具和执行机制等方面，还包括了监管主体和责任分工的确定以及政策效果评估和调整等环节。在建立宏观审慎政策框架时，首先需要明确政策目标。这些目标可能包括维护金融系统稳定、促进经济增长、防范系统性风险等。只有明确了政策目标，才能有针对性地选择合适的政策工具。

宏观审慎政策框架需要确定合适的政策工具。这些工具可能包括资本要求、流动性管理、审慎监管、宏观审慎政策工具等。不同的政策目标可能需要不同的工具组合，以实现最佳的政策效果。因此，在选择政策工具时，需要考虑到其对金融体系和经济的影响，以及其可操作性和执行效果。

宏观审慎政策框架还需要建立健全的执行机制。这包括确定监管主体和责任分工，明确各方的职责和权限。监管主体可能包括中央银行、金融监管机构、财政部门等。他们需要密切合作，共同制定和执行宏观审慎政策，确保政策的有效实施和执行效果。

宏观审慎政策框架还需要进行定期的政策效果评估和调整。随着市场和金融体系的变化，原有的政策框架可能需要进行相应的修订和调整，以适应新的情况和挑战。因此，监管机构需要密切关注市场和金融体系的变化，及时评估政策效果，采取必要的调整措施，确保宏观审慎政策的有效性和适应性。

建立完善的宏观审慎政策框架是维护金融系统稳定和促进经济健康发展的关键一环。只有在明确政策目标、选择合适的政策工具、建立健全的执行机制以及进行定期的政策效果评估和调整的基础上，才能有效地实施和执行宏观审慎政策，确保金融系统的稳定和经济的可持续发展。

二、风险控制

（一）系统性风险监测和预警

建立系统性风险监测和预警机制是金融监管机构为维护金融稳定所采取的重要举措之一。在一个复杂而相互关联的金融体系中，系统性风险可能源自多方面，包括市场波动、金融机构的不良资产、宏观经济环境的变化等。因此，监管机构需要建立起一套全面而精准的监测机制，以跟踪可能出现的系统性风险和风险传染路径。

这一监测机制依赖于各种数据来源，包括宏观经济指标、市场数据以及金融机构的信息等。通过对这些数据进行全面而深入的分析，监管机构能够及时发现潜在的系统性风险迹象，并对可能的风险传染路径进行有效预警。这种预警不仅有助于监管机构及时采取措施应对潜在风险，也能够提醒市场参与者注意可能的风险因素，从而降低系统性风险的发生概率。

除了预警功能之外，建立系统性风险监测机制还需要配备相应的应对机制。这些机制包括但不限于提前干预和应急处置等措施。通过提前干预，监管机构可以在系统性风险发生之前采取必要的措施，防范其进一步扩大和蔓延。而应急处置措施则是针对系统性风险已经发生或正在发展的情况下采取的应对措施，其目的是尽快化解风险，减少对金融市场和实体经济的不利影响。

建立系统性风险监测和预警机制是金融监管机构维护金融稳定的重要手段之

一。通过全面而精准的监测和预警，监管机构能够及时发现潜在的系统性风险，采取必要的措施防范和化解风险，从而保障金融市场的稳定和健康发展。

（二）债务水平监管和控制

债务水平监管和控制在金融体系和企业经营中具有重要意义。随着金融市场的不断发展和全球经济的复杂性增加，债务问题已经成为影响金融稳定和经济可持续发展的关键因素之一。因此，加强对金融机构和企业债务水平的监管和控制成为当务之急。

金融机构和企业的过度杠杆化和债务风险积累可能导致严重的财务危机和市场动荡。为了防止这种情况的发生，实施债务限制和债务管理政策是必不可少的。这些政策可以通过设立债务上限、控制债务增速、规范债务结构等方式来限制金融机构和企业的过度借债和高风险债务融资行为。通过明确的政策框架和规范的制度安排，可以有效地引导市场主体合理运用债务工具，降低债务风险。

加强对债务融资结构和债务偿还能力的监测和评估也是至关重要的。通过对金融机构和企业的债务情况进行定期监测和评估，可以及时发现潜在的风险和问题，并采取必要的措施加以应对。特别是要关注债务偿还能力，确保债务水平与企业盈利能力和现金流情况相匹配，避免出现债务违约和金融风险的风险。

在实施债务监管和控制的过程中，需要政府、监管机构和金融市场主体共同发挥作用。政府和监管机构应加强制度建设和监管力度，完善债务监管政策和法规框架，强化对金融机构和企业的监督和管理。金融市场主体则应加强自身风险管理能力，合理运用债务工具，防范债务风险。

加强对金融机构和企业债务水平的监管和控制是维护金融稳定和经济可持续发展的重要举措。通过实施债务限制和债务管理政策，加强对债务融资结构和债务偿还能力的监测和评估，可以有效降低债务违约和金融风险的风险，确保金融体系和经济的健康发展。

（三）市场风险管理和监控

市场风险管理和监控在金融领域扮演着至关重要的角色。加强对金融市场波动和价格变动的监控是确保金融市场稳定和投资者权益的关键步骤。金融市场的波动和价格变动可能导致市场风险的出现和扩散，因此，对这些变化进行及时、全面的监控是预防市场风险的首要任务。通过实时监控市场情况，金融监管机构可以及时发现异常波动和风险信号，采取相应措施稳定市场，避免金融市场的不稳定性进一步扩大。

强化对市场操纵、内幕交易等违法行为的监管和打击是维护市场秩序和公平竞争环境的关键举措。市场操纵和内幕交易等违法行为不仅损害了投资者的利益，也影响了市场的公平性和透明度。因此，金融监管机构需要加强对这些违法行为的监管力度，建立健全的监管框架和制度，严厉打击违法行为，维护市场的正常秩序和公平竞争环境。

促进市场机制的有效运行和市场参与者的合规行为也是加强市场风险管理和监控的重要方面。市场机制的有效运行需要各方面参与者遵守市场规则和法律法规，保持良好的市场秩序和诚信行为。金融监管机构可以通过加强市场监管和制定更加严格的监管规定，推动市场参与者加强合规意识，提高市场风险管理和监控的有效性，确保金融市场的稳定和健康发展。

加强市场风险管理和监控是维护金融市场稳定和投资者权益的关键举措。通过加强对市场波动和价格变动的监控，强化对违法行为的监管和打击，促进市场机制的有效运行和市场参与者的合规行为，可以提高市场风险管理和监控的有效性，维护金融市场的稳定和健康发展。

第四节　政府干预与危机应对

政府在危机应对中的干预是保障经济稳定和社会安全的重要手段之一。政府在面对危机时可以采取货币政策和财政政策的干预措施。货币政策包括调整利率、开展量化宽松等措施，以促进经济流动性和投资活动。财政政策则包括增加支出、减税等措施，以刺激经济增长和就业。通过这些政策干预，政府可以缓解危机带来的经济冲击，保持经济的稳定运行。

政府在危机应对中还可以采取产业政策和监管政策的干预措施。产业政策包括扶持重点产业、调整产业结构等措施，以提升产业竞争力和抵御外部冲击。监管政策则包括加强市场监管、规范金融机构行为等措施，以防范金融风险和保护投资者利益。通过这些政策干预，政府可以有效规范市场秩序，减少危机的发生和扩散。

政府在危机应对中还可以采取社会保障和救助政策的干预措施。社会保障政策包括提供失业保险、医疗保障等措施，以保障社会弱势群体的基本生活需求。救助政策则包括提供临时救助、灾难救助等措施，以帮助受灾群众渡过难关。通过这些政策干预，政府可以提高社会的稳定性和凝聚力，防止危机对社会造成更大的冲击。

政府在危机应对中的干预是确保经济和社会稳定的关键举措。政府可以通过货币政策、财政政策、产业政策、监管政策、社会保障政策和救助政策等多种手段，有针对性地应对危机，保护人民生活，促进经济复苏，实现全面可持续发展。

一、政府干预

（一）货币政策

货币政策作为宏观经济管理的重要手段，被政府广泛运用来影响经济活动和金融市场。通过调整利率、货币供应量等因素，政府可以在一定程度上调节经济周期和金融市场波动，以实现经济稳定和可持续增长的目标。降低利率可以刺激消费和投资，提高利率则有助于抑制通货膨胀和资产泡沫的形成。

降低利率是一种常见的货币政策工具，被广泛用于刺激经济增长。低利率环境下，借款成本降低，企业和个人更愿意进行投资和消费。企业可以通过借款扩大生产规模、引进先进技术，从而创造更多就业机会和经济增长点；而个人则可能增加购买大宗商品或房地产等长期资产的倾向，促进消费活动，拉动整体经济增长。低利率还有助于降低企业和个人负债成本，减轻财务压力，提升经济活力。

随着经济活动的加速和资产价格的上涨，通货膨胀和资产泡沫的风险也会逐渐显现。在这种情况下，政府可能采取提高利率的措施，以抑制通货膨胀和资产泡沫的进一步发展。通过提高利率，政府可以降低企业和个人的借款需求，抑制消费和投资行为，从而减缓经济过热的势头，防止通货膨胀蔓延和资产泡沫的形成。高利率还可以提高储蓄的吸引力，促使资金从消费领域转向储蓄领域，稳定市场预期，遏制通货膨胀压力的上升。

货币政策的实施并非一劳永逸，而是需要根据经济形势和政策目标进行灵活调整和协调。同时，货币政策的效果也受到多种因素的影响，包括国际经济环境、金融市场预期、政府财政政策等。因此，政府在制定和执行货币政策时，需要充分考虑各种因素的综合影响，保持政策的连续性和稳定性，以实现经济增长和金融稳定的良性循环。

（二）财政政策

财政政策作为国家宏观经济管理的重要手段，扮演着调节经济活动和管理财政收支的关键角色。通过调整税收和支出政策，政府可以对经济产生深远影响，从而实现经济增长、就业稳定和社会福利的目标。税收政策主要通过调整税收税率、税基和税制结构来影响个人和企业的财务决策，而支出政策则是指政府在不同领域的投入和支出安排，涵盖了教育、医疗、基础设施建设等各个方面。

在经济衰退或危机时，政府往往会采取积极的财政政策措施，以提振经济信心和促进复苏。其中，增加政府支出是一种常见手段，通过增加对公共项目和基础设施建设的投入，政府可以刺激经济增长，促进就业，同时拉动其他行业的需求。政府还可以通过减税措施来提高消费和投资水平，例如减少个人所得税或企业税收负担，以鼓励消费者增加消费和企业增加投资。这些举措有助于缓解经济下行压力，促进市场活力和经济复苏。

财政政策的实施需要谨慎把握，以避免潜在的负面影响。过度增加政府支出或减税可能导致财政赤字和债务水平的上升，进而引发通货膨胀或货币贬值等问题，加剧宏观经济不稳定性。因此，在制定和执行财政政策时，政府需要考虑经济的整体状况、通货膨胀压力、债务水平以及国际经济环境等因素，保持政策的平衡和稳健性。

财政政策的效果也受到政府管理和执行的影响。政府需要确保财政资金的有效使用和支出的透明度，防止出现腐败和浪费现象，提高公共支出的效率和效益。同时，政府还需要与货币政策等其他宏观经济政策协调配合，形成综合性的政策框架，以实现经济稳定和可持续增长的目标。

财政政策作为一项重要的宏观经济管理工具，对于调节经济活动和管理财政收支具有重要作用。在应对经济衰退或危机时，政府可以通过增加支出和减税等手段提供经济支持，促进经济复苏和增长。财政政策的执行需要谨慎平衡各种因素，保持政策的稳健性和有效性。

（三）监管政策

监管政策在维护金融稳定和保护市场参与者利益方面扮演着至关重要的角色。政府通过制定和执行监管政策和法规，确保金融机构和市场活动在合适的框架下运作，从而有效管理潜在的风险，并保障金融体系的稳健性。为此，政府设立了专门的金融监管机构，负责制定和实施监管标准和规范，以确保金融市场的健康发展和参与者的合法权益。

监管政策的制定和执行旨在建立一个有序、透明和公正的金融市场环境。政府通过监管机构制定的规则和法规，约束金融机构的行为，防止潜在的市场操纵、欺诈和不当行为，以保护投资者和消费者的利益。这些政策也有助于防范系统性风险的发生，保障金融体系的稳定性和可持续性。

金融监管机构在制定监管政策时通常会考虑到金融市场的特点和风险，以及国家经济发展的需要。他们会采取一系列监管措施，包括设置资本要求、风险管理要求、市场准入要求等，以确保金融机构具备足够的稳定性和韧性来抵御各种挑战和风险。监管政策还可能包括对金融产品和交易的审批和监管，以防止出现过度风险的创新和传播。

除了防范风险和保护参与者利益外，监管政策还有助于促进金融市场的发展和健康。通过确立透明度和规范化的市场规则，监管政策有助于增强市场信心，吸引更多的投资者和资金进入市场，推动金融创新和发展。同时，监管政策也有助于促进金融机构之间的竞争，提高服务质量和效率，从而更好地满足社会经济发展的需求。

监管政策是维护金融稳定和保护市场参与者利益的重要手段。政府通过制定和执行监管政策和法规，确保金融市场在合适的框架下运作，促进金融体系的稳健发展和社会经济的繁荣。

二、危机应对

（一）紧急金融支持

紧急金融支持是政府在金融危机或经济衰退期间采取的一项重要措施，旨在应对金融系统面临的严重挑战，并防止可能导致系统性金融风险的发生。在这种情况下，政府可以采取多种方式提供紧急金融支持，其中包括提供流动性支持和实施资产购买计划等措施。流动性支持通常指政府向金融机构提供临时性的资金支持，以缓解金融机构面临的流动性压力。这种支持有助于确保金融机构能够继续履行其支付义务，避免出现连锁反应，从而维护金融市场的稳定。

政府还可以通过实施资产购买计划等措施来提供紧急金融支持。在这种计划中，政府可能直接购买金融机构的资产，或者提供担保或其他形式的支持，以减轻金融机构资产负债表上的压力。通过这种方式，政府可以有效地帮助金融机构摆脱困境，避免因资产负债不平衡而导致的金融系统崩溃。

紧急金融支持的重要性在于它可以在金融危机或经济衰退期间防止系统性金融风险的发生。在这些困难时期，金融机构可能面临严重的流动性问题，甚至可能陷入破产危机，从而对整个金融系统造成严重威胁。通过提供紧急金融支持，政府可以有效地稳定金融市场，防止恶性循环的发生，保护投资者利益，维护经济稳定。

需要注意的是，紧急金融支持并非长期解决方案，它只是应对金融危机或经济衰退的一种临时性措施。因此，政府在提供紧急金融支持时需要制定清晰的退出策略，并在金融市场恢复正常运转后逐步撤销支持措施，以避免对金融市场和经济造成不良影响。同时，政府还应加强监管和风险管理，防止类似危机再次发生，确保金融系统的稳定和健康发展。

（二）经济刺激措施

经济刺激措施是政府在应对危机时常用的手段之一，其目的在于通过增加政府支出、减税或提供财政刺激计划等方式来刺激经济活动，缓解经济衰退的压力。在面对经济不确定性和衰退风险时，政府往往需要采取积极的政策举措，以促进经济增长、提升就业水平和刺激消费需求。

增加政府支出是一种常见的经济刺激手段。政府可以通过增加基础设施建设、扩大社会福利支出、加大科研投资等方式来增加支出规模，刺激经济活动的增长。这种措施不仅可以直接拉动相关产业的发展，还可以创造就业机会，提升居民收入水平，从而促进消费需求的增长，推动经济复苏。

减税也是政府常用的经济刺激手段之一。通过降低企业和个人的税负，政府可以增加企业的盈利能力，提升个人可支配收入，从而激发企业和个人的消费和投资意愿。减税还能够提高企业的竞争力，吸引更多的投资，促进经济的长期增长。因此，适度的减税政策可以在一定程度上缓解经济衰退带来的压力，促进经济的复苏。

政府还可以提供财政刺激计划来刺激经济活动。这种计划通常包括向个人和家庭提供直接的现金补贴或补助金，以及对企业提供贷款担保或直接资金支持等方式。这些措施可以快速地提振消费和投资需求，促进经济的快速复苏，并有助于缓解经济衰退带来的就业压力。

经济刺激措施是政府在应对危机时的重要手段之一。通过增加政府支出、减税或提供财政刺激计划等方式，政府可以刺激经济活动，促进就业和消费，缓解经济衰退的压力，为经济的稳定和可持续发展提供支撑。

（三）改革与重建

改革与重建是政府在危机之后必须采取的关键举措。一场危机的爆发常常揭示出金融体系和市场规范存在的种种问题和漏洞，因此，政府在危机后的改革和重建过程中应当着重加强金融监管和市场规范，以避免未来类似危机的再次发生。

改革金融体系是重建过程中的首要任务之一。政府可以通过制定并实施一系列改革方案，对金融机构的组织结构、业务模式、风险管理等方面进行调整和完善。这样的改革可以提升金融机构的适应能力和稳健性，减少系统性风险的积累，从而增强整个金融体系的稳定性。

与此同时，完善监管机制也是至关重要的一环。政府需要审视现有的监管框架和机制，发现其中的不足之处，并及时加以改进和完善。这包括加强对金融机构的监督和管理，提高监管部门的执行效能，增加监管的透明度和公正性等方面。只有建立起健全的监管机制，才能有效地防范金融风险，确保金融体系的稳健运行。

提高金融市场的透明度也是重建过程中的一项重要任务。政府可以通过加强信息披露制度、完善市场监测和报告机制等措施，促进金融市场的公开透明，降低信息不对称程度，增强市场参与者的信心和合规意识。透明的市场环境有助于有效监督市场行为，减少欺诈和不当行为的发生，从而维护市场秩序和公平竞争。

政府在危机之后需要采取改革和重建措施，加强金融监管和市场规范，以防止类似危机的再次发生。通过改革金融体系、完善监管机制和提高金融市场透明度，政府可以增强金融系统的稳健性和抗风险能力，促进经济的健康发展。

第七章　金融经济与金融风险的全球视角

第一节　国际金融体系与全球金融经济

国际金融体系是由各国之间的金融机构、金融市场和金融规则构成的体系，它涵盖了国际货币体系、国际金融市场和国际金融机构等多个方面。国际金融体系的运作对全球金融经济发展具有重要影响。

国际金融体系通过促进国际资金流动和金融市场互联互通，为全球经济发展提供了必要的资金支持和金融服务。跨国公司和金融机构可以通过国际金融体系获取跨境融资、开展国际业务，推动了全球贸易和投资的发展。

国际金融体系有助于实现货币和资金的流动性配置，提升了全球金融市场的效率和稳定性。例如，国际货币体系通过国际货币基金组织（IMF）等机构的监管和协调，维护了各国货币体系的稳定，促进了国际支付结算的顺畅进行。

国际金融体系也扮演着金融监管和风险管理的重要角色。通过国际金融体系，各国可以加强金融监管合作，共同应对跨境金融风险，防范金融危机和经济震荡的发生。

国际金融体系也面临一些挑战和问题。例如，国际金融监管的协调和合作存在难度，跨国金融犯罪和非法资金流动等问题仍然存在，需要进一步加强国际合作和监管。

国际金融体系与全球金融经济发展密切相关，它通过促进资金流动、提升金融市场效率、加强金融监管等方面发挥着重要作用。也需要不断完善和改进国际金融体系，加强国际合作，应对全球金融市场的挑战和风险，推动全球金融经济的稳健发展。

一、国际金融体系

（一）汇率制度

1.固定汇率制度

固定汇率制度在国际金融体系中是一种常见的货币政策安排。一些国家选择采用固定汇率制度，将其本国货币与其他货币或一篮子货币挂钩，以维持汇率的稳定。在这种制度下，政府或央行通常会承诺以特定的汇率来兑换本国货币，使得本国货币的价值与挂钩货币的价值保持固定比率。这种制度的目的在于降低汇率波动性，促进国际贸易和资本流动的稳定发展，以及提升本国货币的可信度和稳定性。

固定汇率制度的优势之一是提供了稳定的汇率环境，这有利于促进国际贸易和投资。在固定汇率制度下，企业和投资者可以更加可靠地预测未来的汇率走势，降低了交易成本和风险，从而促进了跨境贸易和资本流动。固定汇率制度也有助于防止货币贬值引发的通货膨胀，维护了本国货币的稳定购买力，有利于保障国内消费者的利益。

固定汇率制度也存在一些挑战和风险。维持固定汇率需要央行持续干预外汇市场，通过购买或销售外汇来调节汇率，这可能会消耗大量外汇储备。如果外汇储备不足，央行可能无法继续支撑固定汇率，从而导致汇率体系的崩溃。固定汇率制度可能削弱了央行的货币政策独立性，因为央行需要优先考虑维持汇率稳定，而非追求其他经济目标，如通货膨胀控制或经济增长。

固定汇率制度还可能导致汇率错配和失衡，因为挂钩货币的经济状况可能与本国经济存在差异。如果本国经济面临通货紧缩或经济衰退，而挂钩货币却处于通胀或经济增长阶段，固定汇率制度可能会限制本国货币政策的灵活性，加剧经济困境。

固定汇率制度在提供汇率稳定和促进国际贸易方面具有一定优势，但也面临着外汇储备压力、货币政策独立性削弱以及汇率错配等挑战。政府和央行在选择采取固定汇率制度时，需要权衡各种利弊，制定相应的政策措施，以确保汇率体系的稳定和经济的健康发展。

2. 浮动汇率制度

浮动汇率制度是许多国家采用的一种货币政策安排，其核心原则是让市场供求关系决定汇率水平。相比于固定汇率制度，浮动汇率制度能够为经济体提供更大的适应能力和灵活性。在这种制度下，汇率的波动受到市场因素的影响，而非政府干预，这使得经济体能够更好地应对外部环境变化和内部经济冲击。

浮动汇率制度赋予了经济体更大的适应能力。由于汇率可以根据市场供求关系自由波动，经济体能够更快速地应对外部冲击和经济变化。例如，当出口需求下降或国际竞争力受到损害时，汇率的贬值可以提升出口竞争力，促进出口增长，从而减轻经济衰退压力。相反地，当经济过热或通货膨胀压力上升时，汇率的升值可以抑制进口，稳定物价水平，维护经济稳定。

浮动汇率制度增强了经济体的灵活性。相比于固定汇率制度需要频繁的干预和调整，浮动汇率制度下政府不需要承担汇率维稳的压力，能够更加专注于其他重要的经济政策调控。这种灵活性使得政府能够更加灵活地制定货币政策、财政政策等，更好地应对内外部经济挑战，为经济增长和就业创造更好的环境。

浮动汇率制度也有助于避免外汇储备的大量消耗和汇率操纵带来的不利影响。在固定汇率制度下，为了维持汇率的稳定，政府通常需要大量的外汇储备，并经常进行干预操作，这不仅需要耗费大量成本，还可能引发市场预期的不稳定性。而在浮动汇率制度下，汇率受市场供求关系决定，政府无需频繁干预，从而避免了外汇储备的大量消耗和不必要的市场干预。

浮动汇率制度作为一种市场化的货币政策安排，能够为经济体提供更大的适应能力和灵活性，有利于经济的稳定和发展。也需要注意，浮动汇率制度可能会带来汇率波动加剧、外部不稳定性增加等问题，因此在实施时需要谨慎权衡各种利弊。

（二）国际金融市场

1. 国际资本市场

国际资本市场作为全球金融体系的重要组成部分，发挥着连接各国经济和提供跨境融资、投资渠道的关键作用。这一市场为企业和政府提供了广阔的筹资和投资机会，为经济发展和资本流动提供了重要支持。

国际资本市场为企业提供了全球范围内的筹资渠道。通过发行国际债券、股票或其他金融工具，企业可以在国际市场上获得资金，用于扩大生产、投资研发、并购等活动。这种跨境融资不仅可以帮助企业解决国内市场融资渠道不足的问题，还能够降低融资成本，提高资金使用效率，促进企业的国际化和竞争力提升。

国际资本市场也为政府提供了融资和投资机会。政府可以通过发行主权债券、政府债券等方式在国际市场上筹集资金，用于基础设施建设、社会福利事业、国防安全等方面的支出。国际资本市场的参与不仅可以帮助政府实现融资多样化，分散债务风险，还有助于提升国家形象和信用评级，吸引更多的外资流入。

国际资本市场还为投资者提供了多样化的投资选择和机会。投资者可以通过国际市场投资于各种资产类别，包括股票、债券、外汇、商品等，实现资产配置和风险分散。这种跨境投资不仅可以帮助投资者获取更高的回报，还能够降低投资组合的风险，提高投资效率和收益率。

国际资本市场也存在着一些挑战和风险。其中包括市场波动性增加、跨国资本流动引发的金融危机风险、国际资本市场的监管不足等问题。因此，各国政府和金融监管机构需要加强跨国合作，加强国际金融市场的监管和风险管理，保护投资者权益，维护市场稳定和安全。

国际资本市场作为全球金融体系的重要组成部分，为企业、政府和投资者提供了广阔的融资和投资机会。通过加强市场监管和风险管理，可以进一步促进国际资本市场的健康发展，推动全球经济的稳定增长。

2. 衍生品市场

衍生品市场，包括期货、期权和掉期等工具，是金融市场中至关重要的一部分。这些市场为投资者提供了一种有效的方式来对冲风险和进行套期保值，从而在不确定的市场环境中降低损失和增加收益。衍生品市场的发展不仅满足了投资者对风险管理工具的需求，同时也推动了金融市场的创新和发展。

衍生品市场为投资者提供了多样化的工具来对冲各种类型的风险。无论是市场风险、利率风险、汇率风险还是商品价格波动风险，投资者都可以利用衍生品市场中的各种工具进行有效的风险管理。例如，期货合约可以帮助商品生产者锁定未来的销售价格，期权则允许投资者在未来某一时间以特定价格买入或卖出资产，掉期则可以帮助企业在未来锁定汇率以规避汇率波动带来的风险。这些工具的灵活性和多样性使得投资者可以根据自身的需求和风险偏好来选择最适合的对冲工具。

衍生品市场的发展促进了金融市场的创新和发展。随着技术的进步和市场的需求不断变化，衍生品市场不断推出新的产品和工具，以满足投资者对风险管理的不断增长的需求。例如，近年来随着数字资产的兴起，衍生品市场也推出了比特币期货和期权等新产品，以满足投资者对数字资产价格波动的对冲需求。这种创新不仅丰富了金融市场的产品和工具，同时也为投资者提供了更多的选择和机会。

衍生品市场的发展也有助于提高金融市场的流动性和效率。由于衍生品市场的交易具有高度标准化和流动性强的特点，投资者可以更加便捷地进行交易，降低交易成本，并快速获取所需的对冲工具。这种高效的交易环境不仅有利于投资者获取更好的交易执行价格，同时也促进了资本的有效配置和市场资源的充分利用。

国际衍生品市场作为对冲风险和套期保值的重要工具，对金融市场的稳健发展和投资者的风险管理起着至关重要的作用。随着市场需求和技术进步的不断推动，衍生品市场的发展将继续推动金融市场的创新和进步，为投资者提供更多选择和更好的风险管理工具。

（三）国际金融机构

1. 国际货币基金组织（IMF）

国际货币基金组织（IMF）作为全球性金融机构，承担着重要的角色，旨在协助成员国解决汇率和支付平衡问题，并推动国际货币体系的稳定。其主要手段包括提供贷款和提供政策建议。通过这些措施，IMF 旨在应对成员国面临的各种经济挑战，从而促进全球经济的稳定和可持续发展。

IMF 通过向成员国提供贷款来帮助应对汇率和支付平衡问题。当一个国家面临外部支付困难或汇率压力时，它可能需要外部支持来缓解危机并恢复经济稳定。在这种情况下，IMF 可以向该国提供贷款，帮助其渡过难关。这种贷款通常会附带一些条件，例如实施经济结构调整措施，以提高国家的支付能力和竞争力。通过这种方式，IMF 为成员国提供了一种重要的外部融资来源，有助于防止支付危机的进一步扩大，维护了国际货币稳定。

IMF 通过提供政策建议来帮助成员国解决汇率和支付平衡问题。IMF 拥有丰富的经济专家和研究资源，能够对各国经济状况进行深入分析，并提出相应的政策建议。这些建议通常包括财政政策、货币政策、结构性改革等方面的措施，旨在帮助成员国加强经济治理，提高经济稳定性和可持续性。通过接受 IMF 的政策建议，成员国可以更好地应对外部经济冲击，促进经济结构调整，提高经济增长潜力，从而增强其支付平衡能力。

IMF 作为一个国际金融机构，在促进国际货币稳定方面发挥着重要作用。通过提供贷款和政策建议，IMF 帮助成员国应对汇率和支付平衡问题，防止支付危机的扩散，并促进全球经济的稳定和可持续发展。IMF 的贷款和政策建议也需要根据成员国的具体情况进行调整，以确保其有效性和可持续性。

2. 世界银行

世界银行是一个国际金融机构，其使命在于提供长期资金和技术援助，以支持发展中国家的经济发展和减贫工作。作为一个全球性的金融机构，世界银行扮演着重要的角色，通过提供资金、专业知识和技术支持，为发展中国家的可持续发展做出贡献。

世界银行致力于提供长期资金，以满足发展中国家在基础设施建设、教育、卫生、农业等领域的资金需求。由于许多发展中国家面临资金短缺和融资困难的局面，世界银行的长期资金支持成为它们实现经济发展和减贫目标的重要来源。世界银行提供的贷款和资助项目涵盖了各个领域，从基础设施建设到社会福利事业，都得到了世界银行的支持和促进。

除了资金支持外，世界银行还提供技术援助，帮助发展中国家提升治理能力、加强制度建设和推进结构性改革。通过向发展中国家提供技术支持和专业知识，世界银行助力这些国家实现可持续发展目标，提高政府管理水平，增强经济竞争力，从而促进经济增长和减贫工作。

世界银行的工作范围涵盖了全球范围内的许多发展问题，如减贫、气候变化、教育、健康等。通过制定并实施各种项目和政策，世界银行努力帮助发展中国家克服发展障碍，实现经济和社会的可持续发展。世界银行还通过与其他国际组织、政府和私营部门合作，共同寻求解决全球性发展挑战的方案，推动全球发展事业向前发展。

世界银行作为一个重要的国际金融机构，在促进全球发展和减贫方面发挥着不可替代的作用。通过提供长期资金和技术援助，世界银行为发展中国家的经济发展和减贫事业提供了有力支持，为实现全球可持续发展目标作出了重要贡献。

二、全球金融经济

（一）贸易与投资

1.跨境投资

跨境投资是当今全球化时代的重要组成部分，它不仅仅是资本流动的象征，更是推动国际经济发展和资源优化配置的重要力量。随着跨境投资活动的增加，资本得以自由流动，投资机会得到拓展，这为各国经济的发展提供了更多可能性。

跨境投资活动增加了资本的流动性。通过跨境投资，资本可以自由流动到各个国家和地区，为投资者提供了更广阔的投资渠道和机会。这种流动性不仅促进了资本的有效配置，还加强了全球金融市场的互联互通，使得资本可以更加灵活地跨越国界进行配置，进而推动了国际经济的发展。

跨境投资活动促进了资源的国际化配置。不同国家和地区拥有不同的资源和优势，跨境投资使得这些资源得以更有效地利用和配置。例如，跨国企业通过投资海外市场获取更多的原材料资源或廉价劳动力，从而提高了生产效率和竞争力。这种资源的国际化配置不仅促进了经济的增长，还有助于各国资源的互补和共享，推动了全球经济的协同发展。

跨境投资活动也推动了经济的全球一体化。随着全球化进程的不断推进，跨境投资促进了不同国家和地区之间的经济联系和合作。跨国企业的兴起和跨境投资的增加使得各国经济更加紧密地相互联系，形成了一个全球性的经济体系。这种全球一体化的趋势不仅促进了贸易往来和资本流动，还有助于加强国际间的经济合作和互利共赢。

跨境投资活动增加了资本流动和投资机会，促进了资源的国际化配置和经济的全球一体化。在当今全球化的背景下，跨境投资不仅为各国经济的发展提供了新的动力和机遇，也为国际经济合作和互利共赢打下了坚实的基础。

2. 全球价值链

全球价值链是指跨越国界、由各个国家和地区协同参与的生产和分配网络，是全球经济中的重要组成部分。全球金融经济的推动促进了全球价值链的形成和发展。在全球化的背景下，金融市场的开放和金融产品的创新使得跨国企业能够更便利地获取资金、管理风险、进行投资和资本布局，从而推动了全球价值链的建立。各国在生产和分配过程中相互依存，通过资源的有效利用实现了生产要素的优化配置，提高了全球经济的整体效率。

全球价值链的形成和发展带来了诸多好处。全球价值链的建立促进了国际间的分工合作和资源配置，使得各国能够依据自身的比较优势参与全球生产和供应链，实现了资源的有效利用和经济效益的最大化。全球价值链的发展推动了技术的传播和创新，促进了生产方式和管理模式的升级，提高了全球经济的竞争力和创新能力。全球价值链的形成还加强了国际间的经济联系和合作，有利于促进贸易自由化和经济全球化的深入发展，推动了全球经济的健康稳定增长。

全球价值链也面临着一些挑战和问题。全球价值链的发展不平衡，一些发展中国家和地区在全球价值链中的地位相对较低，主要从事低附加值的加工和装配环节，难以从中获得充分的利益和技术转移。全球价值链的风险传导效应增强，一国或一地区的经济动荡或贸易冲突可能对全球价值链产生连锁反应，引发全球经济的不稳定性和风险。全球价值链的发展也加剧了一些国家和地区的环境和资源压力，可能导致资源过度开发和环境污染问题。

全球价值链在全球金融经济的推动下形成和发展，为各国实现资源的有效利用和经济效益的最大化提供了重要机遇。全球价值链的发展还面临着一些挑战和问题，需要各国共同努力，加强合作与协调，促进全球价值链的健康发展，实现共同繁荣和可持续发展的目标。

（二）金融创新与风险

1. 金融产品创新

全球金融经济的蓬勃发展催生了金融产品和服务的创新浪潮，这为企业和个人提供了更多的融资和投资选择。金融产品创新作为金融市场发展的重要动力之一，不仅丰富了金融市场的产品种类，还推动了金融机构和市场参与者的竞争与进步，进而促进了经济的增长和全球资金的流动。

金融产品创新满足了不同投资者的需求，提供了更加多样化的投资选择。随着金融市场的不断发展和投资者对于风险和收益的不同偏好，传统的金融产品已经不能满足市场需求。因此，金融机构通过创新推出了各种新型金融产品，如 ETF（交易所交易基金）、衍生品、数字货币等，这些产品不仅在投资方式和风险分散上具有创新性，还能够满足不同投资者的需求，提供更加个性化的投资选择。

金融产品创新拓展了融资渠道，为企业提供了更加灵活的融资途径。传统的融资方式往往依赖于银行贷款或发行债券，但这些方式受到了资金来源的限制和融资成本的波动。而金融产品创新则为企业开辟了新的融资渠道，如股权众筹、债权众筹、信用衍生品等，这些新型融资方式不仅能够提高融资效率和灵活性，还能够降低融资成本，为企业的发展提供更加稳定和可持续的资金支持。

金融产品创新也推动了金融市场的竞争和进步，促进了金融体系的发展和完善。随着金融产品的不断创新和市场的竞争加剧，金融机构和市场参与者不断努力提升产品质量、服务水平和创新能力，以满足客户需求和赢得市场份额。这种竞争与进步不仅推动了金融市场的发展和壮大，还有助于提高金融体系的风险管理能力和金融监管的有效性，为金融市场的稳定和健康发展提供了坚实基础。

金融产品创新作为全球金融经济发展的重要推动力量，不仅丰富了金融市场的产品种类，还拓展了融资渠道，推动了金融市场的竞争与进步，进而促进了经济的增长和全球资金的流动。金融产品创新也面临着市场风险和监管挑战，因此需要金融机构和监管部门加强合作，加强监管和风险管理，保障金融市场的稳定和健康发展。

2. 金融风险传播

金融风险传播是指金融市场全球化的趋势导致金融风险跨越国界传播的现象。随着金融市场的国际化和互联互通程度的提高，各国金融机构之间的联系日益紧密，金融产品和资金流动更加频繁和广泛。这种全球化的金融联系导致了金融风险的快速传播，一旦某一地区或国家发生金融危机，可能会迅速影响到其他地区和国家的金融市场，甚至对全球经济造成重大影响。

金融风险传播的一个显著体现是国际金融危机的爆发。历史上，许多国际金融危机如 1997 年的亚洲金融危机、2008 年的全球金融危机等都是典型案例。这些危机往往源于某一地区或国家的金融市场发生问题，但由于金融市场的全球化特点，危机迅速扩散至其他地区和国家，波及全球经济。例如，2008 年的次贷危机源自美国房地产市场的崩溃，但迅速蔓延至全球范围，引发了金融市场的恐慌和信心崩溃，导致了全球范围内的经济衰退和金融动荡。

金融风险传播的机制主要包括资金流动、投资者行为和市场情绪。资金流动是金融风险传播的重要途径。由于资金的跨境流动，资本市场之间的联系日益密切，一旦某一地区或国家的金融市场出现问题，资金可能会迅速流出该地区或国家，造成其他地区或国家金融市场的动荡。投资者行为也是金融风险传播的重要因素。投资者的行为和决策往往受情绪和市场预期的影响，一旦出现恐慌情绪或市场预期的变化，可能引发大规模的资金流动和金融市场的动荡，加剧金融风险的传播。

面对金融风险传播的挑战，各国政府和国际组织需要加强合作，加强金融监管和风险管理，建立更加健全和稳定的国际金融体系。金融机构也需要加强风险管理和自身抵御能力的提升，以应对全球金融市场的不确定性和波动性。金融风险传播是全球金融市场面临的重要挑战之一，加强国际合作和加强风险管理是有效应对金融风险传播的关键。

第二节　跨国公司与全球风险管理

跨国公司在全球化的背景下扮演着重要的角色，它们面临着来自不同国家、不同地区的各种风险挑战，因此全球风险管理成为其发展战略中的重要组成部分。政治风险是跨国公司面临的主要挑战之一。不同国家的政治环境和政策法规可能对企业经营活动产生直接影响，如政治动荡、政策变化、贸易战等都可能导致企业面临巨大的风险。因此，跨国公司需要密切关注各国政治形势变化，制定相应的政治风险管理策略，减少政治风险对企业经营的不利影响。

经济风险也是跨国公司需要重点关注的问题。全球经济形势的波动和不确定性可能导致汇率波动、市场需求下降、经济衰退等问题，进而影响企业的盈利能力和市场份额。因此，跨国公司需要制定有效的经济风险管理策略，包括对汇率风险进行对冲、多元化市场布局、灵活调整生产和销售策略等措施，以应对经济风险的挑战。

社会和文化风险也是跨国公司在全球经营中需要面对的挑战。不同国家、不同地区的社会文化背景差异巨大，可能导致企业在营销、品牌推广、员工管理等方面遇到困难和挑战。跨国公司需要深入了解目标市场的文化特点和社会习惯，制定针对性的营销策略和人力资源管理政策，减少社会文化风险带来的影响。

环境和法律风险也是跨国公司需要重视的问题。全球环境保护意识日益增强，环境法规也越来越严格，跨国公司在全球经营中需要遵守各国的环境法律法规，防范环境风险。同时，各国法律体系和司法环境也存在差异，可能导致企业在合同履行、知识产权保护等方面面临法律风险。因此，跨国公司需要建立完善的法律合规体系，加强对法律风险的监测和管理，保障企业的合法权益和稳健经营。

一、全球风险管理

（一）政治和地缘政治风险

政治和地缘政治风险对跨国公司构成了严重挑战，因为它们必须在不同国家的政治环境中运营。这些风险可能包括政策的突然变化、政府的干预以及地缘政治紧张局势的加剧，这些因素都可能对企业的经营活动和利润产生不利影响。因此，跨国公司必须有效地管理这些政治风险，以保障其在全球范围内的业务稳健发展。

有效管理政治风险需要对政治环境进行深入分析和预测。企业需要了解每个国家的政治体系、政府政策和利益相关者的态度和行为，以及可能对其业务产生影响的各种因素。通过对政治环境的全面分析，企业可以更好地把握局势，及时调整策略，降低政治风险对业务的不利影响。

与政府和利益相关者建立良好关系是有效管理政治风险的关键。企业需要积极参与当地政治和社会事务，与政府官员、政党领导人、业界代表等建立密切联系，促进沟通和合作。通过建立良好的政府关系和社会网络，企业可以更好地了解政府政策和立场，及时获取政策变化的信息，并在政治风险事件发生时获得支持和协助。

制定应对策略和规避措施是有效管理政治风险的重要组成部分。企业应该根据政治环境的变化和风险程度，制定相应的风险管理策略和危机应对预案，确保在政治风险事件发生时能够迅速做出反应并采取有效措施。企业还可以通过多元化投资、地域分散等方式来降低政治风险的影响，减少业务的单一依赖性，提高整体抗风险能力。

跨国公司面临的政治和地缘政治风险是复杂而多样的，但通过对政治环境的深入分析和预测、与政府和利益相关者建立良好关系，以及制定应对策略和规避措施，企业可以有效地管理这些风险，确保其在全球范围内的业务稳健发展。

（二）经济和金融风险

经济和金融风险是跨国公司经营活动中不可避免的挑战，全球经济和金融市场的波动直接影响着它们的业务运营。这些波动可能表现为汇率波动、通货膨胀、金融危机等形式，对企业的财务状况和盈利能力产生重大影响。为了有效应对这些风险，跨国公司需要制定全面的经济和金融风险管理策略，包括资金管理、外汇风险对冲、多元化投资组合等措施。

跨国公司可以通过制定资金管理策略来管理经济和金融风险。这包括有效管理公司的资金流动，确保资金的充足性和稳定性。资金管理策略可能涉及到资金预算、资金集中与分散、现金流优化等方面的内容，旨在最大限度地提高资金利用效率，降低资金成本，同时确保足够的流动性以应对可能的经济和金融冲击。

外汇风险对冲是跨国公司管理经济和金融风险的重要手段之一。由于跨国公司经常进行跨境交易，其业务可能受到汇率波动的直接影响。为了减轻汇率波动带来的风险，公司可以采取各种对冲措施，例如使用外汇衍生品进行远期交易、期货交易或货币期权交易等，以锁定汇率并保护企业的利润。

多元化投资组合也是有效管理经济和金融风险的重要策略之一。通过将投资分散到不同的资产类别、行业和地区，跨国公司可以降低单一投资所面临的风险，并在不同市场条件下获得更稳定的收益。多元化投资组合可以包括股票、债券、房地产、大宗商品等多种资产，以及不同国家和地区的投资，从而降低整体投资组合的风险水平。

跨国公司面临的经济和金融风险是复杂而多样的，需要全面的管理策略来应对。通过制定资金管理策略、外汇风险对冲和多元化投资组合等措施，企业可以有效降低风险并保护自身利益，从而更好地适应全球经济和金融市场的不确定性。

（三）社会和环境风险

社会和环境风险是跨国公司在全球范围内面临的重要挑战之一。随着全球化进程的加速和社会环境问题的日益凸显，跨国公司必须认识到社会和环境风险对企业长期发展的潜在影响，并采取有效措施进行管理。

有效管理社会和环境风险需要跨国公司建立可持续发展战略。可持续发展战略旨在实现经济、社会和环境的协调发展，使企业在追求利润的同时，也能够兼顾社会责任和环境保护。这种战略不仅能够降低企业面临的社会和环境风险，还能够提升企业的竞争力和可持续发展能力。

跨国公司需要加强社会责任投资。社会责任投资是企业向社会做出的积极贡献，包括捐赠、慈善事业、社区发展项目等。通过加强社会责任投资，跨国公司能够提升自身在当地社区的声誉和形象，减少社会抗议和不满情绪的发生，从而降低社会风险，为企业的长期发展创造良好的外部环境。

跨国公司还应当遵守环境法规和标准。环境法规的遵守是企业履行社会责任和保护环境的基本要求，也是减少环境风险的关键措施之一。跨国公司应当严格遵守所在国家和地区的环境法规，采取有效措施减少环境污染、节约资源，并积极参与环境保护工作，推动企业向环境友好型发展。

有效管理社会和环境风险对于跨国公司的可持续发展至关重要。通过建立可持续发展战略、加强社会责任投资、遵守环境法规等措施，跨国公司可以有效降低社会和环境风险，维护企业的声誉和可持续发展，实现经济、社会和环境的协调发展。

二、跨国公司风险管理策略

（一）地区多元化

地区多元化是跨国公司在经营战略上的重要考量，通过在不同地区分散业务，可以有效降低特定地区风险对企业的影响，实现业务多元化和风险分散。在全球化的背景下，跨国公司越来越意识到单一地区经济和政治风险可能带来的影响，因此通过在多个地区开展业务来减轻这种影响，提高整体业务的稳健性成为一种常见策略。

地区多元化可以有效降低特定地区风险的影响。单一地区的经济波动、政治动荡、自然灾害等因素都可能对企业的业务造成严重影响。而通过在多个地区开展业务，企业可以分散这些风险，降低特定地区风险对整体业务的冲击。例如，当一个地区的市场出现不景气或政治动荡时，其他地区的业务仍然可以为企业提供稳定的收入来源，有利于企业应对外部环境的变化。

地区多元化有助于提高企业整体业务的稳健性。在全球化的竞争环境下，企业需要具备较强的抗风险能力才能在激烈的市场竞争中立于不败之地。通过在多个地区开展业务，企业可以充分利用各地区的优势和资源，构建更加稳健的业务模式。这样的多元化布局可以提高企业的整体抗风险能力，使其能够更加灵活地应对市场变化和风险挑战。

地区多元化还可以为企业开拓更广阔的市场和发展空间。不同地区拥有不同的市场特点、消费习惯和文化背景，通过在多个地区开展业务，企业可以更好地满足不同地区消费者的需求，拓展更广阔的市场空间。这种多元化的市场布局有助于企业提升竞争力，实现业务的持续增长和发展。

地区多元化是跨国公司在经营战略上的重要举措，通过在不同地区分散业务，可以降低特定地区风险的影响，提高整体业务的稳健性，并开拓更广阔的市场和发展空间。在全球化的竞争环境下，地区多元化将成为跨国公司实现可持续发展的重要策略之一。

（二）供应链管理

供应链管理是跨国公司运营中至关重要的一环，尤其是当供应链覆盖多个国家和地区时，其管理变得更加复杂而关键。这种复杂性不仅来自于不同国家和地区的法律法规、文化和语言的差异，还包括来自供应商、合作伙伴和物流等方面的多种风险。跨国公司需要通过建立灵活的供应链网络、多元化供应商和采取有效的风险管理措施，来应对供应链中的各种风险。

跨国公司可以通过建立灵活的供应链网络来降低风险。这包括确保供应链中的各个环节都能够快速响应市场变化和需求波动。例如，跨国公司可以通过建立多个物流中心和仓储设施来缓解物流风险，确保产品能够及时、高效地运输到目的地。采用供应链数字化技术和物联网设备可以实现对供应链的实时监控和数据分析，帮助跨国公司更好地应对潜在风险。

多元化供应商也是降低风险的重要策略之一。跨国公司可以通过与多个供应商建立合作关系，分散供应风险，并且降低对某一供应商的依赖程度。这种多元化的供应商策略不仅可以降低因某一供应商出现问题而造成的生产中断风险，还可以促使供应商之间的竞争，降低采购成本，提高供应链的效率和稳定性。

跨国公司需要采取有效的风险管理措施来识别、评估和应对供应链中的各种风险。这包括制定并执行供应链风险管理策略，建立供应商评估和监控机制，以及建立应急计划和备份方案以应对突发事件。同时，跨国公司还可以购买供应链保险等金融产品来转移部分风险，确保企业在面临供应链中的不确定性时能够保持稳健。

跨国公司应通过建立灵活的供应链网络、多元化供应商和采取有效的风险管理措施，来应对供应链中的各种风险。这样可以降低生产中断和质量问题的风险，提高供应链的稳定性和可靠性，从而确保企业的持续发展和竞争优势。

（三）技术和数据安全

技术和数据安全是跨国公司在全球范围内所面临的重要挑战之一。在数字化时代，随着信息技术的迅速发展和数据交换的广泛应用，企业的技术和数据资产面临着诸多潜在风险，如网络攻击、数据泄露以及知识产权侵犯等。这些安全威胁不仅可能导致企业财务损失和声誉受损，还可能对企业的业务连续性和发展造成严重影响。因此，跨国公司需要采取有效措施来保护其技术和数据资产，确保其免受安全威胁的侵害。

加强信息技术安全措施是保护技术和数据资产的关键步骤之一。企业可以通过建立健全的信息安全管理体系，包括制定安全策略、加强网络防火墙和入侵检测系统、实施权限管理和访问控制等措施，来提高技术系统的安全性。定期进行安全漏洞扫描和漏洞修复，及时更新和升级软件系统，也是确保企业技术资产安全的有效手段。通过这些措施，企业可以有效地防范各种网络攻击和恶意软件的威胁，提升技术系统的稳定性和安全性。

数据加密是保护数据资产安全的重要措施之一。数据是企业的重要资产之一，包括客户信息、商业机密、财务数据等敏感信息，必须得到有效的保护。企业可以采用加密技术对敏感数据进行加密处理，以确保数据在传输和存储过程中不被未经授权的访问和窃取。建立严格的数据访问权限和监控机制，对数据进行有效的分类和分级管理，也有助于提高数据资产的安全性和保护水平。

建立应急响应机制是应对安全威胁的关键举措之一。尽管企业已经采取了各种安全措施来预防安全事件的发生，但仍然无法完全消除安全风险。因此，建立健全的应急响应机制至关重要。企业应制定应急响应预案，明确安全事件的报告和处理流程，建立专门的安全应急团队，及时响应和处理安全事件，最大限度地减少安全事件对企业的损失和影响。

跨国公司面临着诸多技术和数据安全风险，如网络攻击、数据泄露和知识产权侵犯等。通过加强信息技术安全措施、数据加密和建立应急响应机制，跨国公司可以有效地保护其技术和数据资产，确保其免受安全威胁的侵害，维护企业的稳定和发展。

第三节 贸易与汇率风险

贸易与汇率风险之间存在着紧密的关联。贸易活动是国际经济中的重要组成部分，涉及到货币的兑换和跨国支付。因此，汇率的波动直接影响着贸易成本和收益。当本国货币升值时，出口商品价格可能上涨，降低了竞争力；而本国货币贬值则有利于出口，但进口成本会增加。这种汇率波动对贸易活动产生的影响被称为汇率风险。

汇率风险对企业和经济体都有重要影响。对企业而言，汇率波动可能导致出口收入不稳定，进而影响企业的盈利能力和竞争力。对经济体而言，汇率波动可能导致贸易不平衡，进而影响国际收支和经济增长。

企业和政府可以采取各种措施来管理汇率风险。企业可以通过使用外汇衍生品，如远期合约、期权等，来锁定汇率并降低汇率波动带来的影响。政府可以通过调整货币政策、干预外汇市场等手段来影响汇率水平，从而减少汇率风险对经济的冲击。

全球化背景下，汇率风险管理也需要考虑国际间的协调和合作。跨国企业和跨国投资者需要关注不同国家和地区的汇率政策和变动，制定相应的风险管理策略。同时，国际间的贸易合作和政策协调也对汇率风险管理起着重要作用。

贸易与汇率风险密切相关，汇率波动对贸易活动和经济体都有重要影响。有效管理汇率风险需要企业和政府采取合理有效的措施，同时也需要国际间的协调和合作。这样才能降低汇率波动对经济稳定和贸易发展的不利影响，促进经济的健康增长。

一、贸易风险

（一）汇率波动对贸易的影响

汇率波动对贸易产生了多方面的影响，不仅涉及企业的成本和价格竞争力，还牵涉到贸易收入、利润以及交易中的信用风险等方面。汇率波动直接影响了企业的贸易成本和价格竞争力。当本国货币升值时，企业的出口成本可能上升，这会降低其出口商品的价格竞争力；而当本国货币贬值时，企业的出口成本可能下降，从而提高其出口商品的价格竞争力。因此，汇率波动对企业的贸易成本和价格竞争力产生直接而明显的影响。

汇率波动也会影响企业的贸易收入和利润。在进行国际贸易时，企业通常使用本国货币进行交易，但交易完成后需要将外币转换成本国货币。因此，汇率波动会直接影响企业在本国货币中的贸易收入。当本国货币升值时，企业将获得更少的本国货币，从而降低了其贸易收入；而当本国货币贬值时，企业将获得更多的本国货币，增加了其贸易收入。汇率波动也可能导致企业的利润波动，进而影响其经营稳定性和盈利能力。

除了直接影响成本和收入外，汇率波动还可能增加贸易中的信用风险。不同国家之间的贸易往来通常涉及到跨境支付和结算，而跨境支付往往需要进行外汇交易。当汇率波动剧烈时，贸易交易双方可能会面临汇率风险，尤其是在支付和收款之间存在一定时间间隔时。如果汇率波动导致贸易伙伴之一无法按时支付或收回款项，就会增加交易的信用风险，影响交易的完成和款项的收回。

汇率波动对贸易产生了多方面的影响，包括直接影响企业的成本和价格竞争力、贸易收入和利润，以及间接影响交易中的信用风险等方面。企业在进行国际贸易时需要密切关注汇率波动，采取相应的风险管理措施，以保障贸易的稳定进行和利润的最大化。

（二）汇率风险管理策略

汇率风险管理策略对于国际贸易和跨国企业至关重要。汇率波动可能会对企业的盈利能力和财务状况产生不利影响，因此有效的管理策略是确保企业在面对汇率波动时能够降低风险并保持稳健经营的关键。

利用远期外汇合约、期权等金融工具进行汇率风险对冲是常见的管理策略之一。通过购买远期外汇合约，企业可以锁定未来的汇率水平，从而在汇率波动的情况下保护自身利润。期权则允许企业在未来以特定汇率买入或卖出货币，提供了更灵活的对冲选择。这些金融工具能够帮助企业规避汇率波动的风险，确保其在未来的交易中能够获得稳定的货币收益。

分散贸易伙伴和市场也是降低汇率风险的有效策略之一。过度依赖特定货币或市场可能会使企业更加敏感于该货币或市场的汇率波动。因此，通过拓展贸易伙伴和市场，企业可以减少对特定货币汇率的依赖性，降低单一汇率波动对业务的影响。这种多元化的贸易策略有助于企业更好地分散汇率风险，并提高整体抗风险能力。

加强财务管理和资金规划也是管理汇率风险的重要举措。企业应该及时进行财务分析，评估汇率波动对其财务状况的影响，并制定相应的应对策略。这可能包括调整贸易策略和价格定价，以适应汇率波动带来的影响，同时优化资金规划和资金结构，确保企业在面对汇率风险时具备足够的财务灵活性和抗风险能力。

汇率风险管理策略对于企业在国际贸易中的稳健发展至关重要。通过利用金融工具进行对冲、分散贸易伙伴和市场、加强财务管理和资金规划等措施，企业可以有效地管理汇率风险，保护自身利益，确保稳健经营。

（三）国际贸易政策和法规

国际贸易政策和法规对全球经济和贸易活动至关重要。在当前的国际贸易环境中，稳定和可预见的贸易政策环境对于促进全球经济增长和贸易活动至关重要。因此，寻求稳定的贸易政策环境是国际贸易政策和法规的重要目标之一。通过确立长期、稳定的贸易政策，国际贸易伙伴可以更好地规划和执行其商业计划，减少政策变动对贸易活动的不利影响，提高市场信心。

加强国际贸易规则和协议的落实和执行是维护公平贸易环境的关键。国际贸易规则和协议为各国贸易活动提供了框架和规范，促进了贸易伙伴之间的合作与交流。这些规则和协议只有在得到全面、有效的执行时才能发挥作用。因此，国际社会需要加强对国际贸易规则和协议的落实和执行，通过加强监督和评估机制，确保各成员国履行其承诺，并及时纠正违规行为，以提高贸易伙伴之间的信任和合作程度。

建立健全的贸易合同和条款是降低贸易纠纷风险的重要措施之一。在国际贸易中，双方之间签订的贸易合同起着至关重要的作用，它规定了交易的条款和条件，明确了双方的权利和义务。特别是在涉及到汇率波动的情况下，贸易合同应明确双方对汇率波动的责任和风险分担。通过建立清晰的合同和条款，可以减少因信息不对称或解释模糊而导致的贸易纠纷，保护双方的权益，促进贸易合作的顺利进行。

国际贸易政策和法规的稳定性、规范性和执行力对于维护公平、有序的国际贸易环境至关重要。通过寻求稳定的贸易政策环境、加强国际贸易规则和协议的落实和执行、建立健全的贸易合同和条款等措施，可以有效降低贸易风险，促进贸易伙伴之间的信任和合作，实现全球经济和贸易的稳定和可持续发展。

二、汇率风险

（一）经济基本面对汇率的影响

经济基本面对汇率的影响是金融市场中一个重要而复杂的问题。国家经济基本面的变化是汇率长期走势的主要驱动因素之一。经济增长对汇率有着重要影响。一个国家的经济增长水平往往反映了其经济活力和竞争力，较快的经济增长可能吸引更多的外国投资，推动本国货币升值。相反，经济增长乏力可能导致资本外流，压低本国货币汇率。

另一个重要因素是通胀率。通胀率的上升可能降低货币的购买力，导致本国货币贬值。因为高通胀会削弱货币的吸引力，投资者可能会将资金转移到通胀率较低的国家。相反，通胀率稳定或低于其他国家可能提升货币的价值。

利率也是影响汇率的关键因素之一。较高的利率通常会吸引更多的资本流入，因为高利率意味着更高的投资回报率。这可能导致本国货币升值。另一方面，降低利率可能鼓励消费和投资，但同时也可能减少对本国货币的需求，导致货币贬值。

政府政策和货币政策的调整也会对汇率产生影响。例如，通过货币政策调整货币发行量和利率政策，政府可以影响本国货币的供求关系，进而影响汇率水平。政府的财政政策和外汇储备政策也可能对汇率产生影响，尤其是在外部压力增加时。

国际贸易和资本流动等因素也会影响汇率的短期波动。例如，贸易顺差或逆差可能导致本国货币升值或贬值。资本流动的增加或减少也可能引发货币的波动，从而增加汇率风险。

经济基本面对汇率的影响是复杂而多样的。国家经济增长、通胀率、利率等因素以及政府政策和货币政策的调整都会影响汇率的长期走势和短期波动。因此，了解和分析这些因素对于有效管理汇率风险和进行外汇交易至关重要。

（二）汇率风险对企业的影响

汇率风险是企业经营中不可忽视的重要因素，其波动可能对企业产生多方面的影响。汇率波动可能导致企业的成本和收入不匹配，从而影响企业的盈利能力和财务状况。当企业在跨国贸易中进行交易时，如果货币价值发生波动，可能导致企业的成本增加或收入减少，进而降低企业的利润率。这种不匹配会使企业难以准确预测未来盈利水平，增加经营不确定性。

汇率波动还可能影响企业的资金流动性和融资成本，增加企业的财务压力和经营风险。如果企业面临着本币与外币之间的汇率波动，可能导致企业的资金流动性受到挑战，尤其是对于以外币负债或收入的企业而言。汇率波动还可能导致企业融资成本的波动，如果企业需要进行外币融资，汇率波动可能导致融资成本的增加，加重企业的财务负担。

长期的汇率波动也可能对企业产生深远的影响。长期的汇率波动可能影响企业的国际竞争力和市场份额。如果企业的竞争对手位于汇率相对稳定的国家，而企业所在的国家汇率波动较大，可能导致企业的产品在国际市场上价格波动较大，从而影响企业的市场竞争力和市场份额。长期下来，这可能影响企业的长期发展和可持续性。

汇率风险对企业的影响是多方面的。它不仅可能影响企业的盈利能力和财务状况，还可能影响企业的资金流动性和融资成本，增加企业的财务压力和经营风险。长期的汇率波动还可能影响企业的国际竞争力和市场份额，影响企业的长期发展和可持续性。因此，企业在经营中应当认真评估和管理汇率风险，采取相应的对策，以降低对汇率波动的敏感度，保护企业的盈利能力和财务健康。

（三）汇率风险管理策略

汇率风险是指由于外汇市场的波动而导致企业在跨境交易中可能出现的损失。针对这种风险，企业可以采取一系列的管理策略和流程，以降低其对企业经营的不利影响。建立一套完善的汇率风险管理政策和流程至关重要。这一政策应该明确规定了企业对汇率风险的认识、评估和应对措施，以及相关责任人和决策程序。在此基础上，企业需要成立专门的汇率风险管理团队，他们负责监测市场动态、评估风险水平，并制定相应的对策。

作为汇率风险管理的重要手段之一，企业可以利用外汇衍生品和金融工具进行风险对冲。远期外汇合约和货币期权等工具可以帮助企业锁定未来的汇率，降低由于汇率波动而带来的损失。通过这些工具，企业可以更加有效地管理汇率风险，确保其跨境交易的稳定性和可持续性。

加强对外汇市场的分析和预测也是有效管理汇率风险的重要手段之一。企业可以借助专业机构或利用内部资源，对外汇市场进行深入的研究和分析，以便及时捕捉市场的变化，并据此调整汇率风险管理策略。通过不断地优化和调整策略，企业可以降低不利汇率波动对其经营业绩的影响，提高企业的抗风险能力和竞争优势。

有效的汇率风险管理需要建立完善的政策和流程，并配以专门的管理团队。同时，企业还应利用外汇衍生品和金融工具进行风险对冲，并加强对外汇市场的分析和预测，以应对汇率波动带来的挑战。只有这样，企业才能在国际市场中保持稳健的经营，并实现可持续发展。

第四节　国际合作与金融危机预防

国际合作在预防金融危机方面发挥着至关重要的作用。国际合作可以促进信息共享和风险监测。通过加强国际合作机制，各国可以及时分享经济数据、金融市场信息和风险评估结果，共同监测全球金融市场的动态变化和潜在风险，及早发现并应对可能导致金融危机的因素。这种信息共享和合作可以提高金融市场的透明度和稳定性，减少市场不确定性和恐慌情绪。

国际合作可以加强金融监管和规范。金融市场的国际化和跨境资本流动使得单一国家的监管难以覆盖所有风险和问题，因此需要通过国际合作建立起更加统一和有效的金融监管标准和规范。例如，国际金融组织如国际货币基金组织（IMF）、世界银行等在金融监管、金融稳定和风险管理方面发挥着重要作用，通过制定国际金融规则和指导方针，促进各国金融体系更加健康和稳健地发展。

国际合作还可以加强危机应对和应急措施。面对全球性金融危机或区域性金融风险，各国需要密切协调和合作，共同制定并实施应对措施，防止危机蔓延和扩大化。国际合作机制如金融稳定理事会（Financial Stability Board，FSB）等组织可以协调各国监管部门和中央银行，共同研究应对危机的政策和措施，提供国际金融体系的稳定性和可靠性。

国际合作还可以促进金融创新和科技合作。随着金融科技的发展和应用，国际合作可以促进金融科技创新和经验交流，共同探索金融科技在预防金融危机和提高金融效率方面的作用和价值。同时，还可以加强跨国金融科技监管合作，规范金融科技发展，防范金融科技带来的新型风险和挑战。

国际合作在预防金融危机方面发挥着重要作用，可以促进信息共享和风险监测，加强金融监管和规范，强化危机应对和应急措施，促进金融创新和科技合作，共同维护国际金融体系的稳定和健康发展。

一、强化国际金融机构与组织合作

（一）信息共享与交流

信息共享与交流在当今全球化的金融环境中扮演着至关重要的角色。建立信息共享机制是一项关键举措，其目的在于促进国际金融机构之间的数据和监管信息的共享，以便及时发现和应对全球性金融风险。这一机制的建立不仅可以加强各国金融市场之间的联系，还能够提高金融市场的透明度和稳定性，为全球金融体系的健康发展提供坚实保障。

信息共享机制的建立意味着金融机构之间将更加紧密地协作和交流数据。通过共享金融市场数据，各国金融机构可以更准确地评估全球金融市场的整体状况，及时发现市场的异常波动和风险迹象。例如，当某一地区的金融市场出现异常波动时，其他国家的金融监管机构可以通过共享信息及时采取措施，以防止风险蔓延并维护金融稳定。

建立信息共享机制还有助于加强国际金融监管的有效性。通过共享监管信息，各国金融监管机构可以更好地了解全球金融市场的监管状况和风险点，进而加强监管合作，共同制定和实施跨境金融监管政策。这有助于防范和应对跨境金融活动中存在的各种风险，包括跨境资金流动、跨境投资和金融创新带来的风险等。

除了信息共享机制，加强跨国合作也是应对全球金融风险的重要手段之一。不同国家之间的金融监管机构和中央银行可以通过加强合作，共同应对跨境金融风险，维护全球金融稳定。这种跨国合作可以体现在多个方面，包括信息交流、政策协调、监管合作等方面。

加强信息交流是跨国合作的基础。各国金融监管机构和中央银行可以建立定期的信息交流机制，及时分享金融市场的监管经验、政策举措和风险评估结果，以增进相互了解和信任，共同应对全球金融市场的挑战。

跨国合作还需要加强政策协调。各国金融监管机构和中央银行可以在政策制定和实施过程中加强沟通和协调，避免出现相互冲突或者竞争的情况，形成合力应对全球性金融风险。特别是在制定跨境金融监管政策时，需要充分考虑各国的利益和关切，通过协商和协调达成共识，共同维护全球金融稳定。

加强监管合作也是跨国合作的重要内容。各国金融监管机构可以建立跨境监管合作机制，加强对跨国金融机构和跨境金融活动的监管和监督，防范和打击跨国金融犯罪行为，维护全球金融秩序和稳定。这需要各国金融监管机构之间建立起高效的合作机制和信息共享平台，实现信息的快速传递和监管行动的及时协调。

信息共享与交流是应对全球金融风险的重要举措之一，其建立需要国际金融机构之间的紧密合作和跨国合作的加强。只有通过共同努力，才能够建立起健全的全球金融体系，实现金融市场的稳定和可持续发展。

（二）制定国际金融规则与标准

国际金融规则与标准的制定是全球金融稳定的关键一环。在当今全球化的经济环境中，各国的金融市场联系日益紧密，国际金融体系的稳定性和可持续发展已成为全球共同关注的焦点。为应对全球金融市场的不稳定性，国际金融机构应该积极推动建立统一的金融规则和标准，以促进全球金融体系的健康发展与稳定运行。

在全球化的经济背景下，各国之间的金融联系日益密切，跨境资金流动日益频繁。不同国家之间存在着各自不同的金融规则和标准，这导致了金融市场的碎片化和不稳定性。因此，有必要通过国际合作的方式，建立起统一的金融规则和标准，以规范和引导全球金融市场的发展。这一举措不仅有助于降低金融市场的不确定性，提升市场参与者的信心，还能够有效防范金融危机的发生。

在推动建立统一的金融规则和标准的过程中，国际金融机构扮演着重要角色。这些机构可以通过举办国际性的金融峰会、制定行业标准和指导方针等方式，促进各国之间的金融规则协调与统一。例如，国际货币基金组织（IMF）、世界银行和金融稳定理事会等国际组织可以发挥其在全球金融治理中的领导作用，推动各国就金融监管、货币政策、风险管理等方面达成共识，并形成可操作的标准和规则。

与此同时，加强国际金融监管也是确保全球金融体系稳定运行的关键所在。跨境资金流动的增加使得金融监管面临更大的挑战，传统的国家监管模式已经无法适应日益复杂的国际金融市场。因此，建立跨境监管机制，加强对跨国金融机构和市场的监管显得尤为重要。只有通过跨国合作，加强金融监管的力度和范围，才能有效地防范跨境资金流动引发的金融风险，维护全球金融稳定。

在加强国际金融监管的过程中，需要加强国际间的信息共享与合作。各国金融监管机构应建立起高效的信息交换机制，及时分享金融市场的动态和风险信息，以便及时发现和应对潜在的跨境金融风险。还需要加强对跨国金融机构的监管协调，防止其利用不同国家之间监管的漏洞，规避监管要求，从而导致全球金融体系的不稳定性。

制定国际金融规则与标准，并加强国际金融监管，是维护全球金融稳定的关键所在。国际金融机构应积极推动建立统一的金融规则和标准，促进全球金融市场的健康发展与稳定运行；同时，加强国际金融监管，建立跨境监管机制，防范跨境资金流动引发的金融风险，维护全球金融体系的稳定性与可持续发展。

（三）协调宏观经济政策

在当今全球化的背景下，宏观经济政策的协调至关重要。国际金融机构在这一进程中扮演着关键角色，通过促进各国之间的宏观经济政策协调，有助于避免单边主义和竞争性贬值。在这个论述中，将探讨国际金融机构如何促进宏观经济政策的协调，以及为什么加强国际协调对应对外部冲击至关重要。

国际金融机构在促进宏观经济政策协调方面扮演着至关重要的角色。随着全球化程度的提高，国家之间的经济联系日益紧密，经济政策的协调变得尤为重要。国际金融机构如国际货币基金组织（IMF）和世界银行等，在此过程中发挥着重要作用。它们通过提供政策建议、经济监测和协调机制等方式，鼓励各国在宏观经济政策上进行合作与协调，以实现全球经济的平衡与稳定。

宏观经济政策的协调有助于避免单边主义和竞争性贬值。在全球化的经济环境中，各国经济政策的单边调整可能导致不良后果。例如，一国采取过度宽松的货币政策可能导致货币贬值，进而引发其他国家的竞争性贬值，从而加剧全球贸易紧张局势。通过宏观经济政策的协调，国际金融机构可以帮助各国避免这种局面，促进全球经济的可持续增长。

加强国际协调对应对外部冲击至关重要。全球经济面临诸多不确定性和挑战，如贸易摩擦、金融危机等。在这种情况下，各国单打独斗往往难以有效解决问题。国际金融机构可以发挥桥梁和纽带的作用，促进各国加强合作，共同应对外部冲击，维护全球经济的稳定和可持续增长。

国际金融机构在促进宏观经济政策协调方面发挥着至关重要的作用。通过提供政策建议、经济监测和协调机制等方式，它们有助于各国在宏观经济政策上实现合作与协调，避免单边主义和竞争性贬值，应对外部冲击，维护全球经济的稳定和可持续增长。加强国际协调，共同应对外部冲击和不稳定因素，已成为当今全球经济发展的必然选择。

二、加强国际金融体系稳定性建设

（一）强化国际金融监管

强化国际金融监管是当今全球金融体系面临的重要挑战之一。在日益全球化的金融市场中，各种风险和不确定性不断涌现，威胁着全球经济的稳定和发展。为了应对这些挑战，加强金融监管和提高市场透明度至关重要。通过加强国际金融市场的监管和透明度，可以有效减少不确定性和风险，从而促进金融市场的健康发展。

增强金融市场的透明度是强化国际金融监管的关键一步。透明度不仅能够提高市场参与者对市场情况的了解，还能够增强市场的稳定性和抗风险能力。在一个信息不对称的金融市场中，投资者往往难以获取全面和准确的信息，从而增加了投资决策的风险。通过加强金融市场信息披露的规范和监管，可以使市场参与者更加清晰地了解市场的运作规则、风险分布和市场参与者的行为，从而降低信息不对称带来的风险和不确定性。

加强对金融机构风险管理的监督是强化国际金融监管的另一个重要方面。金融机构作为金融市场的核心参与者，其稳健的经营和风险管理水平直接影响着金融市场的稳定和健康发展。在全球化的金融市场中，金融机构的交叉持股和交易活动增加了金融风险的传播速度和范围，一旦某个金融机构出现问题，可能会引发全球性的金融危机。因此，加强对金融机构风险管理的监督，有助于及早发现和防范金融风险，防止金融风险在全球范围内扩散。

值得注意的是，加强国际金融监管需要建立有效的监管机制和合作机制。由于金融市场的全球化特征，单一国家或地区的监管措施往往难以应对跨境金融活动带来的挑战。因此，国际社会需要加强合作，建立起跨国界的金融监管机制，共同应对全球金融市场面临的挑战。只有通过加强国际合作，才能够有效地解决金融市场的跨境性问题，实现全球金融市场的稳定和可持续发展。

强化国际金融监管是维护全球金融稳定和促进金融市场健康发展的重要举措。通过加强金融市场的透明度和监管，可以有效减少金融风险和不确定性，提高金融市场的稳定性和抗风险能力。同时，加强国际合作，建立起有效的跨国界监管机制，是实现全球金融市场稳定和可持续发展的关键。

（二）建立应急机制与救助基金

在当前全球化的经济格局下，国际金融危机和系统性风险的发生已成为不可忽视的现实挑战。为了有效地应对这些挑战，建立国际金融危机应对机制以及设立国际金融救助基金显得尤为重要。国际金融危机应对机制的设立意味着各国能够在危机爆发时采取及时、有效的措施，以减缓危机造成的冲击并保护全球金融体系的稳定。国际金融救助基金的设立将为受危机影响的国家提供必要的财政支持和援助，有助于缓解危机带来的负面影响，促进受影响国家的经济复苏和发展。

建立国际金融危机应对机制是应对全球金融危机的一项重要举措。这一机制的建立意味着国际社会将共同努力，形成一套协调一致的危机管理机制，以应对可能出现的各种金融危机。例如，可以建立国际协调机制，确立全球金融危机爆发时各国政府、国际金融机构和监管机构之间的沟通和合作机制，及时分享信息、协调政策，共同应对危机。还可以建立监测预警机制，加强对全球金融市场的监测和预警，及早发现并应对潜在的金融风险和危机。这些举措的实施将有助于提高全球金融市场的稳定性和抗风险能力，减少金融危机对全球经济的冲击。

与此同时，建立国际金融救助基金也是缓解金融危机影响的重要手段之一。这一基金的设立将为受金融危机影响较为严重的国家提供及时的财政支持和援助，帮助它们应对危机带来的经济困境。基金的资金来源可以是各国政府的捐助、国际金融机构的贷款以及其他国际组织和私人机构的捐款。在使用基金资金时，应当遵循公平、公正、透明的原则，确保资金的有效利用，最大程度地减少危机对受援国家的负面影响。基金还可以通过提供技术援助和政策建议等方式，帮助受援国家改善金融体制、加强监管能力，从根本上减少金融危机的发生和影响。

建立国际金融危机应对机制和设立国际金融救助基金是应对全球金融危机和系统性风险的重要举措。这些举措的实施将有助于提高全球金融市场的稳定性和抗风险能力，减少金融危机对全球经济的冲击，促进各国经济的稳定和可持续发展。因此，国际社会应当共同努力，加强合作，推动国际金融危机应对机制和救助基金的建立和完善，共同应对全球金融领域面临的各种挑战和风险。

（三）促进发展中国家金融体系建设

促进发展中国家金融体系建设是当今国际发展领域的一项重要任务。在全球化背景下，发展中国家的金融体系发挥着至关重要的作用，对促进经济增长、减少贫困、提高人民生活水平具有重要意义。为了支持发展中国家金融体系的建设，国际金融机构可以采取多种措施，其中包括支持金融市场发展和加强金融教育与培训。

支持金融市场发展是促进发展中国家金融体系建设的关键一环。金融市场的健康发展能够为经济提供良好的融资环境，推动企业创新和扩张，促进就业增长和经济繁荣。国际金融机构可以通过技术援助和资金支持，为发展中国家搭建起完善的金融市场框架。例如，它们可以提供技术援助，协助发展中国家建立透明、高效的金融监管制度，从而确保市场秩序的规范和稳定。国际金融机构还可以提供资金支持，鼓励金融创新和产品多样化，满足不同层次、不同需求的金融服务需求，推动金融市场的多元化和健康发展。

加强金融教育与培训对于提升发展中国家金融体系的建设至关重要。金融教育和培训可以帮助发展中国家提升金融监管和风险管理能力，增强金融系统的韧性和稳定性。通过开展金融知识普及活动和专业培训课程，可以提高金融从业者和监管机构的专业水平，增强他们应对金融风险和挑战的能力。加强金融教育也有助于提升广大民众的金融素养，增强他们的金融管理能力和风险防范意识，减少因金融不慎而导致的个人和家庭财务风险。通过培养更多的金融专业人才和提升金融素养水平，可以为发展中国家金融体系的可持续发展奠定坚实基础。

　　国际金融机构通过支持金融市场发展和加强金融教育与培训，可以有效促进发展中国家金融体系的建设。这不仅有助于提升发展中国家的金融市场发展水平和金融体系的健康程度，还能够为实现经济可持续增长、减少贫困和改善人民生活水平做出积极贡献。因此，国际社会应当加大对发展中国家金融体系建设的支持力度，共同推动全球金融体系的稳定和繁荣。

第八章　金融创新与金融风险

第一节　金融创新与市场动态

金融创新是指金融业内引入新的产品、服务、技术或商业模式，以满足市场需求、提高效率、降低成本、增加收益等目的的活动。与此同时，金融市场也处于不断变化的动态中。金融创新在提高金融服务效率和便利性方面发挥着重要作用。例如，电子支付、移动支付等新型支付方式的出现，使得人们可以更便捷地进行交易和支付，促进了金融活动的便利化和普及化。

金融创新也推动了金融产品的多样化和个性化发展。通过引入新型金融产品，如债券 ETF、互联网金融产品等，投资者可以更灵活地配置资产、分散风险，实现资产组合的个性化定制，满足不同投资者的需求。

另一个重要方面是金融科技的发展对金融市场动态的影响。金融科技（Fin Tech）的兴起带来了新的商业模式和服务方式，如 P2P 借贷、数字货币、区块链技术等，改变了传统金融机构的经营方式和市场格局，促使金融行业更加竞争激烈、创新活跃。

金融创新也对金融监管和法律环境提出了新的挑战和需求。随着金融产品和服务的不断创新，监管机构需要不断调整监管政策和法规，保护投资者权益、维护金融市场稳定和公平。

金融创新与市场动态密切相关，通过引入新的产品、服务、技术和商业模式，提高金融服务效率、促进金融市场发展和创新，同时也带来了新的挑战和机遇。在不断变化的市场环境中，金融机构需要灵活应对，加强创新能力和风险管理，以适应市场的动态变化和发展。

一、金融创新

（一）新型金融产品

1.数字货币

数字货币的出现标志着金融领域的一次重大变革。随着加密货币和中心化数字货币等新型数字货币的崛起，传统货币发行和支付方式正经历着巨大的颠覆和重塑。这种变革不仅仅是技术层面的进步，更是对传统金融体系的挑战和改造。在这一过程中，数字货币推动着金融体系向数字化转型的步伐，引发了人们对货币本质、金融监管、经济体系和社会结构等诸多方面的深刻思考。

数字货币的出现给传统货币发行和支付方式带来了前所未有的变革。传统货币发行和支付方式往往依赖于中央银行等权威机构的管理和控制，而数字货币则基于去中心化的区块链技术，使得货币的发行和交易变得更加去中心化、透明和安全。加密货币如比特币、以太坊等不受政府或金融机构控制，其发行和管理完全依赖于区块链网络中的节点和算法，打破了传统货币发行的垄断局面，为金融体系的去中心化提供了新的路径。而中心化数字货币则在保留中央发行机构的管理下，借助区块链技术实现了支付方式的数字化和安全化，使得货币交易更加高效和便捷。这种由数字货币带来的货币发行和支付方式的变革，正在重新定义人们对货币的认知和使用方式。

数字货币的出现推动了金融体系的数字化转型。传统金融体系往往存在着信息不对称、交易成本高昂、跨境支付复杂等问题，而数字货币的出现为这些问题的解决提供了新的思路和技术支持。通过区块链技术，数字货币实现了交易的实时结算和可追溯性，降低了交易成本和风险，提升了金融服务的效率和安全性。同时，数字货币还为金融体系的创新和发展提供了新的契机。例如，智能合约等基于区块链的金融工具可以实现自动化的合约执行和资产交易，促进金融产品的创新和市场的发展。数字货币的出现不仅推动了传统金融机构的数字化转型，也促进了金融科技领域的发展和壮大，为金融体系的未来注入了新的活力和动力。

除此之外，数字货币的出现还对金融监管、经济体系和社会结构等方面产生了深远影响。传统金融监管往往面临着监管边界模糊、监管手段滞后等问题，而数字货币的出现使得监管机构面临着全新的挑战和机遇。如何在保障金融稳定和防范金融风险的同时，促进数字货币的创新和发展成为了监管机构面临的重要课题。同时，数字货币的出现也重新定义了经济体系和社会结构。传统货币体系往往受到地域和国家的限制，而数字货币则具有全球化特性，可以实现跨境支付和资产流动，为全球经济一体化提供了新的机遇和挑战。数字货币的出现促进了金融体系向全球化、数字化的方向发展，对经济结构和社会秩序产生了深远的影响。

数字货币的出现标志着金融领域的一次重大变革，推动了金融体系的数字化转型。数字货币不仅改变了传统货币发行和支付方式，也影响着金融监管、经济体系和社会结构等方面。在数字货币的推动下，金融体系正经历着从传统向现代的转变，为构建更加开放、包容、高效的金融体系提供了新的机遇和挑战。

2. 债权债务工具

债权债务工具的出现，标志着金融市场的不断创新与演进。这些工具包括了债务证券、债券衍生品等，为市场参与者提供了更加多样化的融资渠道和投资选择。债权债务工具的广泛应用，不仅为企业提供了融资的途径，同时也为投资者提供了多样化的资产配置方式。本文将深入探讨债权债务工具的特点、优势以及对金融市场的影响。

债权债务工具的重要特点之一是它们作为一种债务工具的性质。债权债务工具本质上是债务关系的体现，通常由借款人向债权人承诺支付利息和本金。债务证券，比如债券，是最常见的债权债务工具之一。债券持有人向发行人提供资金，作为回报，发行人承诺在一定期限内支付利息，并在到期时偿还本金。这种债务关系的建立为资金的流动提供了一种有效的渠道，同时也为投资者提供了一种相对稳定的投资选择。

债权债务工具的多样性使得金融市场的产品组合更加丰富。除了传统的债券外，还有各种形式的债务衍生品，如利率互换、期权等。这些衍生工具可以根据市场参与者的需求和风险偏好进行定制，从而满足不同投资者的需求。例如，利率互换允许双方交换固定利率和浮动利率支付，以对冲利率风险。这种多样性使得投资者能够更好地管理他们的风险敞口，并在不同市场环境下获得收益。

债权债务工具的出现也为企业融资提供了更多选择。传统的融资方式通常包括银行贷款和股权融资，然而债权债务工具的出现使得企业可以通过发行债券等方式直接向市场获取资金。相比于银行贷款，债务证券具有更高的灵活性和更低的融资成本。债务证券的发行还可以提高企业的知名度和信用评级，进而降低融资成本。

除了为企业融资提供了更多选择外，债权债务工具还为投资者提供了多样化的资产配置方式。债务证券通常被认为是相对低风险的投资选择，因为它们通常由具有较高信用评级的发行人发行，并且有着固定的利息支付承诺。对于那些追求稳定收益的投资者来说，债务证券是一个理想的选择。而对于那些追求高收益的投资者来说，债务衍生品可能是更合适的选择，因为它们通常具有更高的风险和更高的回报。

尽管债权债务工具为金融市场带来了诸多优势，但也存在一些挑战和风险。债务工具的流动性可能受到影响，特别是在市场波动较大或者信用环境恶化的情况下。债务工具的价格可能受到利率、信用风险等因素的影响，投资者需要对这些风险有清晰的认识并加以管理。债权债务工具的复杂性也可能增加投资者的操作成本和风险。

债权债务工具作为金融市场中重要的资产类别，为市场参与者提供了更加多样化的融资渠道和投资选择。其多样性和灵活性使得投资者能够更好地管理风险，并在不同市场环境下获取收益。投资者也需要对债权债务工具的特点和风险有清晰的认识，并加以谨慎管理。只有这样，债权债务工具才能发挥其应有的作用，为金融市场的稳定和发展做出积极贡献。

（二）金融科技（Fin Tech）

1. 支付和结算

支付和结算领域的发展已经在移动支付、数字钱包等技术的推动下取得了巨大进步。这些技术的发展不仅提高了支付和结算的效率，还降低了交易成本，从而为金融包容和经济发展注入了新的活力。移动支付作为其中的重要组成部分，在改变着人们的消费习惯和支付方式的同时，也带来了对传统支付模式的革命性影响。数字钱包等新兴技术的应用，进一步拓展了支付和结算的边界，为金融行业的创新和发展开辟了更广阔的空间。

移动支付的兴起为支付和结算领域带来了革命性的变化。传统的现金支付方式逐渐被移动支付所取代，人们可以通过手机或其他移动设备完成购物结算、转账支付等操作，极大地提升了支付的便利性和效率。无论是线上购物还是线下消费，移动支付都为消费者提供了更加便捷的支付体验，让购物变得更加快捷、简单。与此同时，移动支付的普及也带动了消费市场的活跃，促进了商品和服务的交易，为经济发展注入了新的动力。

数字钱包等新技术的应用进一步推动了支付和结算的创新。数字钱包是一种基于互联网的虚拟支付工具，通过数字化技术将传统的钱包功能转移到了手机等移动设备上。用户可以通过数字钱包实现快速的支付和结算，不仅可以方便地进行日常消费，还可以享受到更多的金融服务。数字钱包的出现打破了传统支付的时空限制，使得支付和结算更加便捷灵活。例如，在跨境支付领域，数字钱包可以通过跨境电商平台实现全球范围内的支付和结算，为国际贸易提供了更便利的支付方式，促进了贸易往来的畅通发展。

移动支付和数字钱包等新技术的发展，不仅提高了支付和结算的效率，还降低了交易成本。传统的支付方式通常伴随着繁琐的手续和高昂的成本，而移动支付和数字钱包则极大地简化了支付流程，并且减少了中间环节，降低了支付过程中的各种费用。特别是在小额支付和微支付方面，移动支付和数字钱包的低成本优势更加明显，为消费者提供了更多选择的同时，也为商家和支付机构带来了更多的商机和利润空间。这种降低成本的效应不仅促进了支付和结算行业的发展，也为经济体系的良性循环提供了有力支撑。

移动支付和数字钱包的普及也在推动金融包容的进程。金融包容是指让更多的人群获得金融服务和参与金融活动的机会，是促进经济社会发展的重要因素之一。移动支付和数字钱包的便捷性和普及性使得更多的人能够轻松接触到各种金融服务，包括支付、理财、借贷等，从而提高了他们的金融包容度。特别是对于那些居住在偏远地区或没有银行账户的人群来说，移动支付和数字钱包的出现填补了金融服务的空白，为他们提供了更加便捷和安全的支付手段，促进了金融包容的全面发展。

移动支付、数字钱包等技术的发展已经在支付和结算领域产生了深远的影响。这些技术的推动不仅提高了支付和结算的效率，降低了交易成本，还促进了金融包容和经济发展的进程。随着移动支付和数字钱包等新技术的不断创新和普及，支付和结算领域将迎来更加广阔的发展空间，为经济社会的发展注入新的动力。

2. 互联网金融

互联网金融是指利用互联网技术和平台，提供各种金融服务的模式。近年来，互联网金融领域迅速发展，其中互联网借贷、众筹、数字化银行等新型金融服务模式的兴起尤为引人注目。这些新兴模式不仅拓展了金融服务的覆盖范围，还满足了不同群体的金融需求，成为金融行业的一股强劲推动力。

互联网借贷作为互联网金融的重要组成部分，通过在线平台连接了资金需求方和资金供给方，极大地促进了资金的流动和配置效率。传统金融机构往往对小微企业、个体经营者等中小型客户的融资需求满足不足，而互联网借贷平台则通过信息技术手段，打破了传统金融机构的地域和信息壁垒，实现了对这些客户的精准定位和服务。借款人能够通过平台快速获得资金支持，投资人也可以通过投资借款项目获取相对较高的收益，从而实现了双赢局面。

众筹作为一种新型的融资模式，通过集合大量的个人或机构的小额资金，为创业者、项目发起者提供资金支持。互联网技术的发展使得众筹平台的运作更加高效和便捷，创业者可以通过互联网向全球范围内的投资者宣传自己的项目，并且获取资金支持。相比传统的融资方式，众筹更加灵活，降低了创业者的融资门槛，也为投资者提供了更多元化的投资选择。

数字化银行的兴起也是互联网金融发展的重要方向之一。数字化银行通过移动互联网技术和大数据分析，提供线上开户、无纸化操作、智能化风控等服务，极大地提升了金融服务的便利性和效率。相较传统银行，数字化银行不受时间和地域的限制，用户可以随时随地通过手机或电脑进行银行业务操作，极大地方便了人们的生活。数字化银行还能够通过大数据分析客户行为和偏好，为客户提供个性化的金融服务，提升了客户体验。

除了以上提到的几种新型金融服务模式，互联网金融还涵盖了诸如支付结算、保险、证券等多个领域。例如，移动支付的普及使得人们可以通过手机完成支付，提高了支付的便捷性和安全性；互联网保险公司通过在线销售、智能化理赔等方式，为用户提供了更加个性化、便捷的保险服务；而互联网证券平台则为投资者提供了更多元化、便捷的投资渠道。

互联网借贷、众筹、数字化银行等新型金融服务模式的兴起，不仅拓展了金融服务的覆盖范围，还满足了不同群体的金融需求，推动了金融行业向更加普惠、高效的方向发展。随着科技的不断进步和创新，相信互联网金融将会在未来发挥越来越重要的作用，为经济社会的发展带来新的动力和活力。

二、市场动态

（一）市场竞争与整合

1. 创新驱动

创新驱动是当今金融领域中一股强大的推动力量，它不仅加速了市场竞争的步伐，也激发了金融机构不断提升服务水平和产品创新能力的动力。在这个信息时代，金融创新已经成为各大金融机构必不可少的一环，它们不仅仅是传统金融服务的提供者，更是技术和创新的倡导者与实践者。随着科技的飞速发展，金融创新已经深刻地改变了人们的生活方式和金融服务的形态，成为推动经济社会发展的重要引擎。

金融创新推动了市场竞争的加剧。传统金融市场的竞争主要表现为价格竞争和营销手段的竞争，而随着金融科技的兴起，金融创新已经不再局限于这些方面。各大金融机构通过不断引入新技术、新产品和新服务，不仅提升了市场竞争力，也拓展了市场空间。例如，移动支付、虚拟货币等新型支付方式的出现，给传统银行支付业务带来了巨大冲击，迫使其加速创新步伐以适应市场需求。因此，金融创新不仅推动了市场竞争的加剧，也催生了更多的市场机会和发展空间。

金融创新促使金融机构不断提升服务水平。在传统金融服务模式下，客户往往需要花费大量时间去银行网点办理业务，而且服务体验也相对较差。而随着金融科技的应用，金融机构可以通过线上渠道提供更加便捷、快速和个性化的服务。例如，智能投顾系统可以根据客户的风险偏好和财务状况为其量身定制投资方案，大大提升了投资者的投资体验。同时，金融科技还可以实现24小时不间断的服务，打破了传统金融服务时间和空间的限制，提升了金融服务的效率和便利性。

再者，金融创新促使金融机构不断提升产品创新能力。传统金融产品往往缺乏差异化，难以满足客户个性化的需求。而金融创新则可以通过引入新技术、新模式和新理念，推动金融产品的不断升级和优化。例如，P2P网络借贷平台的出现，为小微企业和个人提供了更加灵活、快捷的融资渠道，满足了他们的资金需求。又如，区块链技术的运用，推动了数字资产的发展，为投资者提供了更多元化的投资选择。因此，金融创新不仅推动了金融产品的多样化，也提升了金融产品的质量和服务水平。

创新驱动是金融领域持续发展的关键因素之一。金融创新不仅推动了市场竞争的加剧，也促使金融机构不断提升服务水平和产品创新能力。随着科技的不断发展和金融市场的不断变革，金融创新将继续发挥着重要的作用，推动金融业朝着更加高效、智能和可持续的方向发展。

2. 行业整合

金融机构的并购重组活动在当今市场环境中愈发频繁，主要是受到市场竞争和监管压力的影响。随着全球经济的不断发展和变化，金融行业面临着越来越复杂的挑战。这些挑战包括技术创新、数字化转型、金融科技公司的崛起以及监管政策的调整。在这种环境下，金融机构不得不断调整自身策略，以适应市场变化。而并购重组成为了一种常见的策略选择，因为它可以帮助金融机构快速增强实力、拓展市场份额、优化资源配置，并提高盈利能力。

市场竞争是金融机构进行并购重组的主要动因之一。随着全球金融市场的逐步开放和国际化程度的提高，金融机构之间的竞争愈发激烈。传统的银行、证券、保险等金融服务提供商面临来自新兴金融科技公司的挑战，后者往往以创新的技术和灵活的业务模式迅速蚕食市场份额。为了在竞争中立于不败之地，传统金融机构不得不考虑通过并购重组来增强自身实力，提高竞争力。通过并购，金融机构可以快速获取新技术、新渠道和新客户群体，从而在市场竞争中占据先机。

另一方面，监管压力也是金融机构进行并购重组的重要因素之一。随着金融市场的全球化和金融体系的复杂化，监管机构对金融机构的监管力度不断加大。金融机构需要不断应对来自监管部门的新规定和要求，以确保自身合规经营。而面对不断变化的监管环境，规模较小的金融机构往往面临更大的挑战，因为它们往往缺乏足够的资源来适应新的监管要求。在这种情况下，通过并购重组可以帮助金融机构实现规模扩大、资源整合，从而更好地应对监管挑战。通过合并资源和实力，金融机构可以更有效地满足监管要求，降低合规成本，提高运营效率。

金融机构的并购重组活动也在不断调整和整合市场格局。随着并购重组的频繁发生，金融市场的竞争格局也在不断发生变化。一些规模较小的金融机构被大型金融机构吞并，导致行业内的市场份额重新分配。同时，一些跨界并购也成为了市场上的新趋势，例如银行与保险公司之间的合并，或者金融机构与科技公司之间的合作。这些跨界并购不仅改变了金融市场的竞争格局，还推动了金融业的创新与发展。通过整合不同领域的资源和优势，金融机构可以更好地适应市场变化，提供更加多样化和综合化的金融服务，从而赢得更多客户和市场份额。

金融机构之间的并购重组活动是在市场竞争和监管压力下的必然选择。通过并购重组，金融机构可以实现快速扩张、资源整合和市场优化，从而提高自身实力和竞争力。与此同时，金融机构的并购重组也在不断调整和整合市场格局，推动金融市场的发展与创新。因此，在未来，金融机构之间的并购重组活动将继续是金融行业发展的重要推动力之一。

（二）风险与监管

1. 新兴风险

新兴风险在当今金融领域备受关注，随着金融创新的不断推进，新型金融产品和服务层出不穷，这也带来了一系列新的风险挑战。信息安全风险以及市场风险等问题日益突显，需要加强监管和风险管理的措施。本文将从不同角度对新兴风险进行深入探讨，以期为金融行业的监管和风险管理提供更为全面深入的思考和建议。

信息安全风险是金融创新过程中的一大挑战。随着金融科技的迅猛发展，数字化、网络化程度不断提升，金融机构和用户信息的安全面临着越来越多的威胁。例如，网络黑客攻击、数据泄露等事件频频发生，给金融系统的稳定运行和用户信任带来了极大的威胁。因此，金融监管部门需要加强对金融机构信息安全管理的监管，建立健全的信息安全防护体系，提高金融系统的整体安全性。

市场风险也是新兴风险中的一个重要方面。随着金融市场的全球化和复杂化，市场波动性增大，各种金融产品的交易量和种类不断增加，市场风险的暴露面也在扩大。例如，金融衍生品的快速发展给市场带来了更大的波动性和不确定性，一旦市场出现剧烈波动，可能对金融机构和投资者造成严重的损失。因此，加强市场监管，规范金融产品和交易行为，提高市场的透明度和稳定性，是防范市场风险的关键所在。

流动性风险也是当前金融领域需要重点关注的问题之一。随着金融市场的不断发展和金融产品的创新，市场流动性的波动性和复杂性也在不断增加。例如，在金融危机期间，流动性风险暴露得尤为明显，许多金融机构由于无法及时偿还债务而陷入困境。因此，金融监管部门需要加强对金融机构流动性风险的监管，制定相应的流动性管理政策和措施，确保金融市场的流动性充足和稳定。

操作风险也是金融创新过程中不可忽视的风险之一。随着金融业务的复杂化和全球化，金融机构面临着越来越多的操作风险挑战。例如，人为错误、技术故障等操作失误可能导致巨额损失，给金融机构和市场参与者带来严重影响。因此，金融监管部门需要加强对金融机构操作风险管理的监管，建立健全的内部控制和风险管理机制，提高金融机构应对操作风险的能力。

对冲基金和私募基金等新型金融机构也是新兴风险的重要来源。这些机构通常以高风险、高收益的特点而闻名，它们的存在也带来了诸多风险挑战。例如，高杠杆操作可能加剧市场波动性，不透明的交易行为可能导致市场不稳定，管理不善可能引发系统性风险。因此，金融监管部门需要加强对这些新型金融机构的监管，规范其经营行为，防范潜在的风险隐患。

新兴风险在当前金融领域具有重要意义，信息安全风险、市场风险、流动性风险、操作风险以及新型金融机构风险等问题都需要引起足够重视。金融监管部门应加强监管力度，加强风险管理和防范措施，保障金融系统的稳定运行和市场的健康发展。

2. 监管挑战

金融创新和市场动态的快速发展给监管机构带来了前所未有的挑战。随着科技的不断进步和金融市场的日益复杂化，监管机构需要不断调整监管政策和法规，以应对新兴的金融产品和服务带来的风险和挑战。在这个变化迅速的环境下，保护投资者利益和维护金融稳定成为了监管机构的重要使命之一。

金融创新的加速对监管机构提出了新的挑战。随着科技的发展和金融市场的竞争加剧，金融机构不断推出各种新型金融产品和服务，如数字货币、区块链技术、人工智能等，这些创新性的金融产品给监管机构带来了审慎监管的压力。监管机构需要审慎评估这些新产品和服务的风险特征和影响，及时制定相应的监管政策和法规，以确保金融市场的稳健发展。例如，随着加密货币等数字资产的兴起，监管机构需要关注其潜在的市场操纵、洗钱等风险，加强监管力度，保护投资者的合法权益。

金融市场的动态变化也对监管机构提出了挑战。金融市场的波动性和不确定性使得监管机构需要时刻保持警惕，及时应对市场的变化和风险。例如，金融市场的快速波动可能导致投资者的情绪波动和市场恐慌，监管机构需要加强市场监管，及时发布风险提示，稳定市场预期，维护金融市场的稳定。同时，金融市场的全球化和互联网的普及也增加了监管的难度，监管机构需要加强国际合作，共同应对跨境金融风险，维护全球金融稳定。

金融科技的发展也给监管机构带来了新的挑战。随着金融科技的快速发展，金融服务的方式和渠道发生了重大变化，传统的金融监管模式已经无法满足新的监管需求。监管机构需要及时调整监管手段和监管技术，加强对金融科技企业和新型金融业务的监管，防范金融科技创新带来的监管套利和风险传导。例如，监管机构可以利用大数据和人工智能技术加强对金融市场的监测和预警，及时发现和应对潜在的金融风险，保护投资者的合法权益。

金融创新和市场动态对监管机构提出了新的挑战，监管机构需要及时调整监管政策和法规，保护投资者利益和金融稳定。监管机构需要审慎评估金融创新带来的风险和影响，加强市场监管和风险防范，促进金融市场的稳健发展。同时，监管机构还需要加强国际合作，共同应对全球金融风险，维护全球金融稳定。只有如此，才能有效应对金融创新和市场动态带来的挑战，保护金融市场的稳定和投资者的合法权益。

第二节　金融科技与数字化金融

金融科技（Fin Tech）和数字化金融（Digital Finance）是当今金融领域中备受关注的两大概念。金融科技指的是运用先进技术如人工智能、区块链、大数据等来改善金融服务和流程的领域。金融科技的发展使得金融机构能够更高效地提供各种金融产品和服务，如移动支付、P2P借贷、数字货币等，极大地改变了传统金融业态。

另一方面，数字化金融则更侧重于金融业务的数字化转型和普及，包括数字支付、电子银行、网络借贷等。数字化金融的发展使得金融服务更加便捷、高效，人们可以通过手机或电脑随时随地进行金融操作，实现了金融服务的线上化和普惠化。

金融科技和数字化金融之间存在密切的关系和相互促进的作用。金融科技的发展为数字化金融提供了技术支持和基础设施。例如，区块链技术可以实现数字货币的安全交易和跨境支付；人工智能技术可以提升金融风控和客户服务的效率；大数据技术可以实现个性化的金融产品推荐和风险评估等。

数字化金融的普及和推广也推动了金融科技的发展和创新。随着数字化金融服务的普及，用户对于更高效、更便捷的金融服务的需求也在增加，这促使金融科技公司加大研发投入，推出更多创新性的金融科技产品和解决方案，以满足用户需求。

金融科技和数字化金融的结合也促进了金融体系的变革和升级。传统金融机构逐渐意识到数字化转型的重要性，开始加大对金融科技的投入和应用，推动了金融业务流程的优化和创新，提升了金融业务的效率和用户体验。

金融科技和数字化金融是当今金融领域的重要发展方向，它们相互交融、相互促进，共同推动着金融业的变革和创新。通过金融科技的技术支持和数字化金融的普及，可以实现更加高效、便捷、安全的金融服务，促进经济的发展和社会的进步。

一、金融科技

（一）创新金融产品和服务

创新金融产品和服务的涌现，是金融科技发展的必然产物。在数字支付、P2P借贷、区块链技术等领域的不断进步推动下，金融市场迎来了一波又一波的变革。这些创新产品和服务不仅改变了传统金融业务的运作方式，还提升了金融服务的效率和便捷性，满足了客户日益多样化的金融需求。在本文中，我们将深入探讨创新金融产品和服务的特点、影响以及未来发展趋势。

数字支付技术的普及和应用推动了金融服务的数字化转型。随着移动支付、电子钱包等数字支付工具的不断发展，传统的现金支付方式逐渐被取代。数字支付技术的便捷性和安全性吸引了越来越多的消费者和商家采用，加速了金融服务的全面数字化进程。无论是在线购物、电子商务还是日常消费支付，数字支付都为用户带来了更加便利和快捷的支付体验，提升了消费者的消费体验。

P2P借贷平台的兴起促进了金融服务的去中心化和个性化发展。P2P借贷平台通过在线平台将资金需求方和资金供应方直接连接起来，实现了借贷双方的直接对接，避免了传统金融中间环节的繁琐和高昂成本。这种去中心化的借贷模式不仅提高了借款方的借款效率，还为投资者提供了更多元化的投资选择。借款方可以通过 P2P 借贷平台获取更加灵活和便捷的借款服务，而投资者则可以通过平台投资各种不同类型的借款项目，实现资金的有效配置和收益最大化。

区块链技术的应用正在逐步改变金融行业的运作方式。区块链作为一种分布式账本技术，具有去中心化、不可篡改、安全性高等特点，为金融交易和结算提供了全新的解决方案。在区块链技术的支持下，金融机构可以实现更快速、更安全、更便捷的跨境支付和结算服务，同时降低了交易的成本和风险。区块链技术还可以用于数字资产的发行和交易，如加密货币、数字证券等，为投资者提供了新的资产配置方式。

这些创新金融产品和服务的出现，对传统金融业务产生了深远的影响。它们提升了金融服务的效率和便捷性，使得用户可以更加便利地进行金融活动，如支付、借贷、投资等。它们打破了传统金融中心化的格局，促进了金融服务的去中心化和个性化发展，使得金融服务更加贴近用户的需求。创新金融产品和服务的涌现也推动了金融市场的竞争与创新，促使传统金融机构不断改进和优化自己的服务，以适应新形势下的市场需求。

创新金融产品和服务也面临着一些挑战和风险。随着技术的不断发展和应用，数字支付、P2P 借贷、区块链等新型金融产品和服务也面临着安全性和隐私保护等方面的挑战，如数据泄露、信息安全等问题。监管政策的滞后和不完善也可能影响创新金融产品和服务的发展和应用，增加了市场的不确定性和风险。

创新金融产品和服务的涌现是金融科技发展的产物，它们改变了传统金融业务的运作方式，提升了金融服务的效率和便捷性，满足了客户日益多样化的金融需求。我们也应认识到创新金融产品和服务所面临的挑战和风险，加强监管和风险管理，推动创新金融产品和服务健康发展，为金融市场的稳定和健康发展做出积极贡献。

（二）智能化风险管理

智能化风险管理已成为金融科技领域的一大亮点。随着大数据分析、人工智能和机器学习等技术的不断发展，金融机构能够利用这些技术提供智能化的风险管理解决方案。这种智能化的风险管理不仅能够更准确地评估和管理风险，还能够提高风险管理的效率和精确度，为金融机构带来了巨大的优势和发展机遇。

金融科技的发展为智能化风险管理奠定了坚实基础。大数据分析作为其中的重要组成部分，为金融机构提供了海量的数据支持。通过对大数据的深度挖掘和分析，金融机构能够更全面地了解市场动态、客户行为和资产状况，从而更准确地识别和评估各种风险。例如，金融机构可以通过分析历史交易数据和市场走势，预测未来可能出现的市场风险和波动，及时采取相应的风险管理措施。大数据分析的应用不仅提高了风险管理的数据驱动程度，还为金融机构提供了更为准确的决策依据，提升了风险管理的精确度和效率。

与大数据分析相结合的是人工智能技术的应用。人工智能通过模拟人类的思维和学习能力，能够处理复杂的风险管理问题，并从中提取规律和趋势。金融机构可以利用人工智能技术构建风险预警系统、智能风险评估模型等工具，实现对风险的实时监测和预测。例如，基于机器学习算法的信用评分模型能够根据客户的信用历史、财务状况和行为特征，自动计算客户的信用风险，并及时发出风险警示。人工智能的应用使得风险管理过程更加智能化和自动化，大大提高了风险管理的效率和准确度，为金融机构带来了更大的商业价值和竞争优势。

在智能化风险管理中，金融机构还可以借助先进的算法和模型来实现更精准的风险评估和管理。随着数据科学和数学建模技术的不断发展，金融机构能够利用各种复杂的算法和模型来分析和预测风险。例如，基于深度学习算法的风险识别模型能够从海量的数据中学习并识别潜在的风险因素，帮助金融机构及时应对各种风险挑战。基于概率统计的风险模型能够通过对不确定性进行量化分析，为金融机构提供更科学的风险管理决策。这些先进的算法和模型的应用，使得金融机构能够更加准确地评估和管理各类风险，降低了风险管理的盲目性和不确定性，提高了风险管理的精确度和可靠性。

金融科技通过大数据分析、人工智能和机器学习等技术为智能化风险管理提供了强大支持。这种智能化的风险管理不仅能够更准确地评估和管理风险，还能够提高风险管理的效率和精确度，为金融机构提供了更强大的竞争优势和发展动力。随着技术的不断创新和应用，智能化风险管理将在金融领域发挥越来越重要的作用，为金融行业的稳健发展和经济的健康运行提供坚实保障。

（三）金融普惠与包容性

金融普惠与包容性是当今金融领域备受关注的重要议题。随着金融科技的不断发展和应用，金融普惠和包容性得到了进一步推动和实现。通过数字化技术和互联网平台，金融科技扩大了金融服务的覆盖范围，为那些传统金融体系中无法获得服务的群体提供了金融服务的机会，从而推动了金融包容和社会经济的发展。

金融科技的发展极大地促进了金融普惠的实现。传统金融体系往往存在着地域限制、信息不对称等问题，导致一些偏远地区的居民难以获得金融服务。随着互联网技术的普及和移动支付的兴起，人们可以通过手机轻松进行各类金融交易，包括转账、支付、理财等，无需前往银行网点。这种便捷的金融服务模式打破了地域限制，让更多的人能够享受到金融服务的便利，实现了金融服务的普及化。

金融科技的应用推动了金融包容的不断扩大。在传统金融体系中，一些群体，如低收入群体、小微企业主、农村居民等，往往因为缺乏抵押品、信用记录不良等原因无法获得贷款服务。金融科技通过大数据分析、人工智能风控等手段，可以更准确地评估借款人的信用风险，降低了贷款的准入门槛。同时，互联网借贷平台等新兴金融服务模式为这些群体提供了更多样化、灵活的借贷渠道，让更多人能够获得资金支持，推动了金融包容的进程。

金融科技的发展也为小微企业和创业者提供了更多融资渠道。传统银行往往对小微企业的贷款需求持保守态度，审批流程繁琐，利率较高。互联网借贷平台和众筹平台等金融科技企业通过信息技术手段，能够更快捷地为小微企业提供融资支持，降低了融资成本，促进了小微企业的发展。这种直接面向小微企业的金融服务模式，有助于解决小微企业融资难题，推动了经济的发展和就业的增加。

金融科技的发展促进了金融普惠和包容的实现，通过数字化技术和互联网平台，扩大了金融服务的覆盖范围，为传统金融体系中无法获得服务的群体提供了金融服务的机会，推动了金融包容和社会经济的发展。也要注意金融科技发展可能带来的一些风险和挑战，如数据安全、隐私保护等问题，需要相关部门和企业共同努力，加强监管和自律，确保金融科技的健康发展，更好地造福社会。

二、数字化金融

（一）数字支付和电子银行

数字支付和电子银行是当今数字化金融领域的两个重要方面，它们的迅速发展不仅改变了人们的支付习惯，也深刻影响着整个金融体系的运作方式。随着科技的不断进步，数字支付和电子银行正成为人们生活中不可或缺的一部分，为消费者提供了更加便捷、高效和安全的支付和银行服务渠道。

　　数字化金融推动了数字支付和电子银行的发展。随着互联网和移动通信技术的普及，人们对于即时支付和便捷银行服务的需求不断增长，促使金融机构加速推出数字化支付和银行业务。数字支付通过手机支付、电子钱包等方式，实现了随时随地的便捷支付，使消费者不再依赖于现金或实体银行卡。同时，电子银行则通过互联网银行、手机银行等渠道，为客户提供了在线开户、转账、理财等全方位的金融服务，实现了线上线下一体化的银行体验。因此，数字化金融的推动为数字支付和电子银行的发展奠定了坚实的基础。

　　便捷的数字支付方式促进了消费活动的增长。传统支付方式往往需要前往实体店铺或 ATM 机进行操作，存在时间成本和空间限制，影响了消费者的购物体验和消费意愿。而数字支付则通过手机 App、二维码支付等方式，实现了线上线下的无缝连接，大大提升了支付的便捷性和灵活性。消费者可以随时随地通过手机完成购物支付，不仅节省了时间，也提高了消费的效率和舒适度。因此，便捷的数字支付方式促进了消费者更加积极地参与消费活动，推动了消费市场的增长和经济的发展。

　　数字支付和电子银行也提高了支付效率和安全性。传统支付方式往往存在支付过程繁琐、结算周期长、安全风险高等问题，容易造成支付纠纷和资金安全隐患。而数字支付和电子银行通过先进的加密技术和安全认证手段，保障了交易数据的安全和隐私，有效防范了支付风险和诈骗行为。同时，数字支付还实现了即时到账和实时清算，提高了支付的实时性和效率，加快了资金流动速度。因此，数字支付和电子银行不仅提升了支付的便捷性，也增强了支付的安全性和可靠性。

　　数字支付和电子银行推动了现金社会向无现金社会的转变。随着数字支付技术的不断成熟和普及，越来越多的人们习惯于使用手机支付、电子钱包等数字化支付工具，逐渐摆脱了对现金的依赖。同时，银行业也加大了对数字化银行业务的推广和普及力度，引导客户转向电子银行渠道，实现了线上线下一体化的金融服务体验。因此，数字支付和电子银行的发展推动了社会整体支付方式的变革，促使现金社会向无现金社会的转变迈出了坚实的一步。

　　数字支付和电子银行作为数字化金融的重要组成部分，正以其便捷、高效和安全的特点，深刻改变着人们的支付方式和生活方式。随着科技的不断进步和金融行业的不断创新，数字支付和电子银行将在未来发挥着越来越重要的作用，推动金融体系向着数字化、智能化和无现金化的方向迈进。

（二）数字化资产管理

数字化金融的兴起为资产管理带来了全新的可能性，其中数字化资产管理成为了一个备受关注的领域。通过数字化金融技术，诸如数字货币和数字化证券等新型资产得以实现，为投资者提供了更广阔的投资选择。在这个数字化资产管理的新时代里，区块链技术和智能合约成为了关键的支撑，实现了资产的高效转移和交易，同时也拓展了资产投资的新领域。

数字化资产管理的核心技术之一是区块链技术。区块链作为一种去中心化的分布式账本技术，具有去中心化、不可篡改、透明等特点，为数字化资产的管理提供了可靠的基础。在传统金融体系中，资产转移和交易往往需要依赖中心化的金融机构作为信任的中介，这不仅增加了交易的成本和时间，还存在着信任风险。而区块链技术通过建立一个分布式的、不可篡改的账本，使得资产的转移和交易可以在去中心化的环境下进行，不再需要信任中介，从而降低了交易成本，提高了交易效率，增强了交易的安全性和透明度。

与区块链技术相辅相成的是智能合约技术。智能合约是一种以代码形式编写的自动执行的合约，其执行结果不受人为因素影响，具有高度的可信度和可靠性。在数字化资产管理中，智能合约可以用于实现资产的自动化管理和交易。通过智能合约，资产所有权和交易规则可以被编码成代码，并被部署到区块链网络中执行，从而实现资产的自动化转移和交易。这不仅提高了交易的效率，还降低了交易的风险，减少了人为错误和欺诈行为的可能性。

数字化资产管理不仅改变了资产交易的方式，还拓展了资产投资的新领域。传统的资产投资主要集中在股票、债券、房地产等传统资产上，而数字化资产的出现为投资者提供了更多元化的选择。例如，数字货币作为一种全新的数字化资产，其价值不再依赖于特定国家或地区的货币政策，而是基于区块链技术的加密算法和市场供需关系，具有更高的流动性和全球化特性。数字化证券也成为了投资者的新选择，通过将传统金融资产如股票、债券等进行数字化，使得资产的交易和流动更加便捷和高效。

数字化资产管理的发展还促进了金融行业的创新与发展。随着数字化资产管理技术的不断成熟和完善，金融机构可以提供更多样化和个性化的资产管理服务，满足投资者不同的需求和风险偏好。同时，数字化资产管理也为金融机构带来了更多的商业机会，例如提供数字资产托管服务、数字化资产基金等。这些新型业务不仅为金融机构带来了更多的收入来源，还为其提供了更好的风险管理和资产配置工具，从而提高了整体竞争力。

数字化资产管理作为数字化金融的重要应用领域，通过区块链技术和智能合约实现了资产的高效转移和交易，拓展了资产投资的新领域。数字化资产管理不仅改变了资产交易的方式，还促进了金融行业的创新与发展，为投资者和金融机构带来了更多的机遇和挑战。随着技术的不断进步和市场的不断发展，数字化资产管理必将在未来发挥越来越重要的作用，成为金融行业发展的重要驱动力之一。

（三）智能化客户体验

智能化客户体验是数字化金融发展的一个重要方面。随着科技的不断进步和金融行业的数字化转型，客户体验的改善成为金融机构竞争的关键之一。通过个性化推荐、智能客服等技术手段，数字化金融为客户提供了更加便捷、个性化的服务体验。客户不再受限于时间和地点，可以随时随地通过数字化渠道获取所需的金融信息和服务，从而极大地提高了金融服务的便捷性和个性化程度。

个性化推荐技术为客户提供了更符合其需求和偏好的金融产品和服务。利用大数据和人工智能技术，金融机构能够分析客户的消费行为、投资偏好、风险承受能力等信息，从而精准地推荐适合客户的金融产品和服务。例如，根据客户的消费习惯和收入水平，智能化系统可以推荐适合的信用卡、贷款产品或投资组合，从而提高客户的满意度和忠诚度。

智能客服技术为客户提供了更高效、便捷的服务体验。传统的客服方式通常需要客户通过电话或线下渠道进行沟通，效率较低且受限于时间和地点。而智能客服系统则通过自然语言处理、机器学习等技术，实现了自动化的在线客服服务，能够 24 小时不间断地为客户提供咨询、查询等服务。客户可以通过手机 App、网站等数字化渠道与智能客服进行实时交流，获得即时帮助和解决方案，极大地提升了服务的响应速度和满意度。

数字化金融还为客户提供了更加便捷、灵活的服务方式。传统的金融服务通常需要客户亲自到银行网点办理业务，耗费时间和精力。而数字化金融则通过手机 App、网银等数字化渠道实现了线上自助服务，客户可以随时随地通过手机或电脑完成各类金融操作，如转账、缴费、理财等，不再受制于时间和地点的限制，极大地提高了金融服务的便捷性和灵活性。

数字化金融还通过数据分析和反馈机制不断优化客户体验。金融机构可以通过收集和分析客户反馈、行为数据等信息，不断改进和优化产品设计、服务流程等方面，从而更好地满足客户的需求和期望。例如，通过分析客户的投诉和建议，金融机构可以发现服务中存在的问题和瓶颈，并及时采取措施进行改进，提升客户的满意度和忠诚度。

智能化客户体验是数字化金融发展的重要趋势和方向。通过个性化推荐、智能客服等技术手段，数字化金融为客户提供了更加便捷、个性化的服务体验，极大地提升了客户的满意度和忠诚度。要实现智能化客户体验，金融机构需要不断创新和改进技术手段，加强对客户数据的保护和隐私的尊重，从而建立起健康、可持续的数字化金融生态系统。

第三节　创新金融产品与风险评估

创新金融产品是金融行业发展的重要动力之一，它们不仅推动了金融市场的进步和完善，也为投资者和消费者提供了更多元化的选择。与之伴随的是风险的增加，因此对创新金融产品的风险评估变得至关重要。创新金融产品可能带来的市场风险需要认真评估。新型金融产品在市场上的接受程度和效果不确定，可能面临价格波动、投资者需求变化等风险。因此，金融机构需要进行充分的市场调研和风险分析，评估新产品的市场需求和潜在风险，制定相应的推广和风险管理策略。

创新金融产品可能存在的信用风险也需要引起关注。例如，新型金融工具的设计和运作机制可能存在漏洞，导致借款人信用违约或者资金回收难度增加。因此，金融机构在推出创新金融产品时，需要对借款人的信用状况进行全面评估，确保贷款项目的安全性和可持续性，降低信用风险对金融机构的不利影响。

操作风险也是创新金融产品需要重点关注的问题。新产品的推出和运作可能需要建立新的业务流程和操作规范，如果管理不当或者技术问题出现，可能导致操作风险的增加。因此，金融机构需要加强内部控制和业务流程管理，提高员工的风险意识和技术水平，有效防范和应对操作风险。

法律合规风险也是创新金融产品的一大挑战。新产品的设计和推广可能涉及到复杂的法律法规和监管要求，如果金融机构在推出新产品时违反相关法律规定，可能面临法律责任和监管处罚。因此，金融机构需要加强对法律法规的了解和遵守，建立健全的法律合规体系，确保新产品的合法性和合规性。

创新金融产品的推出不仅需要充分考虑市场风险、信用风险、操作风险和法律合规风险等方面的风险，还需要建立完善的风险评估和管理机制，确保新产品能够稳健发展并为金融机构带来可持续的利润和价值。

一、创新金融产品

（一）新型金融工具和产品

探索和推出新型金融工具和产品已成为金融领域的一项重要趋势。结构性投资产品、数字货币、区块链金融等创新性金融产品的涌现，不仅为投资者提供了更多样化的投资选择，也推动了金融市场的发展和创新。这些新型金融产品的推出，不仅满足了投资者不同的需求和风险偏好，还提升了金融体系的效率和竞争力，促进了金融市场的健康发展。

新型金融工具和产品的推出满足了投资者多样化的需求和风险偏好。随着经济全球化和金融市场的日益复杂化，投资者对于投资产品和服务的需求也变得越来越多样化。传统的金融产品往往难以满足投资者的个性化需求，而新型金融工具和产品的涌现填补了这一空白。例如，结构性投资产品可以根据投资者的风险偏好和收益预期进行定制，为投资者提供了更加灵活和个性化的投资选择。数字货币和区块链金融则为投资者提供了全新的投资机会，具有更高的投资回报和创新性的投资方式，吸引了越来越多的投资者参与其中。这些新型金融产品的推出，丰富了投资者的投资组合，提高了投资者的投资效率，满足了投资者多样化的投资需求和风险偏好。

新型金融产品的推出促进了金融市场的发展和创新。金融市场作为资本的重要流动场所，其发展和创新对于经济的发展和金融体系的健康运行至关重要。新型金融产品的推出，为金融市场注入了新的活力和动力，推动了金融市场的发展和创新。例如，结构性投资产品的推出丰富了金融市场的产品供给，拓宽了金融市场的投资渠道，促进了金融市场的流动性和活跃度。数字货币和区块链金融的发展，则为金融市场带来了新的技术和业务模式，推动了金融市场的数字化转型和创新发展。这些新型金融产品的推出，不仅促进了金融市场的竞争，还提升了金融市场的效率和透明度，为金融市场的健康发展奠定了坚实的基础。

新型金融产品的推出还提升了金融体系的效率和竞争力。金融体系作为经济运行的重要支撑，其效率和竞争力直接关系到经济的发展和金融市场的稳定。新型金融产品的涌现，促使金融机构不断提升服务质量和产品创新能力，推动了金融体系的改革和转型。例如，结构性投资产品的推出为金融机构提供了更多元化的盈利机会，促进了金融机构的业务扩展和市场份额的增加。数字货币和区块链金融的发展，则为金融机构提供了更高效、更安全的支付和结算方式，降低了金融交易的成本和风险，提升了金融体系的竞争力和服务水平。这些新型金融产品的推出，加速了金融体系的创新和现代化进程，提升了金融体系的效率和竞争力，为经济的健康发展提供了有力支持。

新型金融工具和产品的探索和推出，不仅满足了投资者多样化的需求和风险偏好，也促进了金融市场的发展和创新，提升了金融体系的效率和竞争力。在全球经济一体化和科技进步的背景下，新型金融产品的涌现将为金融领域带来更多的机遇和挑战，推动金融体系向着更加健康、稳健的方向发展。

（二）技术驱动的金融创新

技术驱动的金融创新是当今金融领域的一大亮点，随着科技的迅猛发展，金融行业正在经历着数字化转型和创新的浪潮。借助人工智能、大数据、区块链等先进技术的不断应用，金融服务的形态和方式正在发生翻天覆地的变化。这些技术的运用不仅提高了金融服务的效率和便利性，还降低了交易成本和风险，推动了金融市场的开放和包容性发展。在本文中，我们将深入探讨技术驱动的金融创新的特点、优势以及对金融行业的影响。

人工智能作为一项颠覆性的技术，正深刻改变着金融服务的方式和模式。人工智能技术在金融领域的应用涵盖了智能客服、风险管理、投资决策等多个方面。通过机器学习和自然语言处理等技术，智能客服可以为客户提供更加个性化、高效的服务体验，解决传统金融服务中存在的时间和空间限制。在风险管理方面，人工智能技术可以通过分析海量数据和建立预测模型，帮助金融机构更准确地识别和评估风险，降低不良资产的损失。人工智能还可以用于量化交易和资产配置，提高投资决策的精准度和效率，为投资者获取更稳定和可持续的收益。

大数据技术的应用为金融行业带来了更广阔的发展空间和可能性。随着互联网和移动互联网的普及，金融机构积累了大量的用户数据和交易数据。通过大数据分析和挖掘，金融机构可以更深入地了解客户的需求和行为，为客户提供更加个性化和精准的金融服务。例如，银行可以通过分析客户的消费习惯和信用记录，为客户量身定制信贷产品和投资方案。大数据技术还可以用于反欺诈和风险管理，帮助金融机构及时发现和应对潜在的风险事件，保障金融系统的稳定和安全。

区块链技术的应用正在为金融行业带来革命性的变革。区块链作为一种分布式账本技术，具有去中心化、不可篡改、安全性高等特点，为金融交易和结算提供了全新的解决方案。通过区块链技术，金融机构可以实现更快速、更安全、更便捷的跨境支付和结算服务，同时降低了交易的成本和风险。区块链技术还可以用于数字资产的发行和交易，如加密货币、数字证券等，为投资者提供了新的资产配置方式。通过区块链技术，金融市场的交易流程将更加透明、高效，为投资者和市场参与者提供了更加公平和安全的交易环境。

技术驱动的金融创新不仅提升了金融服务的效率和便利性，还打破了传统金融的壁垒，促进了金融市场的开放和包容性发展。技术创新使得金融服务不再受限于时间和空间的局限，用户可以随时随地享受到高质量的金融服务。技术创新推动了金融市场的竞争与创新，促使传统金融机构不断改进和优化自己的服务，以适应新形势下的市场需求。技术创新还为金融服务的个性化和定制化提供了更多可能性，满足了客户日益多样化的金融需求。

技术驱动的金融创新也面临着一些挑战和风险。随着技术的不断发展和应用，金融行业也面临着安全性和隐私保护等方面的挑战，如数据泄露、信息安全等问题。监管政策的滞后和不完善也可能影响技术驱动的金融创新的发展和应用，增加了市场的不确定性和风险。

技术驱动的金融创新是当今金融行业发展的必然趋势，它提高了金融服务的效率和便利性，降低了交易成本和风险，促进了金融市场的开放和包容性发展。我们也应认识到技术驱动的金融创新所面临的挑战和风险，加强监管和风险管理，推动技术创新在金融领域的健康发展，为金融行业的稳定和可持续发展做出积极贡献。

（三）市场需求和趋势驱动

市场需求和趋势在推动创新金融产品方面发挥着至关重要的作用。随着经济社会的不断发展和变化，投资者和消费者对金融产品和服务的需求也在不断演变。个性化投资、社交化金融等新趋势的涌现，正是市场需求和趋势的体现，同时也是金融机构和科技公司创新的动力来源。针对这些市场需求和趋势，金融机构和科技公司不断推出新产品和服务，以满足投资者和消费者的需求，并在合规和创新之间取得平衡。

个性化投资是当前金融市场的一个显著趋势。投资者对于个性化、定制化投资需求日益增加，希望根据自身的风险偏好、投资目标和财务状况来选择适合自己的投资产品和策略。因此，金融机构和科技公司开始推出各种个性化投资产品和服务，如智能投顾、量化投资等，通过大数据分析和人工智能技术，为投资者提供个性化的投资建议和服务。例如，智能投顾平台可以根据投资者的风险偏好和目标收益率，自动为其配置适合的投资组合，帮助投资者实现资产配置和风险管理的最佳平衡。

另一个市场需求和趋势是社交化金融的兴起。随着社交网络的普及和发展，投资者和消费者更加倾向于通过社交平台获取金融信息、交流投资经验，并参与到社交化的投资活动中来。在这种背景下，金融机构和科技公司纷纷推出社交化金融产品和服务，如社交投资平台、社交交易平台等，为投资者提供一个与他人分享投资观点、跟踪投资动态、共同交流学习的平台。通过社交化金融平台，投资者可以更加便捷地获取市场信息和投资建议，加强投资决策的透明度和参与度，提高投资成功的概率。

市场需求和趋势的不断变化也促使金融机构和科技公司不断推出新产品和服务，以适应市场的需求。例如，随着区块链技术的发展，数字资产交易和支付已经成为一个新的热点领域，各种数字货币交易平台和数字支付服务应运而生，满足了投资者和消费者对于数字资产交易和支付的需求。随着人工智能和大数据技术的不断进步，智能合约、智能风控等创新产品也在不断涌现，为金融市场的发展带来了新的机遇和挑战。

创新金融产品的发展也受到市场竞争和监管政策的影响，需要在合规和创新之间取得平衡。金融市场的竞争日益激烈，金融机构和科技公司在推出新产品和服务时需要充分考虑市场竞争情况，保持产品的差异化和竞争优势。同时，监管政策的不断调整和完善也对创新金融产品提出了更高的合规要求，金融机构和科技公司需要在创新和合规之间寻找平衡点，确保新产品和服务符合监管要求，保障投资者和消费者的合法权益。

市场需求和趋势是创新金融产品的主要驱动力，金融机构和科技公司通过不断推出新产品和服务，满足投资者和消费者的需求。创新金融产品的发展也受到市场竞争和监管政策的影响，需要在合规和创新之间取得平衡，以实现可持续发展和长期成功。

二、金融风险的评估

（一）新型风险类型的识别

新型金融产品的涌现带来了新型风险的挑战，这些风险可能涉及技术、操作、监管等多个方面。对这些风险进行深入分析和评估，以及提前识别可能的迹象和警示信号，对于金融机构和市场的稳健运行至关重要。

技术风险是新型金融产品可能面临的主要挑战之一。随着金融科技的迅速发展，新型金融产品往往依赖于复杂的信息技术系统和互联网平台。技术系统可能存在漏洞、错误或被恶意攻击，导致系统崩溃、数据泄露或资金被盗等问题。特别是在涉及大量用户数据和资金流动的金融产品中，一旦发生技术故障或安全漏洞，可能会给金融机构和用户带来严重损失，甚至影响金融市场的稳定。

操作风险是新型金融产品可能面临的另一个重要挑战。操作风险主要指的是人为失误、管理不善或内部控制不力等因素导致的风险。随着金融产品和服务的复杂化，金融机构的运营管理也面临着更多的挑战。例如，在新型金融产品的开发、推广和运营过程中，可能存在产品设计不当、销售误导、内部操作不规范等问题，从而导致客户投诉、法律诉讼以及声誉损失等风险。

监管风险也是新型金融产品面临的重要挑战之一。随着金融市场的不断创新和变革，监管机构可能面临着监管能力跟不上市场变化的困境。新型金融产品的出现可能涉及到现有监管框架无法覆盖的领域，监管规定的模糊性或滞后性可能会给金融机构和市场参与者带来不确定性和风险。监管政策的突然调整或加强也可能影响到金融产品的合规性和稳定性，从而给金融机构和市场带来挑战和压力。

新型风险的特征和来源可以总结为：一是技术依赖性强，对信息技术系统和互联网平台高度依赖；二是操作复杂性高，涉及多个环节和参与方；三是监管环境不确定，监管政策和规定可能随时变化。这些特征和来源使得新型风险具有突发性和不可预测性，可能会在短时间内迅速蔓延并对金融机构和市场造成严重影响。

为了提前识别新型风险的迹象和警示信号，金融机构可以加强风险监测和防范措施。建立完善的风险管理体系，包括建立健全的内部控制机制、完善风险评估和监测体系等。加强技术风险管理，包括加强信息安全保护、建立灾备系统、加强对第三方技术服务提供商的监管等。再次，加强对监管政策的研究和跟踪，及时调整和优化业务策略，确保符合监管要求。加强员工培训和教育，提高员工对新型风险的认识和应对能力。

对新型金融产品可能带来的风险进行深入分析和评估，识别新型风险的特征和来源，以及提前识别可能的迹象和警示信号，加强风险监测和防范措施，对于金融机构和市场的稳健运行具有重要意义。只有及时应对新型风险，才能降低可能的损失和影响，保障金融系统的稳定和健康发展。

（二）风险量化和评估方法

风险量化和评估方法在金融领域中具有重要意义，它们帮助金融机构更好地理解和管理潜在的风险，从而降低投资和经营风险，保护投资者和市场的利益。多种定量和定性方法被用于对风险进行量化和评估，其中包括了价值 –at-Risk（VaR）、压力测试、场景分析等方法。这些方法结合历史数据和统计模型，能够较为全面地评估新型金融产品可能带来的不确定性和风险水平，并且随着不断改进，提高了对新型风险的识别和预测能力。

价值 –at-Risk（VaR）是一种常用的风险度量方法，它用于衡量在一定置信水平下投资组合或金融资产在未来一段时间内可能出现的最大损失额。VaR 的计算基于历史数据和统计模型，通过设定置信水平和时间段，估计投资组合在未来一段时间内的最大潜在损失。这使得金融机构能够更好地了解其风险承受能力，并采取相应的风险管理措施。VaR 方法也存在一些局限性，例如它假设风险分布是对称的，不能完全反映出极端事件的风险。

压力测试是一种通过模拟特定情景下的市场波动来评估投资组合或金融机构的脆弱性和抗压能力的方法。压力测试能够在不同的市场条件下模拟投资组合的表现，并评估在极端情况下可能出现的损失情况。通过对不同压力测试情景的分析，金融机构可以发现其投资组合或业务模式的弱点，并及时采取措施加以修正。压力测试也需要对不同情景进行合理的设定和假设，同时对模型的稳健性和有效性有较高要求。

场景分析是一种结合定性和定量方法的风险评估手段，通过构建不同的情景模型，分析不同情景下投资组合或金融产品的表现，并评估可能面临的风险和机遇。场景分析能够帮助金融机构更好地理解不同的市场动态和变化趋势，从而更好地应对潜在的风险。场景分析也需要对模型的合理性和情景设定的准确性有较高要求，同时需要综合考虑各种不确定性因素。

综合来看，风险量化和评估方法在金融领域中具有重要作用，能够帮助金融机构更好地理解和管理潜在的风险，降低投资和经营风险。随着金融市场的不断发展和变化，对新型风险的识别和预测能力变得尤为重要。因此，不断改进风险评估方法和模型，结合历史数据和统计模型，是金融机构必须不断努力的方向。只有通过不断提高风险管理的水平，才能更好地保护投资者和市场的利益，促进金融市场的稳健发展。

（三）风险管理和监控机制

建立健全的风险管理和监控机制是金融机构在当前复杂多变的市场环境下确保稳健经营的关键举措之一。这一机制包括了多个环节，如风险分析、风险评估和风险控制等，旨在全面识别、评估和管理各类可能影响金融机构经营和资产负债表安全的风险因素。为此，金融机构不仅需要建立完善的内部风险管理团队，还需要加强与监管机构的沟通和合作，及时报告和解决新型风险事件，以维护金融市场的稳定和健康发展。

建立健全的风险管理和监控机制必须从风险分析开始。通过对各类风险因素进行全面细致的分析，金融机构可以深入了解市场风险、信用风险、操作风险、法律风险等各方面的情况，并识别出可能存在的潜在风险。这种风险分析需要结合行业发展趋势、经济周期变化以及国际国内政策变化等因素进行综合考量，以确保风险分析的全面性和准确性。

风险评估是建立健全风险管理机制的重要环节。通过对已识别的风险进行量化和评估，金融机构可以确定各项风险对其经营和财务状况的影响程度，并制定相应的风险管理策略和对策。风险评估需要考虑风险的可能性和影响程度，采用适当的风险评估工具和方法，如风险矩阵、压力测试、蒙特卡洛模拟等，以全面、客观地评估各项风险的风险水平和风险程度。

在风险评估的基础上，金融机构需要制定有效的风险控制措施，以最大程度地降低各项风险对其经营和资产负债表安全的影响。这包括建立健全的内部控制体系、制定明确的风险管理政策和流程、设立专门的风险管理部门等。同时，金融机构还需要加强对关键风险指标的监控和跟踪，及时发现和应对各类风险事件，确保风险在可控范围内。

除了加强内部风险管理机制，金融机构还需要强化风险管理团队的能力建设和培训，提高其对新型风险的识别和应对能力。随着金融市场的不断变化和发展，新型风险层出不穷，例如数字化金融风险、网络安全风险等，这需要风险管理团队不断学习和提升自己的专业知识和技能，以适应新形势下的风险管理需求。

同时，金融机构还需要加强与监管机构的沟通和合作，共同应对各类风险挑战，维护金融市场的稳定和健康发展。监管机构作为金融市场的监管者和管理者，具有丰富的监管经验和资源，能够提供及时有效的监管指导和支持。因此，金融机构应加强与监管机构的沟通渠道，及时向监管机构报告各类风险事件，并积极配合监管机构开展风险监管工作，共同维护金融市场的秩序和稳定。

建立健全的风险管理和监控机制是金融机构在当前复杂多变的市场环境下确保稳健经营的关键举措。通过风险分析、风险评估、风险控制等环节的全面开展，加强风险管理团队的能力建设和培训，以及加强与监管机构的沟通和合作，金融机构可以及时识别、评估和应对各类风险，保障自身经营的安全和稳定，促进金融市场的健康发展。

第四节　创新金融模型与监管挑战

创新金融模型在金融领域中扮演着重要角色，但也面临着监管挑战。随着科技的发展，金融创新模型不断涌现，如基于区块链技术的数字货币、智能合约、金融科技平台等。这些创新模型可以提高金融服务的效率和便利性，拓展金融业务的范围，促进金融体系的发展。

创新金融模型也带来了监管挑战。首先是监管的适应性问题，传统监管框架往往无法完全适应新型金融模型的特点和复杂性，导致监管滞后于技术创新。其次是风险管理问题，新型金融模型可能带来新的风险，如网络安全风险、市场风险等，监管机构需要加强对这些风险的监测和管理。再者是合规和法律问题，新型金融模型可能涉及复杂的法律和合规要求，监管机构需要确保金融创新在合规框架内进行，防止违规行为发生。

因此，监管机构需要加强对创新金融模型的监管和监测，保护金融市场的稳定和投资者的利益。监管机构需要加强对金融科技公司和新型金融机构的监管，确保其合规经营和风险管理。监管机构需要积极跟进金融创新的发展，及时调整监管政策和框架，提高监管的适应性和灵活性。同时，监管机构还需要加强与行业和技术机构的合作，共同推动金融创新和监管的平衡发展。

创新金融模型对金融行业带来了巨大的发展机遇，但也面临着监管挑战。监管机构需要加强监管的适应性和灵活性，加强风险管理和合规监管，促进金融创新和监管的良性互动，推动金融体系的健康发展。

一、金融模型的创新

（一）数字货币和区块链技术

数字货币和区块链技术是近年来金融领域备受瞩目的热点话题。区块链技术作为一种去中心化、安全可信的分布式账本技术，被广泛探索其在金融领域的应用。其中，智能合约、去中心化金融产品等应用被认为可以提高交易效率和安全性。同时，中心银行数字货币（CBDC）的研发与推广也成为了一些国家金融政策的重点，旨在促进支付系统的现代化和金融体系的创新。与此同时，加密资产市场的快速发展也带来了诸多挑战，监管机构需要制定相应的监管政策，以平衡创新与风险，确保加密资产市场的健康发展。

区块链技术在金融领域的应用备受关注。区块链技术以其去中心化、不可篡改、安全可信等特点，被认为能够提高金融交易的效率和安全性。其中，智能合约是区块链技术的重要应用之一。智能合约是一种以代码形式存在于区块链上的合约，能够自动执行合约条款，无需依赖中介机构，从而降低交易成本、提高交易效率。例如，在金融衍生品交易中，智能合约可以自动执行交易、清算和结算等操作，减少了交易环节中的人为错误和纠纷，提高了交易的透明度和安全性。

去中心化金融产品也是区块链技术的重要应用之一。去中心化金融产品是指基于区块链技术构建的金融产品，不依赖传统金融机构和中心化交易所，实现了交易的去中心化和无需信任的特性。例如，去中心化交易平台（DEX）通过智能合约实现了用户之间的点对点交易，避免了传统交易所可能存在的信任问题和中心化风险，为用户提供了更安全、透明的交易环境。去中心化借贷、去中心化交易所等金融产品也在不断涌现，为用户提供了更加开放、包容的金融服务。

中心银行数字货币（CBDC）的研发与推广也成为了一些国家金融政策的重点。中心银行数字货币是由中央银行发行和管理的数字形式的法定货币，具有货币的稳定性和法定地位。与传统数字货币（如比特币）不同，CBDC 由中央银行背书，具有更高的信任度和稳定性，被视为推动支付系统现代化和金融体系创新的重要工具。例如，一些国家的中央银行已经开始研发和测试 CBDC，探索其在支付清算、跨境支付、金融包容等方面的应用潜力，旨在提升金融服务的效率和便捷性，推动金融体系的创新发展。

加密资产市场的快速发展也带来了一系列挑战。加密资产的价值波动大、流动性低、监管不完善等问题成为了市场的主要瓶颈。例如，加密资产市场容易受到市场操纵、内幕交易等非法行为的影响，投资者的合法权益得不到有效保护。因此，监管机构需要制定相应的监管政策，平衡创新与风险，确保加密资产市场的健康发展。例如，加强对加密资产交易平台的监管，规范交易行为，防范市场操纵和欺诈行为，保护投资者的合法权益。同时，加强对初级发行加密资产项目的审核和监管，防范不法分子利用 ICO 等手段进行欺诈活动，维护金融市场的秩序和稳定。

数字货币和区块链技术在金融领域的应用具有重要的意义和潜力。智能合约、去中心化金融产品等应用能够提高交易效率和安全性，中心银行数字货币的研发与推广能够促进支付系统的现代化和金融体系的创新。加密资产市场的快速发展也带来了监管挑战，监管机构需要制定相应的政策措施，确保市场的健康发展和投资者的合法权益。

（二）金融科技（Fin Tech）创新

金融科技（Fin Tech）的创新正以前所未有的速度改变着金融行业的格局。在这个数字化时代，金融科技不仅仅是一种技术，更是一种变革的力量，通过创新的金融服务和技术手段，为人们提供了更便捷、高效的金融体验，推动了金融行业向前发展。

互联网金融服务的兴起彻底改变了传统金融服务的模式。互联网和移动技术的发展为金融服务提供了全新的渠道和平台，使得金融服务不再受限于时间和空间的限制，实现了随时随地的便捷访问。P2P借贷、支付宝等互联网金融服务的出现，极大地促进了金融服务的普及化和个性化。借助互联网平台，借款人和投资人可以直接匹配，实现了去中介化的借贷过程，降低了金融服务的成本，提高了金融服务的效率。支付宝等移动支付平台则为人们提供了便捷的支付方式，推动了无现金支付的普及，改变了人们的消费习惯和支付方式。互联网金融服务的兴起不仅改变了传统金融服务的模式，也为金融服务的创新和发展提供了新的契机。

数据驱动的金融风险管理正成为金融科技领域的热点。随着大数据和人工智能技术的不断发展，金融机构开始将这些技术应用于风险管理领域，开发更准确、高效的风险管理模型，提升了金融机构的风险控制能力。传统的风险管理模型往往基于历史数据和统计分析，难以应对金融市场的快速变化和复杂性，而数据驱动的风险管理模型则能够通过对海量数据的分析和挖掘，发现隐藏在数据背后的规律和趋势，提高了风险管理的预测能力和应对能力。例如，利用大数据和人工智能技术，金融机构可以实现对客户信用风险的精准评估，提高贷款审核的效率和准确性；可以实现对市场风险和操作风险的实时监测和预警，降低金融机构的风险暴露和损失。数据驱动的金融风险管理不仅提升了金融机构的风险控制能力，也为金融市场的稳定和健康发展提供了重要支持。

金融科技公司推出的各种创新产品也为金融市场带来了新的活力。量化交易、虚拟交易所等创新产品的出现，为投资者提供了更多样化的投资选择，丰富了金融市场的产品供给。量化交易利用数学和统计模型对金融市场的历史数据进行分析和预测，实现了对市场波动的精准把握，为投资者提供了更稳健的投资策略。虚拟交易所则为投资者提供了更便捷、更安全的交易平台，降低了交易成本，提高了交易效率。金融科技公司通过不断创新，推动了金融市场的发展和进步，为投资者提供了更多元化的投资机会，为金融市场的健康发展注入了新的活力。

金融科技创新正以前所未有的速度改变着金融行业的格局。互联网金融服务、数据驱动的金融风险管理、金融市场创新产品等创新性的金融科技应用，为人们提供了更便捷、高效的金融服务，推动了金融行业向前发展。随着科技的不断进步和金融科技的不断创新，相信金融科技将继续在金融领域发挥重要作用，为金融市场的健康发展提供更多的动力和支持。

二、金融监管面临的挑战

（一）技术监管难题

技术监管难题是当今金融监管领域面临的重要挑战之一。随着科技更新换代的快速发展，监管机构不断面临着需要跟进金融科技的发展，以确保监管政策与技术创新保持同步的压力。同时，金融科技跨境运营的特点也带来了跨境监管困难，监管机构需要加强国际合作与协调，以应对跨境金融科技公司监管的挑战。

技术更新换代的快速发展对监管机构提出了新的挑战。随着人工智能、大数据、区块链等技术的不断涌现和应用，金融市场的形态和交易方式正在发生深刻变化。监管机构需要及时了解新技术的原理、应用和潜在风险，制定相应的监管政策和规范，以确保金融市场的稳定和健康发展。由于技术更新换代的速度非常快，监管机构常常面临着跟不上技术发展步伐的困境。因此，监管机构需要加强与科技界的沟通与合作，建立起及时有效的信息共享机制，以便及时了解最新的科技发展动态，并据此调整和完善监管政策。

金融科技的跨境运营增加了监管的复杂性和难度。随着互联网和全球化的发展，越来越多的金融科技公司选择在全球范围内开展业务，跨境运营已成为金融科技行业的常态。不同国家和地区的监管标准和要求存在差异，导致了跨境监管的困难。监管机构需要面对不同国家和地区的监管法规、政策和监管体系，了解和解决各种监管障碍和挑战。跨境金融科技公司的业务范围广泛，涉及支付、借贷、投资等多个领域，监管机构需要制定跨领域、跨辖区的监管政策和合作机制，以确保对跨境金融科技公司的全面监管和管理。

面对技术监管难题，监管机构需要采取一系列措施加强监管和应对挑战。监管机构应加强对金融科技发展趋势的研究和监测，建立起定期更新的技术监管指南和手册，为监管人员提供必要的知识和工具。监管机构应加强与科技企业和行业协会的合作，建立起定期对话和交流的平台，促进监管政策与技术创新的对接与融合。同时，监管机构还应加强国际合作与协调，参与国际组织和机构的监管合作机制，共同应对跨境金融科技公司的监管挑战。

监管科技也是加强技术监管的重要手段。监管机构可以借助人工智能、大数据分析等技术工具，加强对金融市场的监测和预警，及时发现和应对潜在的风险和问题。同时，监管科技还可以提高监管效率和精准度，降低监管成本和人力资源的投入，实现监管的智能化和自动化。

技术监管难题是当前金融监管面临的重要挑战之一。监管机构需要不断跟进金融科技的发展，确保监管政策与技术创新保持同步，同时加强国际合作与协调，共同应对跨境金融科技公司的监管挑战。只有这样，才能保障金融市场的稳定和健康发展，为金融科技行业的可持续发展提供良好的监管环境和制度保障。

（二）数据隐私与安全风险

数据隐私与安全风险已成为金融科技发展过程中亟需解决的重要问题。随着金融科技的迅猛发展，个人和机构的大量数据被收集和应用，这给数据安全带来了挑战。监管机构迫切需要加强对数据安全的监管与保护，以防止数据泄露、滥用和其他安全风险的发生。

在金融科技的浪潮下，金融机构和科技公司积累了大量的个人和机构数据。这些数据涵盖了用户的个人身份信息、财务交易记录、消费行为等敏感信息，具有极高的价值和潜在风险。随着数据的收集和应用范围不断扩大，数据安全问题也日益凸显。数据泄露、黑客攻击、信息滥用等安全风险时有发生，给用户和金融机构带来了严重的损失和困扰。面对这些安全挑战，监管机构需要加强对金融机构和科技公司的数据安全监管，制定相关法规和标准，强化数据安全意识和技术防范措施，确保用户数据的安全和隐私不受侵犯。

个人隐私保护是数据隐私与安全风险中的一个重要方面。随着个人数据的大规模收集和使用，用户对个人隐私的保护日益关注。在金融科技领域，个人数据的滥用和侵犯问题尤为突出，例如个人信用信息被非法获取、个人交易数据被滥用等情况屡见不鲜。为了保护用户的个人隐私权益，监管机构需要制定严格的个人信息保护法规和标准，规范金融机构和科技公司的数据收集和使用行为，明确个人数据的归属和使用权限，防止个人数据被滥用和泄露。同时，监管机构还需要加强对金融科技公司的监督检查，及时发现和处理个人隐私保护方面的违规行为，维护用户的合法权益和社会公平正义。

在数据隐私与安全风险的应对过程中，监管机构需要兼顾创新和安全的平衡。金融科技的快速发展为金融行业带来了巨大的创新和发展机遇，与之相伴随的是数据安全和个人隐私的风险和挑战。监管机构需要在保护用户隐私和数据安全的同时，不阻碍金融科技的创新和发展。因此，监管机构应采取审慎、适度的监管措施，鼓励金融机构和科技公司加强技术研发和创新，提升数据安全保障水平，同时引导其合规经营，落实数据安全责任，保障金融科技的可持续发展和用户利益。

数据隐私与安全风险是金融科技发展过程中亟需解决的重要问题。监管机构应加强对数据安全的监管与保护，制定严格的个人信息保护法规，防止金融科技公司滥用个人数据，侵犯用户隐私。同时，监管机构还需兼顾创新和安全的平衡，鼓励金融科技创新，提升数据安全保障水平，确保金融科技的可持续发展和用户利益。

（三）监管科技人才短缺

监管科技人才短缺是当前金融领域面临的一个突出问题。随着金融科技的快速发展和普及，监管机构对技术人才的需求不断增加，但市场上监管科技人才的供应却相对不足。这一现象给金融监管工作带来了挑战，因为监管机构需要具备足够的科技人才来应对日益复杂和高科技化的金融市场环境。

监管科技人才短缺的原因可以从多个方面来解释。传统的金融监管工作主要侧重于法律、经济等领域的专业知识，对技术能力的要求相对较低。因此，监管机构在过去往往缺乏对技术人才的培养和引进，导致现阶段监管科技人才相对匮乏。金融科技的快速发展，尤其是人工智能、大数据、区块链等新兴技术的应用，对监管科技人才提出了更高的要求。这些新兴技术的复杂性和专业性使得市场上具备相关技能和经验的人才相对稀缺。金融科技领域的竞争激烈，吸引了大量优秀人才加入金融科技公司，而监管机构在薪资、福利等方面往往无法与之匹敌，导致监管科技人才流失。

政府和监管机构需要采取一系列措施来解决监管科技人才短缺的问题。政府可以加大对监管科技人才的培养力度，通过设立专业学院、提供奖学金和资助项目等方式，吸引更多的优秀学生从事监管科技领域的学习和研究。政府还可以加强与高校、科研机构的合作，建立科研项目和实践基地，为学生提供更多的实践机会和岗位培训。政府可以通过政策扶持和税收优惠等方式，鼓励企业增加对监管科技人才的投入，提高其薪资水平和福利待遇，从而吸引更多优秀人才从事金融监管工作。

政府和监管机构还可以加大对监管科技人才的引进力度，通过招聘外部专家、开展国际合作等方式，引进更多具有丰富经验和专业技能的人才加入监管团队。政府可以加强对监管科技人才的培训和提升，通过组织培训课程、研讨会等方式，提高监管人员的科技水平和应对能力，使其能够更好地适应金融科技发展的需求。政府可以建立监管科技人才队伍的激励机制，通过评优选优、晋升加薪等方式，激励监管人员积极投身于科技监管工作，并取得优异成绩。

监管科技人才短缺是当前金融监管面临的一个严重问题，解决这一问题需要政府和监管机构采取一系列措施，加大对监管科技人才的培养和引进力度，提高监管机构的科技监管水平，从而更好地应对日益复杂和高科技化的金融市场环境，维护金融市场的稳定和健康发展。

参考文献

[1]孙伟业.金融经济的风险分析及其防范措施[J].经济研究导刊,2023,（13）:83-85.

[2]张静.金融经济背景下企业投资与风险防控措施[J].商业观察,2023,9（16）:57-60.

[3]蒋冰.金融经济风险及其防范措施探讨[J].中国集体经济,2023,（05）:97-100.

[4]俞敏.金融经济的风险及防范措施分析[J].中国市场,2022,（35）:42-44.

[5]张诚明.金融经济风险及防范的策略探讨[J].中国集体经济,2022,（30）:115-117.

[6]刘昊迪.金融经济的风险和防范[J].中国外资,2021,（24）:15-17.

[7]李亚雪.浅析金融经济的风险与防范[J].商讯,2019,（15）:39-40.

[8]孙彦林.中国金融经济周期的计量研究[D].吉林大学,2019.

[9]陈耿宣,贾钦民,谭云丹,等.基于全要素生产率的金融支持高质量发展研究——以四川省全要素生产率数据为例[J].西南金融,2019,（08）:35-44.

[10]唐俊波.金融经济的风险与防范探究[J].现代经济信息,2019,（15）:313-314.

[11]杨文溥.过度金融化及其资源错配效应研究[J].西南金融,2019,（11）:22-31.

[12]赵俊粟.探究金融经济的风险及防范措施[J].商场现代化,2020,（06）:106-107.

[13]朱晨忱.金融经济发展创新的影响因素研究[J].科技与创新,2020,（16）:87-88+92.

[14]刘洋.浅析金融经济的风险与防范[J].商讯,2019,（08）:29.

[15] 李国英. 关于现代金融经济中经济泡沫金融风险防范对策探讨 [J]. 时代金融，2018，（33）：28+32.

[16] 吕志岭. 金融经济风险及其防范 [J]. 时代金融，2018，（30）：28+38.

[17]IMI 宏观经济月度分析报告（第 8 期）[C]//《IMI 研究动态》2018 年第一季度合辑.[出版者不详]，2018：25.

[18] 郝静晨. 金融经济的风险与防范探究 [J]. 现代商业，2017，（34）：70-71.

[19] 刘楠. 金融经济的风险与防范探究 [J]. 中国高新技术企业，2015，（26）：10-11.

[20] 陈昭来. 人民银行在防范和化解经济金融运行中潜在风险的主要做法和建议探索 [J]. 时代金融，2015，（29）：111-112.